辛弃疾的诗词人生

王 晨 著

上海社会科学院出版社

序

辛弃疾蹭蹬

本想以"辛弃疾补天"名之,但考虑到稼轩一生境遇之坎壈,若说补天,则是以标题糊弄读者,博眼球之行径了。所谓"蹭蹬",乃是想到了杜甫的诗句:"青冥却垂翅,蹭蹬无纵鳞。"杜子美在天宝六年兴高采烈地参加考试,给李林甫的"野无遗贤"打成了折翼的天使,故云"蹭蹬"。

辛弃疾是志在恢复河山,北定中原,甚至要驱逐女真的雄杰之人,他以整顿乾坤的功业自许,自负有经纶天下的才干,然而他的文武奇才却没有能给自己铺就一条功成名就之路,相反饱经仕宦之险恶沉浮,可谓是一生蹭蹬!

稼轩并非是文弱书生,也并非如很多人印象中一样,始终做着芝麻绿豆的小官。他在三十六岁的时候,已经是相当于户部下属机关负责人,此年又出任路级监司官员"提点刑狱公事"。此后辛弃疾所任差遣,也基本都是路一级帅、宪、漕臣,相当于现在的省级官员。

但恰如梁任公梁启超所说,"先生虽功名之士,然其所惓惓者,在雪大耻,复大仇,既不得所藉手,则区区专阃虚荣,殊非所愿"。稼轩固然是仕宦中人,然其并非纯粹热衷功名和权力游戏的政客,而是一位以天下兴亡为己任的英雄。他所追求的人生与理想,都绝不是南宋朝廷那几个官帽和俸禄所能满足的。因而当他统率千军万马,北伐中原的壮志始终难以实现,甚至得不到让他规划和尝试的机会时,他只能遁入挥毫诗词、尽觞杜康的世界里去。他那些气雄万夫、豪迈无匹的诗词背后之痛苦、造成这些痛苦的原因、仕宦中的明枪暗箭、最终的选择——这些都是本书所要探讨和呈现的东西。

我们对辛弃疾的诗词才华有着充分的认识和评价,但对他的仕途曲折、干才高下往往缺乏符号之外的确切认知。无论是他一生中目睹的由张浚主持的隆兴北伐还是韩侂胄领导的开禧北伐,都令人情不自禁地要去揣度,倘若在辛弃疾之壮年,给予他足够的信任,使得他能够相对不受掣肘的编练强军,甚至战时以侍从或宰执身份在前线节制、统御诸军,或者能做成一番惊天动地的大事业。至少,利用金人内部的种种不利情势,收复部分中原的领土,未必是天方夜谭。

然而辛弃疾"归正人"的身份和不愿折节阿附的张扬个性,都让他的仕途遭受不小的阻力。每当他想要有一番积极的作为,朝廷中始终有不满他的人和声音出现,这些唇枪舌剑和横眉冷目或来自台谏言官,或其至直接来自最高决策层的宰相执政之中——这就导致辛弃疾屡屡受到弹劾攻讦,且缺乏真正有力之人对他的保护。

他人生中差不多有两个十年都在贬谪赋闲中度过,这期间的诗词读来尤其令人动容。少年时节读辛弃疾,只觉其豪迈,见人云"此豪放词",以为已读懂稼轩词也。经历过人生的种种烦恼,又从历史的白纸黑字中去追寻之后,才逐渐感受到辛稼轩壮志豪情背后的英雄无奈之苦。

普通人往往在许多事情之后淡忘了从前的理想,接受了自己的平凡。可辛弃疾并非普通人,他乃是有着经天纬地之才的人物,只是讽刺和遗憾的是,他的那个时代并不给他机会去一展抱负。

多么希望,他有机会去"看试手,补天裂"!

2020 年 9 月 20 日
时近秋分,于家中书斋

目 录

序　辛弃疾蹭蹬 / 1

一、白马长枪谁能敌 / 1
二、隆兴北伐 / 15
三、美芹十论 / 29
四、两任通判赋雄词，召对金殿见天子 / 51
五、上《九议》再论天下势，治滁州又迁安抚司 / 65
六、司庾甫任解钱忧，宪将自请赴江右 / 79
七、亲入阵绣使旋平茶寇，惊耳闻友人忽贬郴州 / 93
八、聚散匆匆不偶然，二年历遍楚山川 / 111
九、漕臣任上论盗贼，安抚一方建虎军 / 125
十、江右除却古旱魃，带湖买得新风月 / 141
十一、却将万字平戎策，换得东家种树书 / 155
十二、倚天万里须长剑，帅闽二度惹风月 / 175
十三、绍熙内禅赵韩斗法，稼轩殃及山水纵酒 / 191
十四、秋水观中山月夜，期思十年风雨声 / 209
十五、忽然起冠东诸侯，岂厌帅守南京口 / 225
十六、仙人矶下多风雨，好卸征帆留不住 / 245

参考文献 / 265

一

白马长枪谁能敌

公元1127年,靖康之役以东京沦陷,徽宗、钦宗二帝北狩,国破家亡而告终。说是北狩自然是春秋笔法,为尊者讳了,实际上是被女真人俘虏了。不仅如此,无数王公贵族和皇宫内外的财货珍宝都被掳掠到了金人的大营之中。靖康之耻惨烈之甚,令人扼腕叹息。徽宗、钦宗受尽种种侮辱,在金人领地内被剥去龙袍帝服,甚至与皇室妃嫔、子女一同袒胸露乳,身披羊裘,在完颜阿骨打的宗庙中行献俘仪式"牵羊礼";徽宗女儿中最美貌者茂德帝姬赵福金更是被女真贵族侮辱折磨致死……兵荒马乱之下,平民百姓为女真屠杀者不知凡几,种种惨状实难以尽数,金人之罪恶亦罄竹难书。

无怪乎张孝祥曾在《六州歌头》里这样写道:

长淮望断,关塞莽然平。征尘暗,霜风劲,悄边声。黯销凝。追想当年事,殆天数,非人力,洙泗上,弦歌地,亦膻(shān)腥。隔水毡乡,落日牛羊下,区(ōu)脱纵横。看名王宵猎,骑火一川明。笳鼓悲鸣。遣人惊。

念腰间箭,匣中剑,空埃蠹(dù),竟何成。时易失,心徒壮,岁将零。渺神京。干羽方怀远,静烽燧(suì),且休兵。冠盖使,纷驰骛(wù),若为情。闻道中原遗老,常南望、翠葆霓旌。使行人到此,忠愤气填膺(yīng)。有泪如倾。

靖康之难后,淮河以北就不再为大宋所有,以至于千年来儒家礼乐浸润的土地上也充斥着女真人野蛮的膻腥臭味。金人把良田沃土都当作了驰骋游猎的乐园,留在淮北的老百姓在他们眼中不过是牛羊一般的牲畜和财产,仅此而已。可以说,淮北中原的人民日夜盼望着王师北伐,期待着看到大宋的旗号。

当时,徽宗第九子康王赵构在南渡文臣武将的支持下称帝,延续了宋朝的国祚,他便是后来杀死了岳飞的宋高宗。

辛弃疾出生的时候,靖康之难已经过去了十二年。

当时的宋金形势实际上是大有可为的,岳飞的军队在正面战场上多次打败金军主帅完颜宗弼(即兀术)的军队,甚至收复了西京洛阳,而河北河东两地的民间起义军也对金人起着牵制、破坏的作用,为宋军的北伐摇旗呐喊、与有力焉。然而随后即发生了古今皆知的风波亭惨案,岳飞被以莫须有罪名杀害。辛弃疾时年三岁。

宋绍兴三十一年(1161年),辛弃疾业已二十二岁。南宋王朝即将迎来关乎生死存亡的巨大危机。十二年前,绍兴十九年(金皇统九年)女真政权的平章政事完颜亮谋逆弑君,杀死了金熙宗后登基称帝。而今,他对外号称率领六十万(亦有说号称百万的)大军南征,更叫嚣"万里车书一混同,江南岂有别疆封?提兵百万西湖上,立马吴山第一峰",言下之意要一举荡平南朝——山雨欲来,高宗赵构色厉内荏之下又想故技重施,欲巡幸海上避难。

在这种民族覆亡的危机如黑云压顶的情况下,年轻的辛弃疾在山东济南聚集起两千余人起义抗金。当时山东境内有一支声势较大的起义军,其首领本是济南府平民,名唤耿京。据《三朝北盟会编》记载,耿京起初得李铁枪等六人,入东山起事,很快就有了数十万之众归附。耿京自号"天平军节度使""节制山东河北忠义军马",辛弃疾并没有因为耿京的农民出身而有所芥蒂,果断率自己所部两千余人投奔于他,希图能够推翻金人统治,恢复大宋河山。后来在带湖闲居时回忆起这段经历,他仍不忘自己当年神武非凡的身影:"少年横槊,气凭陵,酒圣诗豪余事。"(《念奴娇·双陆,和陈仁和韵》)

当完颜亮于此年秋季大举来侵南宋之时,不止有耿京于济南起兵,更有王友直起于大名府,陈俊起于太行山,乘势而起的义军令金国陷入后院失火的危险中。女真人镇压起叛乱可谓凶残到极点。据《三朝北盟会编》卷二百四十二载:

> 冬十月,王友直起于大名,耿京起于济南,陈俊起于太行,乘时而啸聚者处处有之。亮首知大名之乱,拊髀(bì)而叹曰:朕兵未行,辄挠其后。虽匹夫匹妇不可留!即遣都监斜也将兵万人于大名,无少长尽洗之。大名之众闻风而自溃焉,斜也杀居民三十万口,灭族者一千七百余家。

这则史料表明,金主完颜亮得知大名府出现人民起义之后,愤怒至极。他猛拍自己的大腿,狰狞地叹道:"朕的大军还没走多远,就在后方阻挠坏事!大名府里即便是平民百姓都不可留!"他派遣都监斜也统兵万人前往大名府镇压起义,令他不分年龄老少尽皆屠杀之。大名府的义军听闻金人大兵来剿,都四散而逃。斜也遂将怒火出在大名府百姓身上,竟然杀害了三十万人,有一千七百余户被灭族。像这样屠城的惨案在淮河以北绝不是个案。

女真人的酷虐残暴辛弃疾恐怕已经见过多次,也许正是这种同胞沦为犬羊,被肆意屠杀的惨剧始终在给予他抗金的精神力量,令他立志要光复祖国的大好河山。为了实现这一志愿,他十分注意结交江湖豪杰。当时山东有一僧人曰义端,喜好谈论兵法,辛弃疾早先与他不时往来,或游于山林之间,颇为投机。辛弃疾初入耿京军之际,义端竟也凭着个人魅力等原因聚集了一支千余人的队伍。辛弃疾自然深明抗金事业须广结天下英豪,于是便亲往游说义端,使得义端也率众投奔耿京,一时之间宾主尽欢。

然而不知何故,恐怕是因为觑见金国强大,而南朝偏安,义军终归弱小等多方面因素,义端竟然在某一天夜晚利用耿京、辛弃疾的信任和自身义军将领的身份,将耿京的"节度使印"偷走了!

辛弃疾在耿京军中担任的是掌书记一职,除负责全军的文书工作之外,自然也保管着调兵遣将的印信。而大印失窃发生在辛弃疾引荐入军的义端身上,耿京不由得勃然大怒,当下便命左右,"推出营帐砍了!"

眼看主帅要以军法将自己斩首示众,辛弃疾在这千钧一发之际却并不慌乱,他一双虎目直直地锁住耿京的双眸,道:"乞请节帅给我三天时间,如果不能抓获此獠,再处死我也为时不晚。"(亏我三日期,不获,就死未晚。《宋史》卷四百一《辛弃疾传》)

耿京被眼前年轻而真诚的眼神所打动了,他虽是农民出身,但对英雄豪杰的气概具有高度的敏锐感,他知道,此刻营帐内的少年绝非贪生怕死之人，相反乃是一员真正的虎将。

得到宽限的允许后，辛弃疾料定义端必是窃得大印而欲往金人所在，为的是将义军兵马驻扎、粮草辎重等各种情报出卖给女真人。因此他快马加鞭，拼命追赶，果然追上了义端。或许经过了一番刀剑交锋，义端败下阵来；或许他见到辛弃疾猝然而至便吓得一时之间不能动弹。

总而言之，他妄图凭往日交情蛊惑辛弃疾，又装神弄鬼地说："我知晓你的本来面目，乃是威灵无匹的神兽青兕，力大无穷能轻易杀人，只是求求你别杀我这个老朋友啊！"（我识君真相，乃青兕也，力能杀人，幸勿杀我。《宋史》卷四百一《辛弃疾传》。兕者，按《山海经》："兕在舜葬东，湘水南。其状如牛，苍黑，一角。"）

辛弃疾丝毫不为所动，在他的一生中，对华夷这种大是大非的问题上向来是容不得一点点越线的。他斩下义端的首级，重新取回了失窃的印信，自此，耿京便越发器重他。

绍兴三十一年十一月，中书舍人虞允文奉命至前线参谋军事（督视江淮军马参谋军事）。一个月前，淮东将领刘锜逃回扬州，淮西将领王权丢下庐州，两淮尽失。朝廷匆忙令李显忠到前线代替王权指挥军队，且命令虞允文至芜湖督促李显忠来交接王权所部军队，同时先至采石负责犒劳大军，鼓舞士气的任务。而虞允文抵达采石之际，正处在一个非常尴尬和危险的境地——王权已经畏战而逃，李显忠作为将帅却还没到达前线。

当时采石一带的宋军几乎已经毫无战斗勇气，零零星星地散坐在营地内外，甚至马鞍盔甲都脱下来丢在一旁。虞允文当机立断，许了一大堆升官发财的话，说得天花乱坠，竟终于稳定住散乱的军心。细作探知金兵凡四十万众,虞允文审时度势之后,采取了"以己之长,攻彼之短"的策略部署军队。针对女真人缺乏大船又急于渡江的情况,虞允文决定利用宋军坚船利炮的优势在水面上阻截金人,予以痛击。然而金军毕竟数量占据绝对优势,数百艘小舟渡江而来,遮天蔽日,顷刻间就有七十艘登岸成功,直冲宋军陆地防线,宋军当下就很是露怯,有所退避不敢力战。虞允文以文官之身入军阵中奔走呼号,鼓舞将士士气,终于令宋军稳住阵脚,拼死抵抗。宋军中流水师也用海鳅船冲向金人渡江的船队中,金军的小舟大多不过是强拆沿岸民居木板所制或强征渔户之小舸,经宋军大船一撞,都翻船而沉,不少女真人都淹死在水中,这样鏖战到日暮时分,虞允文竟是以手下一万八千人守住了采石,守住了长江。恰逢又有一支溃逃的军队从光州而至,虞允文便多予旗帜战鼓,令这小股败军远远地从山后冒出,作为疑军吓唬金人。金军初战不利,渡江受阻,又以为宋军大队援军已至,便开始撤退。宋军劲弓强弩一番追射,又杀伤了数千人。

虞允文深知金主完颜亮必欲渡江南征,是夜,他继续部署军队,令水师堵住上流,又派遣兵将在杨林口堵截。次日金军再次大举渡江,遭宋军夹击,烧毁了三百艘舟舸,又一次保卫住了长江!金主完颜亮不得不移师瓜洲,不久死于部下叛乱。而当时任金国东京留守(辽阳府)的完颜雍(即葛王完颜褎)已于十月政变称帝,随后又占据燕京,获悉完颜亮死于前线军队哗变后,他便派人与南宋议和。

采石大捷令许多人大为感动振奋,时张孝祥即写过"我欲乘风去,击楫誓中流"的词句,这一切自然也传到了耿京和辛弃疾的耳中。

辛弃疾便献策说,如今金贼新败,女真人内部争权夺利、动荡不安;而大宋经此胜利正是大有为之时机,我们应当派人南下积极联络朝廷,主动归附,则一方面可以在大宋北伐时为国家之偏师,互相配合;另一方面万一女真人稳固了国内形势后大举征剿于己方,也可以且战且退,率二十万众将归于淮南,做到进退自如。

众人在营帐内商议后,耿京决计南下联络大宋朝廷,作归附的打算。他令辛弃疾草拟了章表,并联络了山东另一些义军首领如王世隆、张安国等,共约归附之事。耿京属意由军中二把手诸军都提领贾瑞作为代表出使朝廷。贾瑞并无甚文化,对于如何接触高级官僚一头雾水,老实坦白说,"如到朝廷,宰相以下有所诘问,恐不能对,请一文人同往"。于是,副使这一重任就责无旁贷地落到了辛弃疾身上。

绍兴三十二年正月,贾瑞、辛弃疾带着归附的使命奉表南下,至楚州,由淮南转运副使杨抗遣人送往高宗行在,也就是建康。

高宗召见贾瑞、辛弃疾等人时,义军一行北来之人大多不善文辞,又初见天颜,木讷恐惧,只能唯唯诺诺,总算辛弃疾学问深厚,对答如流,把耿京义军的忠肝义胆分说明白,表达了归附朝廷,受大宋节制,抗击金人的强烈意愿。

赵构自然十分高兴,正式授予耿京天平军节度使的官职,令他名正言顺地节制山东义军兵马;贾瑞授敦武郎阁(gé)门祗(zhī)候(隶属阁门司,仅为迁转之阶而不任事,为武臣清要之选,从八品);辛弃疾授右承务郎(从九品)、天平节度掌书记,并且一口气给了耿京和他节制的山东义军两百余个官员告身——也就是俗称的任命状,等于说送出去两百多顶乌纱帽。

辛弃疾此行的任务可谓大获成功,不仅使得耿京与山东义军成为朝廷所部,又令义军大大小小的将领们几乎都得到了官员身份。然而就在形势甚好的当口,惊天变故已经发生。

一、白马长枪谁能敌 7

原来，当时新登基的金世宗完颜雍本着巩固统治的需要，一方面与宋议和，另一方面宣布大赦，声称"在山者为盗贼，下山者为良民"。不少参加义军的农民因此纷纷逃归田舍之中，在这种情况下，义军将领张安国贪图金人赏格，心生歹念，将耿京杀害了！金人果然重赏他，任命他为济州知州。

辛弃疾从建康一路返回，抵达海州时方知晓这一噩耗，大约也获悉耿京纠集的二十余万义军已经因此重大变故而大部分都溃散了，剩下的也被迫跟着张安国投降了女真人。

局势可谓急转直下，本已在大宋天子面前道明山东忠义兵马情势，如今居然变生肘腋，朝廷承认并授予耿京天平军节度使的文书官告都还在辛弃疾身上，可山东的抗金事业实质上已经失败了。辛弃疾在痛恨大好局势被奸佞破坏的同时，也明白自己陷入了既无法在山东有立锥之地，又无法向天子交代的两难困境，究竟该何去何从呢？

辛弃疾和众人推诚布公地说："我等因节帅之令而归附朝廷，没想到骤然生变，现如今拿什么去向朝廷复命呢？"（我缘主帅来归朝，不期事变，何以复命？《宋史》卷四百一《辛弃疾传》）

愁云惨淡决没有出路，他该如何破这必死之局呢？一番商议之后，辛弃疾作出了决定。

他要闯进有着数万敌军的营地中，设法活捉叛徒张安国，唯有如此，才能警示天下人，卖国求荣不会有好下场！也只有如此才能鼓舞天下群氓士子的勇气，也正可向女真人表明，中原并非任尔欺凌！

一经决定，辛弃疾更无迟疑，他联络了王世隆，两人共率五十骑，直奔金营。此刻，他已将生死置之度外。

到达济州金人军营外，或许辛弃疾已经遥闻其中饮酒歌舞之声，知晓张安国疏于防备;或许辛弃疾一行人诈称哨骑归来而混入营中;亦或许他白马长枪,刺翻了守营的兵卒……这些细节,我们如今已无法确切知晓。

可以明确的是,当时,张安国正与金人将领大碗喝酒,大块吃肉——刚刚投靠金人,张安国不得不对前来接收的女真将领阿谀奉承,小心伺候。

可以料想,就在他与金将酣饮作乐的时候,辛弃疾推开帷幕,闯了进来。张安国几乎不敢相信自己的眼睛。

"你不是正在南朝吗?怎么回到了这里?"张安国已是颇有醉意,双腿却仍是控制不住地打战,大脑完全无法做出更多反应。

辛弃疾怒目圆睁,双眸仿佛爆射出两道电光,雷霆和火焰在其间升腾,看着他手中之刀,座中众人不分汉人女真,一时之间竟然莫敢动弹。王世隆等人也纷纷拿着武器进入大帐,辛弃疾快步上前,一把擒住了张安国,冲出营帐高喊:"大宋王师十万大军即刻便到!"

他将张安国绑缚在一匹马上,自己也跨上战马,夜色下,他的身姿有说不出的威武,犹如一尊战神矗立在大营中。

周围反应过来的敌军向辛弃疾等人包围过来,如果陷入苦战,任你三头六臂又如何在数万人的敌营中逃出生还?

辛弃疾深知不可久战,带领着队伍在夜色里奋勇冲杀,一杆长槊在他手里如龙腾虎跃,哪里有人能近得他的周遭,敌军都为他的气势所震慑,月华映照下他好似天神下凡,睥睨众生。

辛弃疾看到营地中并非皆是金人,不少仍是过去耿京义军的战士,他便再次高喊:"王师十万至矣!何不随我反正杀贼!"他的勇武气概深深震撼到营内耿京旧部的士卒们,顷刻间居然有不少人高喊起

"杀贼",他们响应辛弃疾的号召,反正了。

英雄创造了不可思议的奇迹。

正所谓:壮岁旌旗拥万夫!

于是辛弃疾在万军丛中,带着反正的一批战士们一同破营南下。

一夜间,辛弃疾一行几乎马不解鞍,人无休息,为的就是不让金军追赶上,这样,终于在渡过淮河后顺利进入南宋控制的疆域,而叛徒张安国则先被押送到了建康,不久再被押往临安。辛弃疾传奇的英雄事迹,令得闻者无不击掌叫好,他做了多少人甚至不敢想象,更不敢以命尝试的事情。

高宗赵构在行都临安召见了辛弃疾,他不由想起三十多年前,靖康之难时,天崩地坼,父皇和皇兄被屈辱地带回北方,自己也狼狈不堪地南下逃亡,金人的凶残可惧,他自认比任何人都清楚。看着眼前的辛弃疾,他或许想到了岳飞,或许想到了这九州大地。此次方才细细审视殿内魁梧不凡的少年,赵构几乎是情不自禁地连声叹息。

没有人知晓,这究竟是赞叹的成分更多一些,抑或是惋惜的成分更多。

"卿忠武于板荡之际,耀威于逆夷腹心,良可嘉勉。朕心甚慰。"

辛弃疾再拜:"臣赖陛下神睿明哲,民心之望我皇宋,未敢言尺寸之功。"

然而终究,之后新下的诏令里,辛弃疾并未得到加官,只是改了差遣,让他到江阴去做签判。所谓签判,即是签书判官厅公事之省耳。苏轼早年也做过签判,签判的职务主要是协助州郡长官处理政务及文书案牍。不过江阴因为军州地小的缘故,以签判行使通判的职权,也就是说辛弃疾是去担任代理县级官员副手。那种如韩信一般登坛拜将的际遇自然已经不是这个时代可能会发生的奇迹,辛弃疾也赶不上苗刘兵变能够在其中赚取高宗的信任。他只能打点行李,前往江阴赴任。不过对于如此年轻的辛弃疾而言,军州签判一职作为起步也不算十分低微,或许在当时的左相陈康伯之外,赵构也确实是对其颇为欣赏的。

以上可据《宋史》卷四百一《辛弃疾传》知:

> 绍兴三十二年,京令弃疾奉表归宋,高宗劳师建康,召见,嘉纳之,授承务郎、天平节度掌书记,并以节使印告召京。会张安国、邵进已杀京降金,弃疾还至海州,与众谋曰:"我缘主帅来归朝,不期事变,何以复命?"乃约统制王世隆及忠义人马全福等径趋金营,安国方与金将酣饮,即众中缚之以归,金将追之不及。献俘行在,斩安国于市。仍授前官,改差江阴佥判。弃疾时年二十三。

又南宋时人洪迈《稼轩记》:

> 齐虏(指张安国)巧负国,赤手领五十骑,缚取于五万众中,如挟毚(chán)兔(即狡兔),束马衔枚,间(jiàn)关西奏(通"走")淮,至通昼夜不粒食。壮声英概,儒士为之兴起!圣天子一见三叹息,用是简深知。(因此被皇帝察知,简在帝心)

大约在江阴任职期间,辛弃疾已早有家室。妻子为江阴赵氏。关于辛弃疾的出生本末,赵构在听闻他于五万人的敌营中如入无人之境

一、白马长枪谁能敌　11

后必然也已探知,作为一个后来南宋所颇为蔑称的"归正人",实际上他的出身大约是有一些尴尬的。

辛弃疾的祖父名辛赞。辛赞在金人占领淮河以北广大中原地区时接受了金人的官职,任朝散大夫、陇西郡开国男、亳州谯县令、知开封府。以宋元丰改制之后的官制来看,朝散大夫属从六品寄禄官阶,开国男属从五品爵位。由此来看大约属于金国的中下层官员。晚年比较重要的是知开封府一职,此大约可算仕宦有一些谈得上显赫的色彩了。辛弃疾父亲名辛文郁,史料中但云:"赠中散大夫",大约生前没有官职,未能享年长久即离世。

辛赞任谯县令时,辛弃疾便随其在谯县读书受学。当地有一位颇有文名的先生叫刘瞻,辛赞便安排孙子在他那里读书。十一岁时,辛弃疾随祖父去往北宋曾经的首都东京汴梁,他也因此目睹了一年前弑杀金熙宗而称帝的完颜亮在汴京杀戮权贵、兴起大狱等种种金国高层权力斗争之惨烈。当时金行台左丞相、左副元帅撒离喝被完颜亮所杀一案想必在年幼的辛弃疾心中已经掀起巨浪,令他在总角之年就明白了女真人之间"吃人"的权力游戏,只是他那时还不知道,有关"吃人",南边的大宋比女真还厉害。

十四岁时,辛弃疾领乡荐,也就是通过了府试。(据《金史》卷五十一:凡诸进士举人,由乡至府,由府至省,及殿廷,凡四试皆中选,则官之。至廷试五被黜,则赐之第,谓之恩例。又有特命及第者,谓之特恩。此有别于明清县试府试:童生—院试:生员,即所谓秀才—乡试:举人—会试:贡士—殿试:进士)因完颜亮迁都燕京之故,辛弃疾于次年动身前往金国新都。

绍兴二十七年,年已十八的辛弃疾再次启程去往燕京。辛赞嘱咐孙子注意沿途观察窥探金人种种军情,牢牢记住自己汉人身份,以待来日。大约在这期间,辛弃疾又向降金的蔡松年请教诗词章句之学。蔡松年颇得完颜亮重用,据金史记载,乃是"右丞相,加仪同三司,封卫国公"。

大约就在次年,祖父辛赞病逝,一年后,蔡松年亦薨。

值得注意的是,据史料记载,辛弃疾求学时有一位同学,叫党怀英。有说是二人曾共受业于刘瞻,亦有说是共受业于蔡松年的。《宋史》卷四百一《辛弃疾传》中说:

> 少师蔡伯坚,与党怀英同学,号"辛党"。始筮仕,决以蓍,怀英遇《坎》,因留事金,弃疾得《离》,遂决意南归。

这是说辛弃疾和党怀英二人同学时曾经卜筮将来仕宦之事,结果党怀英占得坎卦,辛弃疾占得离卦。唐王绩有《建德破后入长安咏秋蓬示辛学士》一诗:"遇坎聊知止,逢风或未归。"党怀英和辛弃疾完全是两种人,后来他果然留在北方,仕宦于金国,做到翰林学士承旨,而辛弃疾却坚决南下,不做亡国之奴,气节不同,可见一斑。

然而这一切对于南宋朝廷来说,却并非如此。辛弃疾不仅祖父是金国之官员,师承受业如此看起来也颇有些"叛逆"。只是此时辛弃疾还不知道他"归正人"的身份会在今后带给他多少或明或暗的麻烦。

一、白马长枪谁能敌

二
隆兴北伐

绍兴三十二年（1162年）六月，宋高宗赵构禅位给了他的养子——太祖赵匡胤一脉的皇太子赵昚(shèn)。此即是宋孝宗。

大约同年夏天，辛弃疾亦抵达了江阴任上。签判的文书案牍之事根本难不倒他，工作之余，他总是思虑南北军情，想谋划一些能利用金人新败和内部权力斗争而北伐的计策。江阴军里的同僚们见他时常日有所思，问他亦说并无心事。唯有在孤灯皓月下，方可见他剑眉紧锁，对着无边的夜色吐露心声。自己曾几次以进京赶考的名义考察金人腹地虚实，他见闻了多少汉人的血泪，知晓了多少女真人的恶行。中原衣冠，先贤圣道，千年的文明被野蛮的女真人践踏在铁蹄之下。靖康之难的惨烈，辛弃疾未曾亲见，只在祖父、父亲的口中听得那般生民百遗一、公卿如犬羊的噩梦。自从辛弃疾童年起，民族的屈辱感或许就萦绕在他的心上，饱读诗书更是令他坚定了神州不亡的信心。如此璀璨辉煌的文化，怎会就此亡于胡虏之手！绝不会！

可以猜想，辛弃疾不仅曾在心里这样呐喊，也常伫立西风碧树之下，自信而言：万里河山，必当恢复！

恰在这年夏天，辛弃疾日思夜想的谋略终于有机会向朝廷里的大人物传达。

一日,七月方任江淮宣抚使的张浚(宣抚使:宋时高级职事官衔,不常置,掌宣布威灵、抚绥边境及统护将帅、督视军旅之事,以二府大臣充。)来到江阴巡视。《宋史》其本传中说:三十二年,车驾幸建康,浚迎拜道左,卫士见浚,无不以手加额。时浚起废复用,风采隐然,军民皆倚以为重。可见当时张浚的人望之高。因此曾任同平章事和知枢密院等宰辅职务而身份贵崇的张浚的到来,令江阴军上下都如履薄冰。

在招待张浚的宴席上,江阴军的官员们大多忙于阿谀奉承,偶有谈到军州兵士、粮秣等情况,率皆颟顸(mān hān)应对,泛泛而谈。

辛弃疾在座中几次想要说话,却终是觉得不合时宜,便自坐在席间只顾吃酒。

到得这日晚间,方窥得一机会,求见而蒙许。

出将入相的张浚端坐在太师椅上道:"你便是生擒了张安国的辛弃疾?"

辛弃疾颔首,"正是在下。今日冒昧求见相公,乃是为南北之大事!"

张浚一生自建炎年间苗刘兵变以来不知经历过多少风浪,如何会为这种话动心,只是瞥了一眼,抿了口茶说:"如今金人议和,南北有何大事?"

辛弃疾并非不知晓张浚此人当年在富平丧师败绩、淮西又致四万大军叛变的一系列公开"黑历史",但他不得不珍惜这一次面对朝廷高层直抒胸臆的机会,"北虏虽是新败,如今议和,不过是贼酋甫立,朝野纷扰,又闻契丹作乱,此其无暇南顾于一时也。待得庙堂定,契丹平,则必伺机南向,观如今形势,正是用兵之时。"

张浚听闻此言,心中已是颇有不快,这南归的所谓英勇义士恐怕也只是夸夸其谈,本想送客,但碍于身份和修养,便只不冷不热地说了句场面话:"某愿闻其详。"

辛弃疾知道这是得来不易的机会,南归以来他早已深思熟虑了无数次。

"北虏以寡凌众,四境之内多不归心,诚四分五裂之国,以是其调发大军极为困难。此前逆亮大举来犯,前后整整两年才兵马粮草集结完毕。金人虽然号令简洁,没有我大宋这边许多制度复杂阻拦,但他们对境内各族逼迫压榨得太急切厉害了,也很容易生变,这就是他们调发如此之难的原因所在。实际上,金人也只不过在淮河沿岸布置了不少防御的军队。以我之见,不如分派几支疑兵做出往关陕方向(指陕西地区)进攻之态,金人就必定拥兵于关陕;再分派几支疑兵向西京(洛阳),金人又必定拥兵于西京;再分派几支疑兵趋往淮北,金人必只能于淮北也拥兵屯守,其他地方的防御力量就必然空洞虚弱了。我们可以再派遣水师搅扰金人沿海重镇,则其又必定拥兵防卫海上。而我大宋实际上秘密拣选数万精锐,窥测其兵力已经分散,在这时候趁机攻打金人防御虚弱处,径直攻取山东!北虏首尾接应不及,等他们再调发军队来救援,其援军未聚集,而我们已经收复了山东。一旦克复了山东,中原及燕京就自然不用再花费巨大的代价,因为大宋精锐之师已经能够集结于山东,而北虏势力被我们截成两段。同时,攻取山东前,可先请朝廷下发明诏,号召中原豪杰英雄们起义响应!如此,何愁大事不成?"

张浚一边听一边思考,他颇有些被眼前这位年轻人的见识所震惊,但或许是不喜欢辛弃疾这种指点江山的口吻,便应付说:"你的想法可能有些道理,但我如今只是江淮方面之任,像这种程度的调兵遣将,我是做不了主的。"

以上见于《朱子语类》卷一百十《论兵》:

> 某向见张魏公,说以分兵杀虏之势。只缘虏人调发极难,元颜要犯江南,整整两年,方调发得聚。彼中虽是号令简,无此间许多周遮,但彼中人才逼迫得太急,亦易变,所以要调发甚难。只有沿淮有许多捍御之兵。为吾之计,莫若分几军趋关陕,他必拥兵于关陕;又分几军向西京,他必拥兵于西京;又分几军望淮北,他必拥兵于淮北,其他去处必空弱。又使海道兵捣海上,他又着拥兵捍海上。吾密拣精锐几万在此,度其势力既分,于是乘其稍弱处,一直收山东。虏人首尾相应不及,再调发来添助,彼辛未聚,而吾已据山东。才据山东,中原及燕京自不消得大段用力,盖精锐萃于山东而虏势已截成两段去。又先下明诏,使中原豪杰自为响应。是时魏公答以"某只受一方之命,此事恐不能主之"。

可以想见,辛弃疾满腔热情地建言献策被张浚冷漠对待之后,他的心情是如何的。在这一年十二月立春,他写下了大约是有史可查的第一首词:《汉宫春·立春日》:

> 春已归来,看美人头上,袅袅春幡。无端风雨,未肯收尽余寒。年时燕子,料今宵梦到西园。浑未办黄柑荐酒,更传青韭堆盘。
>
> 却笑东风从此,便薰梅染柳,更没些闲。闲时又来镜里,转变

朱颜。清愁不断,问何人会解连环。生怕见花开花落,朝来塞雁先还。

又到一年立春日,辛弃疾望着春色初生,看着江阴家家户户的女子头上都装点起了春幡(古时立春之际剪彩绸或以金银饰片悬于发簪之上),朝野间已是一片辞旧迎新的欢乐气象。只是春寒料峭,风雨里仍然透着寒意,更冷的是南北分裂、国土沦丧的时局。不经意间瞧见屋檐上去年秋天飞来过冬的燕子,它们开春后便要回到北方,恐怕今晚辗转反侧,梦中才能到达北方吧。立春的诸种节令吃食,有何心情置办呢?

天若有情天亦老啊。这春风十里自是不解辛弃疾的愁绪,从今日起便忙着唤醒人间的红梅绿柳。可这风吹雨打,悄然间不知有多少朱颜辞镜花辞树的流光易老之悲!故国未复,位卑言轻,忧从中来,不可断绝,这孤寂的愁情恰如连环难解难分。念及此,辛弃疾抬头又望见了几只飞燕。此生最怕的就是像现在这般花开花落,一年过去,却是北来的大雁先我回到北方!

这一时期的辛弃疾是惆怅苦闷的,一方面江阴签判任上的文书工作想必枯燥繁琐;另一方面自己的满腔抱负全得不到回应。从他"层楼望,春山叠。家何在,烟波隔。把古今遗恨,向他谁说。蝴蝶不传千里梦,子规叫断三更月。听声声、枕上劝人归,归难得。"(《满江红》大约亦作于这一时期)的词句中完全可以洞见这种故国难回,大志难酬的痛苦。

说来讽刺的是,张浚表面上说自己只是方面之帅臣,不能决定朝廷大计,私下里又觉得辛弃疾的策略是完全可行的。绍兴三十二年十一月,张浚举荐陈俊卿为其江淮东西路宣抚司判官,孝宗因此召见陈俊卿及张浚之子张栻。张栻便带着父亲的奏议,请求用兵淮河沿岸,进取山东。不料遭到右仆射兼枢密使史浩激烈反对。

原来史浩在绍兴三十二年孝宗登极之初升任翰林学士、知制诰时曾经主张对金人之防守策略应该着力于长江瓜州、采石两渡口布防,结果张浚讥讽说不好好守御两淮却把防线往南放在长江沿岸,这是示敌以弱,会伤害到前线守军士气,认为应该守泗州。因此史浩大约是怀恨在心。然而他在孝宗即位之后官运亨通,很快升任参知政事,张浚所建言之策,史浩几乎必定会阻止。隆兴元年,史浩拜右仆射兼枢密使,他立刻上疏明确否定张浚进取山东的谋划。

以上事见《宋史》卷三百六十一《张浚传》:

> 翰林学士史浩议欲城瓜州、采石。浚谓不守两淮而守江干,是示敌以削弱,怠战守之气,不若先城泗州。及浩参知政事,浚所规画,浩必沮之。浚荐陈俊卿为宣抚判官,孝宗召俊卿及浚子栻赴行在。浚附奏请上临幸建康,以动中原之心,用师淮堧(ruán)(河边的空地或田地),进舟山东,以为吴璘声援。

据《鄮(mào)峰真隐漫录》卷七,史浩在《论未可用兵山东札子》中说:

> 窃以传闻之言,多谓虏兵困于西北,不复顾山东。加之苛虐相承,民不堪命,王师若至,可不劳而取。……万一未至尽如所闻,虏人尚敢旅拒(聚众抗拒),遗民未能自拔,则我师虽众,功亦难必。而宿师于外,守备先虚。我犹知出兵山东以牵制川陕,彼独

不知警动两淮、荆襄以解山东之急耶？为今之计，莫若戒敕宣抚司，以大兵及舟师固守江淮，控制要害，为不可动之计。……盖山东去虏巢万里，彼虽不能守，未害其疆[古同"彊（强）"，强大。]。两淮近在畿甸（指京城地区），一城被寇，尺地陷没，则朝廷之忧，复如去岁。

史浩的意思是说：臣私下里认为传言的说法，大多是说北虏军队被困于西北，没有余暇再顾及山东。加上金人施政苛暴残虐，老百姓不堪忍受，我大宋王师如果抵达，可以不费多大力气就拿下山东。但是万一没有完全到传闻所说的那种程度呢？万一北虏还敢于集结军队抵抗，而沦陷于山东的百姓们又还不能揭竿自救，反正归义呢？那么即便我们派往山东的军队人数众多，恐怕也很难一定成功。况且令数目不小的军队滞留在国门外，则我边境上的守备先就空虚了。我们尚且知道出兵山东来牵制川陕，他们难道不知道出兵使两淮、荆襄震动，以解除山东的危机吗？为今之计，不如下达敕令告诫边境有关宣抚司（宋代路一级军区称谓），用大军和水师舟船固守住江淮，控制军事险要，作为不可被敌人撼动的部署策略。山东距离北虏巢穴根基万里之遥，他们虽然失去山东，却并没有损害到他们的根本。而两淮近在我大宋京师不远，哪怕两淮流域一座城池被侵略入寇，尺寸土地沦陷敌手，就都是朝廷的心腹大患，又会像去年一样。（实际指的是绍兴三十一年完颜亮大举南侵。因为如果金人攻克两淮防线，就可以直面长江天堑，一旦渡过长江，临安就十分危险了。）

详看史浩的奏议，可以得知他首先从战略角度便对金人存在莫大的恐慌心理，认为金人调拨军队如臂指使，整个势力范围内很难有弱点被大宋所利用到。看似他谨慎持重,实际上他提出的策略就是消极固守,接近于偏安一隅。而所谓两淮近、山东远;前者主、后者次的言论,也完全是一种缺乏进取心的保守商人逻辑。

史浩此人之于当时宋金形势的见解,大抵都是保守的。据《宋史》卷三百八十三《虞允文传》中记载:

> 孝宗受禅,朝臣有言西事者,谓官军进讨,东不可过宝鸡,北不可过德顺,且欲用忠义人守新复州郡,官军退守蜀口。允文争之不得,吴璘遂归河池,盖用参知政事史浩议,欲尽弃陕西,台谏袁孝、任古附和其说。允文再上疏,大略言:"恢复莫先于陕西,陕西五路新复州县又系于德顺之存亡,一旦弃之,则窥蜀之路愈多……"

又:

> 隆兴元年入对,史浩既素主弃地,及拜相,亟行之,且亲为诏,有曰:"弃鸡肋之无多,免狼心之未已。"允文入对言:"今日有八可战。"上问及弃地,允文以笏(hù)(古代大臣上朝拿着的手板,用玉、象牙或竹片制成,上面可以记事)画地,陈其利害。上曰:"此史浩误朕。"

原来,在绍兴三十二年时,四川宣抚使吴璘(后又兼任陕西、河东路宣抚招讨使)统帅大宋西军多路反攻金人,几路将领有胜有负,但在吴璘亲临前线、智勇兼备的指挥下,宋军先后收复了秦凤、熙河、永兴三路,并在德顺成功抵御住金将完颜悉烈十余万大军的猛攻,因此总体在西线战场上处于一定的优势。然而六月孝宗受禅登极之后,史浩为代表的一批大臣就认为"兵宿于外,去川口远,恐敌袭之,欲弃三路"。他们担心大军在外不利,反把四川给丢了,不如退守蜀口,把新收复的三路十三州都抛弃得了。史浩甚至在为孝宗皇帝起草的诏令中说:"弃鸡肋之无多,免狠心之未已。"言下之意是,秦凤、熙河、永兴三路对于现在偏安一隅的大宋来说属于鸡肋,丢了也不算多,倒可以避免金人狼子野心的贪婪不止之势。对这种看法,虞允文极力反对,并且在召对的时候以今日形势有八项利于作战的因素向孝宗说明分析,当孝宗问及弃地影响,虞允文以笏板在地上描画,指陈利害得失。孝宗皇帝当即大为懊恼道:"这是史浩误朕啊!"

据《续资治通鉴》卷一百三十八记载,隆兴元年正月,吴璘被迫班师撤退,导致金人追击,史浩的建议致使宋军伤亡凡三万三千人,部将数十名之多。到手的城池和胜利果实拱手送人,又在被迫撤退时折损如许多袍泽,宋军阵营内痛哭声震动原野。

辛弃疾分兵惑敌,先取山东的策略尽管实质上被张浚攫取后到得御前,但因为史浩从中作梗,终究没能付诸实践。年轻的他,此时实在是官位低微,远离中枢,任他有多大的才干也于事无补。

大约亦是看到了吴璘被迫弃地之后的恶果和深感"史浩误朕"的懊恼,孝宗皇帝的内心在这时开始倒向主战的大臣。

这年四月,此前已经于正月进枢密使、都督江淮东西路军马,在建康开府建牙的张浚受命入对。御前议论南北军情时,张浚与史浩又针锋相对起来。张浚一看苗头不对,生怕孝宗皇帝又犯他耳根子软的老毛病,事后趁入内殿单独入对之际,反复劝说孝宗机不可失,并说金人于秋天必然南侵,不如先发制人。

二、隆兴北伐

孝宗皇帝此时亦慨然有光复河山的大志,居然绕过政事堂和枢密院,瞒着宰相和执政们,直接给了张浚和前线将领密旨,令他们向金人领地进攻。

隆兴北伐开始了。张浚此时得到了孝宗皇帝极大的信任,可是他把曾向他提议出兵山东的辛弃疾完全抛在了脑后,根本没有想过把辛弃疾调拨到北伐的军队中发挥才干——以张浚当时受到的宠信来看,一个小小的江阴签判的差遣调动,完全是他在奏议或是御前一句话的事情。

辛弃疾只能置身事外地等待着北伐的消息传到自己的耳中。

不仅仅是主战的张浚忘了他,若说没忘记他的人,又对辛弃疾的身份充满了怀疑、不信任。

《续资治通鉴》卷一百三十八记载:

> (五月)浩见邵宏渊出兵状,始知不由三省,径檄诸将,语陈康伯曰:"吾属俱兼右府,而出兵不预闻,焉用相为哉!不去何待!"因奏言:"陈康伯欲纳归正人,臣恐他日必为陛下子孙忧。张浚锐意用兵,若一失之后,恐陛下不得复望中原。"

这是说史浩到了隆兴元年五月方知晓了前线邵宏渊所部出兵北伐的情形,这才知道皇帝绕过政府,直接下密诏给将领们。他便对左相陈康伯说:"我们都兼着枢密使,但出兵北伐这种大事居然事先不知道也没和我们商量,哪里还用得着我们做宰相呢!不求去还更待何时!"史浩于是进奏说:"陈康伯想接纳归正人,臣恐怕这些归正人他日如果得势,必定成为陛下子孙们的祸患。而张浚一意孤行、坚决用兵,如果有所差池失败,恐怕陛下以后都不能够再望恢复中原了!"

注意史浩提到了"归正人"这一说法。这大约是南宋第一次有人提及这种身份。所谓归正人指的是从淮北沦陷于金人领土中南下投奔而来的人,这种提法实际上是一种带有歧视的蔑称。史浩的言下之意显然是认为所谓归正人如李显忠(本名李世辅,曾与父亲李永奇在被俘后接受金人伪职,后又在西夏军中任职)等,绝对不可予以重用,更不能给予兵权,免得他们阵前倒戈,倾覆社稷,危害大宋江山。

另一方面,北伐仍在进行着。宋军主要分为两个集团军,一部由李显忠统领自濠州往灵璧进军;另一部由邵宏渊统领,自泗州向虹县挺进。大约由于时值夏日多雨,金人仰仗的骑射受到一定影响,起初北伐可以说是节节胜利的。

李显忠初战告捷,败金右翼军都统萧琦而收复灵璧;邵宏渊攻克虹县,令金知泗州蒲察徒穆及同知泗州大周仁降。在这种情形下,张浚喜出望外,渡江视师。不久,二人所部又在宿州击败金军,克复宿州。史浩罢相,孝宗手书劳军:"近日边报,中外鼓舞,十年来无此克捷。"此后,金纥(hé)石烈志宁自睢阳引兵至宿州,李显忠又击退了金军的反扑。

然而就在形势有利于大宋的情况下,李显忠与邵宏渊的矛盾却完全爆发出来。有说邵宏渊手下抢走了投降李显忠的金军千户之宝刀,李显忠为了安抚降将,也不和邵宏渊商量就斩了其部下;亦有说克服宿州后邵宏渊提议开府库犒赏士卒,李显忠不许,将士多不悦;也还可能因朝廷以功升李显忠为淮南、京东、河北招讨使,宏渊为副使一事,后者深以为耻……

在诸种矛盾之下,张浚作为北伐主帅,被给予如此大的临战处置之权,明明已经看到邵宏渊不甘心听从李显忠节制,他不加以诫斥处罚从而严明军纪,居然采取和稀泥的方式,改令李、邵二人共同统领、节制北伐宋军。这势必造成军事指挥混乱不堪,直至瘫痪。

邵宏渊甚至在金人增兵欲夺回宿州时按兵不动,对帐内诸将说:"当此盛夏,摇扇于清凉之下,且犹不堪,况烈日被甲苦战乎?"人心遂摇,士气大受影响,致使宋军失利。

后来到了晚上,建康中军统制周宏及邵宏渊之子世雄、殿前司统制官左士渊率部逃跑。这一来跟风开溜的人立刻多了起来,《宋史·孝宗本纪》里记载:"殿前司统制官张训通等七人、统领官十二人,以二将不叶而遁。甲寅,李显忠、邵宏渊军大溃于符离。"不叶即是不协,不和协、不团结和睦之义。换言之,当时诸将见到前线两位大将彼此不和,金军又援军陆续抵达,已经不愿再战,都想着苟且偷生,保存实力,手下有兵,肩膀上有首级才有官做,何必留下来决生死呢?

宋军溃逃后在符离又被金军追上,北伐的种种军需物资弃之一空,死伤、溺毙难以尽数。据南宋人周密所撰《齐东野语》卷二《符离之师》记载:于是显忠、宏渊大军并丁夫等十三万众,一夕大溃,器甲资粮,委弃殆尽。士卒皆奋空拳,掉臂南奔,踩践饥困而死者,不可胜计。二将逃窜,莫知所在。又据《四库全书总目》卷一百五十八《汉滨集》提要记载:三挫于符离,而丧师又十三万。则可知符离之溃宋军加转运民夫的伤亡总也在十万人上下。在前期占据主动的形势下不战即溃,实在是令人扼腕的。

轰轰烈烈的隆兴北伐便这样极其仓促地宣告失败了。

或许当辛弃疾得知张浚北伐不多布疑兵,声东击西地攻取山东而是直接从两淮发起攻势,从某种程度上而言,他应该可以预料到结果,但内心他必然期待着有奇迹发生。然而等来的却是噩耗。

在这种精神打击下,辛弃疾无奈又悲愤地写下了一首《满江红》：

> 家住江南,又过了、清明寒食。花径里、一番风雨,一番狼籍。红粉暗随流水去,园林渐觉清阴密。算年年、落尽刺桐花,寒无力。
>
> 庭院静,空相忆。无说处,闲愁极。怕流莺乳燕,得知消息。尺素始今何处也,彩云依旧无踪迹。谩教人、羞去上层楼,平芜碧。

他看着园子里落英缤纷,却全不是旖旎景象,反倒觉着一片狼藉。这兵败如山倒的北伐可不就是如此狼狈不堪嘛！这些红粉之物随流水杳然逝于远方,园林里树荫清凉,枝繁叶茂,只是想来这当晚开方才预示丰年的刺桐花如今却年年早早凋零,初夏亦未至,对这时局,直令人感到凄寒无力！

庭院里阒寂无声,在山东时起义抗金的峥嵘记忆又黯涌心头,但这却又有何用？在这江阴,无人懂,无人可说,只有闲愁而已。倒要提防那些奴颜的主和官吏,像流莺乳燕一样把我的愤恨不满和抗金决心说得不合时宜。古人诗云："客从远方来,遗(wèi)我双鲤鱼。呼童烹鲤鱼,中有尺素书。"尺素者,书信也。也许他想到了太平宰相晏殊和他的儿子晏几道吧。承平岁月,繁花似锦,晏殊可以唱一阕"欲寄彩笺兼尺素,山长水阔知何处";其子可以吟一句"当时明月在,曾照彩云归",然而如今社稷倾覆、宗庙隳顿,便有字字千金的平戎策略,又说与谁听,寄给谁看呢？知音难寻,伯乐无觅,晏几道可以思念美人如云,我辛弃疾的知己依旧了无踪迹。且还是勿去登高望远吧,徒上层楼,看到的也只是平原荒草,一片凄凉!

孝宗即位后为岳飞平反,起用张浚等主战大臣,锐意恢复,这些相信辛弃疾都看在眼里,也满怀希望。然而位卑言轻的他只能无奈旁观宋军在符离的大溃败,个中失望唏嘘,是不难想见的。

三
美芹十论

符离之溃令辛弃疾一度悲愤交加,他既叹恨张浚不能慧眼识珠,简拔他于文书案牍之中;亦愤慨前线大将不和,宋军在关键时刻居然不战而逃。但是辛弃疾并没有就此消沉沮丧下去,而是重新审视天下之势,如张良诸葛一般思量策略,希冀为朝廷定一番大计。

可以想见,他便时常在签判的工作之余,一面仔细查看宋金舆图,一面反复推算南北形势。在家中的灯烛前,他终于将自己的满腔壮志和深谋远虑化作了文字,写成了十篇长长的奏议。这便是著名的《美芹十论》。

辛弃疾还写了《进美芹十论》阐述自己家室渊源和所以献策的原因。此篇奏议文采不逊于以往的古文大家,今附于下:

> 臣闻事未至而预图,则处之常有余;事既至而后计,则应之常不足。虏人凭陵中夏,臣子思酬国耻,普天率土,此心未尝一日忘。
>
> 臣之家世,受廛(chán)(接受居地而为民)济南,代膺阃(kǔn)寄(委以重任),荷国厚恩。大父臣赞,以族众,拙于脱身,被污虏官,

留京师,历宿、亳(bó),涉沂(yí)、海,非其志也。每退食,辄引臣辈,登高望远,指画山河,思投衅(xìn)(指可趁之机)而起,以纾(shū)(解除、排除)君父所不共戴天之愤。常令臣两随计吏(古代州郡掌簿籍并负责上计的官员。其须将州郡种种治理成效等情况上报。)抵燕山,谛观形势。谋未及遂,大父臣赞下世。粤(助词。用于句首或句中)辛巳岁,逆亮南寇,中原之民屯聚蜂起,臣尝鸠众二千,隶耿京为掌书记,与图恢复,共籍兵二十五万,纳款于朝。不幸变生肘腋,事乃大谬。负抱愚忠,填郁肠肺。

官闲心定,窃伏思念:今日之事,朝廷一于持重,以为成谋,虏人利于尝试,以为得计。故和战之权常出于敌,而我特从而应之。是以燕山之和未几,而京城之围急,城下之盟方成,而两宫之狩远。秦桧之和,反以滋逆亮之狂。彼利则战,倦则和,诡谲狙诈,我实何有。惟是张浚符离之师觕(cū)(同粗)有生气,虽胜不虑败,事非十全,然计其所丧,方(比拟)诸既和之后,投闲踉蹡,犹未若是之酷。而不识兵者,徒见胜之不可保之为害,而不悟夫和而不可恃为膏肓之大病,亟遂龃(zé)舌(表示不说话,或不敢说话。),以为深戒。臣窃谓,恢复自有定谋,非符离小胜负之可惩,而朝廷公卿过虑,不言兵之可惜也。古人言:"不以小挫而沮吾大计",正以此耳。

恭维皇帝陛下,聪明神武,灼见事几,虽光武明谟(mó),宪宗果断,所难比拟。一介丑虏,尚劳宵旰,此正天下之士献谋效命之秋。臣虽至愚且陋,何能有知,徒以忠愤所激,不能自已,以为今日虏人,实有弊之可乘,而朝廷上策,惟预备乃为无患。故罄(qìng)(本义为器中空,引申为尽,用尽。)竭精恳,不自忖量,撰成《御戎十论》,名曰《美芹》。其三言虏人之弊,其七言朝廷之所当行。先审其势,次察其情,复观其衅,则敌人之虚实,吾既详之矣;然后以其七说次第而用之,虏故在吾目中。惟陛下留乙夜之神〔乙夜,二更。典出唐文宗乙夜观书。唐苏鹗《杜阳杂编》"(唐文宗)谓左右曰:'若不甲夜视事,乙夜观书,何以为人君耶?'"〕,沉先物之机,志在必行,无惑群议,庶乎"雪耻酬百王,除凶报千古"之烈,无逊于唐太宗。典冠举衣以复韩侯(典出《韩非子·二柄》昔者韩昭候醉而寝,典冠者见君之寒也,故加衣于君之上。觉寝而说,问左右曰:"谁加衣者?"左右对曰:"典冠。"君因兼罪典衣与典冠。其罪典衣,以为失其事也;其罪典冠,以为越其职也。非不恶寒也,以为侵官之害甚于寒。故明主之畜臣,臣不得越官而有功,不得陈言而不当。越官则死,不当则罪。),虽越职之罪难逃;野人美芹(典出《列子·杨朱》"昔人有美戎菽,甘枲茎芹萍子者,对乡豪称之。乡豪取而尝之,蜇于口,惨于腹,众哂而怨之")而献于君,亦爱主之诚可取。惟陛下赦其狂僭而怜其愚忠,斧锧余生,实不胜万幸万幸之至。

这是说:臣听说事未发生而预先图谋妥当,那么处置结果必然有所余裕;事情已经发生之后才去计量思索,则应对效果常有不足。北虏侵扰我中原华夏,臣子殚精竭虑要一雪国耻,可以说四海八表,无论在哪里,臣的忠心一天都不曾遗忘。

臣的家世,乃是祖上便住在山东济南,几代人都被朝廷委以重任,成为官员,蒙受深厚的国恩。祖父名赞,因为族人众多的牵绊,很难顺利脱身,遭受了担任虏人伪官的耻辱,留在京师也罢,历任宿州、亳州(在今安徽宿州市于亳州市),乃至沂州、海州(在今山东临沂和江苏连云港)也好,都不是他的志向。每每从公衙回来吃完饭,就带着臣等家中小辈,登高望远,指点江山,想着等待金人内部动乱、有机可乘的时候起兵反正,以此报君父不共戴天的愤怒仇恨。他曾让我两次随着郡县的计吏,抵达燕京,审视北虏形势。祖父起兵抗金的计划还没能实施,他便辞世了。绍兴三十一年,敌酋完颜亮大举南侵,中原忠义勇武的百姓们纷纷像蜜蜂一样聚集起来。臣曾经也纠集了两千人,隶属于耿京,忝任军中掌书记一职,与耿京一同商议恢复祖国河山的大业。我们共聚集兵马凡二十五万,(准备)归顺朝廷。不幸的是变生肘腋,最终彻底失败了。臣只能怀着一腔愚笨的忠心,把郁愤之情填塞进肠肺之内。

如今签判的差遣已经任满,即将离任,正是有所闲暇而能心定的时期,因此臣暗自思索:今南北之间的形势,朝廷可以说一直都偏向保守持重,认为是成算,是既定的方针;北虏挑衅屡屡得利,他们便认为是奸计得逞。所以主导过去和平与战争的权力常常出在敌人一方,而我大宋只不过被迫应对。因此过去宣和年间割让赎买燕山的盟约订下没多久,东京汴梁就被团团包围;靖康元年正月被迫割让太原、中山、河间的城下之盟刚刚达成,八月徽宗、钦宗二帝便不得不远狩北方。秦桧主持的屈辱和议,如今看来反而是滋生了完颜亮这类敌虏的猖獗狂妄。金人是有利可图就侵扰我们,打得将士疲惫、人困马乏了就假惺惺和谈,狡猾多变、奸诈无耻,而我们实际上又从和谈中得到过什么真正的好处吗?近来只有张浚北伐,打到了符离,稍微有些鼓舞人心的生气。虽然他们初胜了之后没有思虑好防备紧随而来会导致战败的种种纰漏,事情没做到十全十美,但是核计符离之败的损失,把结果和秦桧主持的绍兴和议以来,将帅、精兵投闲置散、摧残蹂躏的损失两相比较,就会发现前者尚未能像后者所造成的损失那么惨烈。但是不懂军事的人,却只看到不可保持住的胜利会造成危害,却不领悟不能真正依靠的假和议才是膏肓肺腑的要害大患!他们急着闭口不谈,认为对北虏用兵深可为戒。臣私底下认为,恢复我大宋故土的大业自有一定的谋略计划能够办到,并不是符离之战局部的小小胜败所可以起绝对影响的,但是朝廷的公卿大臣们却过于疑虑,不敢正视和谈论对北虏用兵,这实在是可惜!古人曾说:"不因为小小的挫折而阻止我自己的大计。"正是因为这一点啊。

恭维我大皇帝陛下,聪明神武,洞察万事。即便是汉光武帝那样英明深谋,唐宪宗那般果断奋发,也难以和陛下比拟。现在金人不过是一介小丑胡虏,尚且劳动陛下宵衣旰食,这正是天下之人为陛下献策效命的时候啊。臣虽然极其愚笨弇(yǎn)陋(见识浅陋),哪里能有什么智慧呢?只不过是因为忠愤之情激荡臣心,不能自已,认为现在的北虏,对我们来说的的确确有机可乘,而朝廷的上策,应该是要做到有备无患。所以臣竭尽精忠诚恳,不自量力,撰写成《御戎十论》,命名为《美芹》。其中三篇谈北虏的弊病劣势,七篇谈朝廷所应当采取的行动。先审查胡虏的形势,其次考察其具体情况,再窥测其内部矛盾和可乘之机,那么敌人的虚实,我方已经翔实掌握了,这样以后再用七篇奏议里的观点按部就班的一一付诸实践,北虏就等于在我们眼前无所遁形了。敬望陛下留唐文宗二更观书之精神,深沉机谋而以先见之明洞察于万事之先,恢复故疆的志向望陛下坚定不移,付诸实践,不要被保守的群臣意见所迷惑,这样就与唐太宗"雪耻酬百王,除凶报千古"的英武威烈相差仿佛,毫不逊色了。臣妄议军国大事,冒昧建言献策,就如典冠举衣盖在韩昭侯身上的行为一样,实属越职言事,虽然此罪难逃,但是臣的肺腑之言也像野人献美芹一样是一片忠诚献于君父,亦是有些许爱主之诚心可取。敬望陛下宽赦臣的狂妄僭越,怜悯臣之愚顽忠贞,赦臣斧钺加身的死罪,臣实在不胜万幸!

这篇奏议里辛弃疾首先是表忠心,然后是交代家里祖上成分,表明靖康之难后因为祖父要照顾一大家子人,没办法才被迫接受伪职,而且时刻不敢或忘华夷之辨,想着要投釁而起——因此如果有人拿这一点说事,陛下别偏听偏信啊。说完这些他开始进入正题,指出一味的保守和消极防御是无用的,他含蓄地没说这是偏安一隅,并且抨击了历史上秦桧等人对主战将士们的迫害,说这些混蛋做的事情比符离之溃的损失大多了。他明确指出战与和之主动权,不能操纵在女真人手中,被人牵着鼻子走。最后,他不忘一番大加赞扬最高领导的常规操作,希望领导考虑并接受他的建议。

那么位卑言轻的辛弃疾究竟在《美芹十论》中提了哪些计策呢?

曰审势,曰察情,曰观釁,曰自治,曰守淮,曰屯田,曰致勇,曰防微,曰久任,曰详战。

在《审势》篇中,辛弃疾从小大为形,虚实为势两个角度去分析对比了宋金之间的强弱情况。他指出,北虏有三不足虑。

第一,金人表面上领土广大,实际上是潜藏着四分五裂的致命不足的。因为女真本是辽国内部一个受奴役的少数人口之部落,现在纯粹依靠强大的武力凌驾在各族之上,一有可乘之机,领土内的各种势力就纷纷割据起兵。这在绍兴三十一年完颜亮南侵时内有政变,外有起义,可谓众叛亲离,金人之四分五裂已经完全得到了验证。

第二,北虏表面上聚敛了许多财货,其实不足为恃。因为每年从我大宋这里得到的岁币他们只能用来赏赐,却不足以真正用来网罗和培养天下贤才。其占据的中原仓廪,虽然可以解决一部分问题,但不能保证其万无一失。原因在于地方上官吏剖克聚敛之甚,百姓不堪忍受,终必揭竿起义,则人财两空,不可得矣。

第三,金人之军力,表面上似乎很多,实际难以调动集结,又易于崩溃哗变。金人军制,战时除了少数本族女真武士作为真正的王牌,其他不过是临时征发的民兵作为仆从军充数。如中原地区发签征调之民兵,彼所谓"大汉军"者,都是其父祖辈被残害于女真之手、田宅土地为北虏抢夺而怨愤已极的百姓。沙漠所征调的,远在万里之外,行军到两淮要一年左右。譬如逆酋完颜亮南寇之时,都是靠着诛杀威胁他族酋长、破灭资产等手段,才纠集起异族的人马相从,不多久半路逃窜的就已经不可遏制。

最后,他又重点分析了北虏目前的统治阶层不似过去粘罕(完颜宗翰)、兀术(完颜宗弼)之团结,而是夹杂着契丹、中原、江南人士,因而上下猜忌防范,大臣将领间多意见相左,并且最高层骨肉相残,极其残酷。因此辛弃疾得出一个结论,说古来国家灭亡,最主要的两大原因就是百姓不堪忍受而怨恨不已和储君嫡庶不定而争斗不止。如今北虏兼而有之,能不走向衰亡吗?

在《察情》篇中,辛弃疾又慧眼如炬地洞察分析了金人有"三不敢必战""二必欲尝试"。

不敢必战有三。其一,虏主完颜亮南侵新败,举国之师而征伐的教训,对在政变中得位的完颜雍来说是十分深刻的,可以说是殷鉴不远,就算用兵侵扰,只不过是调集边境守卫之兵而已,再不肯冒险了。戍卫之卒,能够必胜?(背后的原因也在于女真人过去是几乎一无所有的被奴役部落,敢打敢拼,悍不畏死,现在却是坐拥中原和北方大片领土的统治者了,再不是光脚的不怕穿鞋的了。)

其二,海、泗、唐、邓等州,我大宋在绍兴三十一年逆亮南寇前后收复,到如今整整三年,北虏动用军队而不能侵占夺回,可见我朝也是有足以攻守的将士的,而北虏已不是当年"女真不满万,满万不可敌"的那种实力。

其三,女真人北方的领土自契丹手中夺来,契丹等诸胡人异族都在北虏身后侧目窥探,我中原子民则扼腕于金人身前,虽然其签发征调的命令下来,契丹诸胡、中原子民迫于淫威而不得不从军,但是从军了也未必不反,一旦溃逃甚至哗变,后果都是对方不敢设想的。

必欲尝试有二。一者,正因为北虏色厉内荏,所以怕我们断绝岁币,便更加虚张声势要挟恐吓我们,这是他们必定调拨军队做样子的原因。二者,其豺狼本性贪得无厌,总是心存侥幸,不暇谋于完全就要行动,这是必欲尝试之二。

在《观衅》篇中,辛弃疾进一步重申中原之民对金人暴虐统治的憎恨,认为民心可用。他指出金人对中原的统治可谓是"分布州县,半是胡奴;分朋植党,仇灭中华"。并告诉孝宗,金人之酷烈,不过是"特为陛下驱民而已"。在此章中,他亦表达了对于大宋没有能够利用好完颜亮惨败、中原义军蜂起的宝贵机会的巨大遗憾。因此他提出,要重视民心,令中原之民知晓朝廷有收复河山之心,则一旦举大事,王师北伐之际,必定能群起响应。

在《自治》篇中,辛弃疾首先驳斥了"南北有定势,吴楚之脆弱不足以争衡于中原"这种投降保守的谬论。他指出过往南多不能胜北主要是有其自身主观上的原因,而不是南北客观的因素所造成,如孙吴之割据,本身就又有刘备占据巴蜀汉中,力量上就不可能抗衡整个北方;东晋之不能再取中原,一方面是当时夷狄亦豪杰辈出之时代,同时东晋内部又权臣迭出,可谓自顾不暇;宋齐梁陈又几乎都是权臣、将领篡逆称帝,都侥幸于偏安,即便是进攻北方也不过是为了自保。反观项羽以吴楚子弟救巨鹿、破章邯,焚咸阳、杀子婴,这难道是南北有定势,南方不能战胜北方吗?辛弃疾一针见血地批评怯懦投降的观点:

> 今之议者皆痛惩往者之事,而劫于积威之后,不推项籍之亡秦,而威以蔡谟之论晋者以藉口,是犹怀千金之璧,不能斡营低昂(转圜而争高下之义),而摇尾于贩夫;惩蝮蛇之毒,不能详覈(hé)(检验、查核)真伪,而褫(chǐ)(夺去)魄于雕弓。亦已过矣。故臣愿陛下,姑以光复旧物而自期,不以六朝之势而自卑,精心强力,日与二三大臣,讲求古今南北之势,知其不侔(móu)(谋取;求)而不为之惑,则臣固当为陛下言自治之策。

蔡谟是东晋时人,曾说观时无英雄,必不能恢复旧疆。而南宋时许多主张求和苟安的大臣正是如此,没有项羽亡秦的胆识甚至对此也避而不谈,专以蔡谟的逻辑或此类事例为借口——在辛弃疾看来,这就好比有千金珍宝,有实力却不敢和人转圜周旋,一争高下,反而向贩夫走卒摇尾乞怜;又好比杯弓蛇影,不去审查所谓的毒蛇是否真实,就吓得魂魄都给雕弓吓跑了。言下之意便是讥刺投降派大臣的胆小如鼠了。(当然要看到,这种观点之所以有市场,自然是因为能够得到最高层的响应。)辛弃疾又极其恳切地对孝宗皇帝提出期望,希望他以光复河山为目标,不要把六朝之颓唐消极加诸对时局的判断上而自怨自艾。

辛弃疾提出两个具体的办法:一曰绝岁币;二曰都金陵。宋金之间,每年送给金人的岁币约在 200 余万缗(mín)(按绍兴和议,宋须每年向金纳贡 25 万两、匹之银绢。隆兴二年,1 两白银约 3 000 文,则大致略少于四贯钱;绢价可据绍兴二十六年知约在 4 000~5 500 文,则一匹绢率为 5~6 贯。故 25 万两、匹大致折合为 200 余万缗),其费用自然不算大到国家财政所无法承受;另一方面迁都金陵当然是比目前的临安更接近宋金前线,但本身并不因此而有强弱之别。但是辛弃疾高瞻远瞩地指出,如果不绝岁币,又偏安于离两淮较远的临安府,那么这便是所谓:"待敌则恃欢好于金帛之间,立国则借形势于山湖之险,望实俱丧,莫此为甚。使吾内之三军习知其上之人畏怯退避之如此,以为夷狄必不可敌,战守必不可恃,虽有刚心勇气亦销铄委靡而不振,臣不知缓急将谁使之战哉!借使战,其能必胜乎?外之中原民心以为朝廷置我于度外,谓吾无事则知自备而已,有事则将自救之不暇,向之袒臂疾呼而促逆亮之毙、为吾响应者,它日必无若是之捷也。"

这段话真可谓是高屋建瓴、振聋发聩。他说拿币帛去结好金人,偏安于长江之南,这完全是面子里子都丢光了。一方面使我们的军队知道上面领导獐头鼠目,没胆子跟金人交战,将士们就会觉得女真人是无敌的,这就导致战也好、守也罢,最后都靠不住了,即使士兵们再有锐勇之气也消失殆尽最后萎靡不振了。这直接导致危机时刻,没有能拉出来跟女真人打的军队。另一方面,现在的做法也会让中原的百姓以为朝廷抛弃了他们,他们便只能在平时安于自保,一旦发生南北大战,他们就自顾不暇,再想要像之前逆酋完颜亮南侵毙命前后那样试图掀起抗金战争的汪洋大海,响应我们以后的北伐,那是不可能了。

更了不起的是,辛弃疾还说现在不应急于实施这两个策略。因为他料定金人一两年内必然还欲再启局部之战来要挟皇宋,不如等到那时候,再趁机断绝岁币,这样就连外交上的道义也有了。

辛弃疾又进一步痛斥说:"且今日之势,议者固以东晋自卑矣。求之于晋,彼亦何尝退金陵、输岁币乎?"

在自治的最后,辛弃疾还不忘鼓励孝宗,说:"古人云:'谋及卿士,谋及庶人。'又曰:'作屋道边,三年不成。'盖谋贵众、断贵独,惟陛下深察之。"他提醒孝宗皇帝,既要善于广开言路,从善如流,更要做到能够坚定恢复河山的信念,乾纲独断,不要被保守投降的言论动摇。

此一篇奏议读来尤其令人肺腑激昂,不得不感慨于他卓尔不凡的才识。

在《守淮》篇中,辛弃疾从军事角度分析了应当集中精锐部队屯守淮河沿岸要害的重要作用,而不应该愚昧地谋求在整个淮河沿线建立一条"无所不备"的所谓坚固防线。他引用孙子兵法中的理论,指出希望把淮河防线处处都防御到,经营得固若金汤,这种策略从一开始就是违背兵家常识的。因为若要处处驻军戍守,就等于处处虚弱,兵力分散,反而造成无法抵挡北虏渡淮南侵的恶果。辛弃疾认为,应当避免"兵分势弱"的这种局面,而是要"聚兵为屯,以守为战"。他进一步提出,可以选精锐步骑十万之军,"分屯于山阳、濠梁、襄阳三处,而于扬或和置一大府以督之"。(山阳,楚州县名。濠梁,即濠州。扬,扬州。和,和州,今安徽和县。)如此一来,当北虏来时,既可以迅速集结精锐部队,统一指挥,或绝金人粮饷辎重转运之道,或阻遏其撤军必经之处,则淮河方为金人所不可窥探之天堑!

在《屯田》篇中,辛弃疾首先指出绍兴三十二年以来再次开始实施的淮甸(淮河流域)屯田,确实是"利未十百,而害已千万矣"。不仅好处没捞着,甚至可以说是"名为屯田,其实重费以敛怨也"。他进一步分析,何以朝廷投入了不少经费,结果古来都说甚有成效的屯田之策却适得其反。原因就在于"所以驱而使之耕者非其人,所以为之任其责者非其吏"。原来当时屯田所用之兵卒,大多是游手好闲、偷惰成性而为混一口饭吃才参军的市井无赖,是以根本不肯好好耕种稼穑(春耕为稼,秋收为穑,即播种与收获,泛指农业劳动)。而具体负责督察屯田的官吏也是苟且应付,因此把好事做成了坏事。

辛弃疾提出一个办法,即"籍归正军民,厘为保伍(古代民人五家为伍,又立保相统摄,因以"保伍"泛称基层户籍编制),择归正不厘务官,擢为长贰,使之专董其事"。也就是说,把自淮北归正而来的军民登记造册,整编为保伍,从中选择归正后授予虚职而实际不管事的官员,擢拔为此事的正副手,让他们专门监督主持屯田之事。这些归正军民,大多熟悉稼穑,又多是同乡比邻,互相熟悉也好沟通,可以做到上令下从,不至于出什么乱子。具体操作上,可以每家给予淮甸百亩之地,其中从军者,田产尽入其家;为普通百姓者,田产十分税其一。并且,"无事则长贰为劝农之官,有事则长贰为主兵之将,许其理为资考,久于其任,使得悉心于教劝"。如此则有战事时,淮甸屯田之归正军民,又能作为一支民兵力量,哪怕是负责就近转运粮草也是好的,且应许诺负责劝农的归正官员可以按年资进行磨勘(宋代官员考绩升迁的制度。宋初,文臣五年,武臣七年,无赃私罪始得迁秩。后逐渐变成文臣三年,武臣五年。)升迁,让他们久任于督察屯田的劝农之职上,既然有了升官的盼头,必然也会全心办事。况且如今的归正军民,大多因为在地方上多受不公平对待和种种歧视,处境不堪,必然乐于从事屯田,自力更生,改善生活。

辛弃疾把朝中绝对会出现的反对声音也预先想到了。他们认为"归正之人常怀异心,群而聚之,虑复生变"。辛弃疾认为,过去绍兴十一年秦桧主持绍兴和议后曾经遣返过归正之人,极大地伤害了他们的感情,而如今一方面高宗赵构在不久前的绍兴三十一年十月,下诏云:"昨被发遣归国者,盖为权臣所误,追悔无及。今虽用事,并许来归,当优加爵赏,勿复疑虑。朕言不食,有如皦日。"另一方面来讲,如果归正军民能够去屯田,那么"人有常产,而上无重敛,彼何苦叛去,以甘虏人横暴之诛求哉!"也就是说,人只要有了固定的物产收入,朝廷又没有苛捐杂税的横征暴敛,他们何苦又跑回去甘受北虏酷虐的统治呢?辛弃疾想,也许朝廷里使绊子的人还会说"恐其窃发"。意思是说恐怕他们暗中做些什么违法乱纪的事情。辛弃疾对此反驳道:"且人惟不自聊赖,乃攘夺以苟生,诚丰饫(yù)矣,何苦如是?"人大多只有自己活不下去,没有依靠了,才去抢夺强盗而苟且偷生,如果能有点钱、吃得饱,谁会故意干犯王法,做杀人放火、抢劫偷盗等事?在辛弃疾的设想里,屯田既缓解了他日北伐时军事上粮草的问题,转运的问题,也解决了潜在的社会不稳定因素,是一举多得的。辛弃疾对这类惯会阻挠的大臣,有一句评价十分深刻:"且天下之事,逆虑(预想)其害而不敢求其利,亦不可言智矣"。

辛弃疾甚至还进一步提出一个办法遏制上述所说归正军民动乱一事。大约在绍兴三十一年,朝廷曾从地方厢军中抽调一部分相对强壮劲勇的人,成立一军。结果造成地方上民怨沸腾,弄得鸡飞狗跳,州郡要花钱调拨,军户家庭不乐意儿子、丈夫背井离乡,到了军中,这些厢军出身的士卒又多受歧视,被当成奴隶般差使。因此,不如"辇徒此军,视归正军民之数,倍而发之,使阡陌相连,庐舍相望,并耕乎两淮之间。彼其名素贱,必不敢倨视归正军民而媒怨;而归正军民视之,犹江南之兵也,亦必有所忌而不敢逞"。亦即是说,干脆成批次地调拨

三、美芹十论　　41

此军将士,按照归正军民数量,每一地方以双倍于归正军民的人数安排驻扎,使田间道路相连,军民们屋舍相望,一起在淮甸耕种屯田,实施民屯、军屯混合的形式。而这些士卒们相对于御前诸军来说向来是地位低下的,也就必定不敢傲慢自大地对待归正军民而招致怨恨;另一方面,归正军民总觉得他们是江南来的军队,好像是天子的嫡系部队一般,也就总有所忌惮而不敢生事。

统而言之,如此安排,既可以避免归正军民生乱,集中管理监督后又可以几乎完全发挥出军民屯田的好处——二十五岁的辛弃疾可以把问题想得如此周到全面,如此老辣,这真的是天纵之智,说是王佐之才恐怕也不为过。

在《致勇》篇中,辛弃疾指出"行阵无死命之士""边陲无死事之将",那么军事上要克敌制胜完全是空中楼阁,无从谈起的。因此就要做到令将士知勇、有勇而不畏死惜命,如此才能将军队打造成胜利之师,而不是临阵溃逃的懦夫、无赖的丧家之军。他提出的办法如下:"致将帅之勇,在于均任而投其所忌,贵爵而激其所慕;致士卒之勇,在于寡使而纾其不平,速赏而恤其已亡。"这是说,若要让将帅有勇,就要调整他们的任职之权力,而让他们有所忌惮,同时提高官爵的珍贵程度,激发他们渴慕的欲求;若要令士卒有勇,则要少支使他们做与军事活动无关的杂役苦活,从而舒缓其愤懑不平之气,同时论功行赏必须要从速从快,对阵亡兵卒的家属一定要善加抚恤。

辛弃疾还直言不讳地说:"今之天下,其弊在于儒臣不知兵,而武臣有以要其上,故阃(kǔn)外(指京城或朝廷以外,亦指外任将吏驻守管辖的地域或国境之外)之事,朝廷所知者,胜与负而已;所谓当进而退,可攻而守者,则朝廷有不及知也。"也就是说,文臣不懂兵法,前线的将领借此要挟欺瞒朝廷,以至于朝廷往往对于庙堂之外、国境内外的战事只知道一个结果,里面弯弯绕绕的奥妙,就是一笔糊涂账了。

因此,为了做到"均任而投其所忌",辛弃疾在奏议里提出一个办法,即"朝廷于文臣中,择其廉重通敏者,每军置参谋一员,使之得以陪计议,观形势,而不相统摄,非如唐所谓监军之比。彼为将者心有所忌,而文臣亦因之识行阵,谙战守,缓急均可以备边城之寄。而将帅临敌,有可进而攻之便,彼知搢绅之士亦识兵家利害,必不敢依违养贼以自封,而遗国家之患"。辛弃疾的方法乃是在每支军队中设一名参谋,专以文臣任职,又与军中将领互不统摄节制,这样既避免了唐代宦官监军掣肘节度使而指挥混乱的情况,又令将领有所忌惮,不敢临战迟疑、养寇自重,而文臣则能够在其中渐识军阵兵事,熟悉战守之略,危机时便可以在边境挂帅御敌。

为了做到"贵爵而激其所慕",则须"朝廷靳重爵命,齐量其功,等第而予之。非谓无予之,谓徐以予之,且欲使之常亹亹(wěi)(勤勉不倦貌)然有歆慕未足之意,以要其后效。而戒谕文吏,非有节制相临者,必以资级为礼,与左选人均,……彼被介胄者,知一爵一命之可重,而朝廷无左右选贵贱之别,(《宋史》卷一六三《职官三》:曰尚书左选,文臣京朝官以上及职任非中书首除授者悉掌之。曰尚书右选,武臣升朝官以上及职任非枢密院除授者悉掌之。自初任至幕职州县官,侍郎左选掌之。自副尉以上至从义郎,侍郎右选掌之。)则亦矜持奋励、尽心于朝廷,而希尊荣之宠。此之谓贵爵而激其所慕"。亦即是说,朝廷应该做到不滥赏官爵,而是要谨慎地给予赏赐升官,按照将帅之功劳,以规定的等第次序给予。这样慢慢地给予官爵之赏,令将帅常常勤勉于事,对升官又有渴慕未足的欲望,从而便可观其后效。同时应当告诫晓谕文臣,除非有上下统属节制的关系,否则必须让文武之臣见面时按照武臣的职级给予他们相应的礼节,使武将们也能如文臣一样根据职级而受到公平的尊重……那么这些盔甲在身的武臣们,也就知道官爵、诰命之隆重珍贵,并且朝廷不再有左右选重文轻武的区别了。辛弃疾明确指出了问题的一大症结所在,必须要尊重、重视武臣,一味的重文轻武只会带来战败的恶果,直指宋朝的祖宗家法,这实在是需要勇气的。

对于"致士卒之勇",为了做到"寡使而纾其不平",辛弃疾提出应当"朝廷明敕将帅,自教阅外,非修营、治栅名公家事者,不得私有役使,以收士卒之心"。决不能"营幕之间,饱煖(nuǎn)有不充,而主将歌舞无休时……平时又不与之休息,以养其力,至使之舁(yú)(抬)土运甓(pì)(砖),以营私室,而肆鞭挞"。这是说,为了鼓舞士气,令底层士兵知勇,应由朝廷明发敕令,诫谕将帅,除军队日常训练外,非修理军营、修筑栅栏等公事,一概不允许私下里驱使士卒做这做那,用以收取士卒拥戴之心。相反,必须要禁止士卒忍饥受饿、将帅歌舞升平;平时不让兵士们训练等公事之余好好休息、养精蓄锐,而让他们扛土运瓦,建造将帅私人处所,尽干些私事,又肆意鞭笞滥打士卒的行为。

要做到"速赏而恤其已亡",辛弃疾认为应当是"朝廷遇有赏命,特与差官携至军中,呼名给付;而死事之家,申敕主将,曲加抚劳,以结士卒之欢"。避免"赏定而付之于军,则胥吏轧之、主将邀之,不得利不与"。辛弃疾看到了军中对于底层官兵的赏赐抚恤工作的种种漏洞。他指出,往往赏赐至于军中,则有关小吏倾轧刁难,军中主将截留阻挠,下面的士卒不想办法给他们点好处,让他们捞足油水,就不给兵士们发放赏赐。因此,朝廷遇到有赏赐下发,可以专门派遣官员护送至军中,直接一个个呼叫兵士姓名来分发赏赐;对于士卒牺牲的家庭,则命令该部主将,周到地加以抚恤慰劳,以此来交好底层官兵们,令其欢喜无怨。于是,"如此则骄者化而为锐,惰者化而为力。有不守矣,守之而无不固。有不攻矣,攻之而无不克"。

在《防微》篇中,辛弃疾指出自古以来就有叛逃之臣民教敌国以种种技术,或泄露军国机密之事,远如楚公子巫臣教吴国乘车射御,汉中行说(yuè)叛汉而助匈奴;近如完颜亮南侵之际,平江之匠人倪询、应简献策及造船之术,甚至宋军劲弩克敌弓之制造技术也泄露到金人耳中。因此,辛弃疾向孝宗皇帝建议"愿陛下广含弘之量,开言事之路,许之陈说利害,官其可采,以收拾江南之士;明昭有司,时散俸廪,以优恤归明归正之人。外而敕州县吏,使之蠲(juān)(除去,免除)除苛敛,平亭(研究斟酌,使得其平)狱讼,以纾其逃死蓄愤,无所伸愬(同"诉")之心"。这是说,辛弃疾认为朝廷应当本着上国大邦的宽容风度,广开言路,允许地方上的布衣黔首建言献策,对于其中确有才干可取的人则赏赐官衔,以此来招徕、安抚江南的各界子民;同时明发诏令给有关部门的官吏,命其按时发放俸金与禄米,以此优待照顾归正之人。对外则敕令州县官吏,命其减免对归正人苛重的税赋,对其所涉之案件详加审查,以此来缓解他们逃死求生、艰苦困窘而积蓄的愤恨不平之情和无所申诉之心。

他也并不主张对归正君民无原则地盲目宽纵,辛弃疾说:"其归正军民,或有再索而犹言愿行者,此必阴通伪地,情不可测。朝廷既无负于此辈,而犹反复若是,陛下赫然诛其一二,亦可以绝其奸望。"也就是说,如果归正之人中,有贪得无厌,又扬言要再回北方的,此类疑似暗通房人、反复无常的,陛下可以诛杀一二典型,令侥幸之人不能得逞奸谋。

三、美芹十论

而如果"纵之而不加制,玩之而不加怵",那么就"或能驯致边陲意外之扰"了。辛弃疾的见解无疑是深刻的。

在《久任》篇中,辛弃疾针对宋朝宰相、执政大多难以长久任职这一现象,提出建议。他认为:"故古之人君,其信任大臣也,不间于谗说;其图回大功也,不恤于小节;所以能责难能不可为之事于能为必可成之人,而收其效也。"这是说,古代之贤君,知用人不疑之术,不被谗言所离间猜忌,令用事大臣运筹帷幄、图谋运转而得以成大功,不因为小事而掣肘、替换他。这便是古之贤君能够将难以办成的大事交托给必定可以办成的人,最终坐收其效的原因。

他又分析当今南北形势,说:"且御戎有二道,惟和与战。……今日之事,以和为可以安,而臣不敢必其盟之可保;以为战为不可讲,而臣亦不敢必其兵之可休。惟陛下推至诚,疏谗慝,以天下之事尽付之宰相,使得以优游无疑以悉力于图回,则可和与战之机,宰相其任之矣。"辛弃疾一方面指出一味苟安求和是荒唐的,因为与北虏之和议不可能长久依仗,战事也不可能永远消止。另一方面他顺势向孝宗建议要给予宰辅之臣足够的信任和事权,让他们能够从容不迫地全力经营朝野之事、天下大政,和战的选择也应该归责于宰臣。

辛弃疾不仅看到了宋朝立国以来两府大臣大多更调频繁、异论相搅,缺乏信任重用、相权不足等问题,他还进一步看到了从整个中央政府到地方上的官员调任之密集,使得许多人都满足于三年五年的磨勘,以不生事即升迁的混日子方式任职的现象。这便造成办事效率低下,许多事情得不到真正的开展和解决。因此辛弃疾又建议:"非特此也,内而户部出纳之源,外而泉曹(泉司也。即都大提点坑冶铸钱司。掌铸币及山泽金银铜铁等所产)总司(总领所,南宋总领财赋、军马钱粮官均置司于重镇,其治所即为总领所。又称总司、计台等。分淮东、淮西、湖广、四川四总领所)之计,与夫边郡守臣、屯戍守将,皆非朝夕可以责其成功者。臣愿陛下要成功于宰相,而使宰相责成功于计臣、守将,俾(bǐ)其各得专于职治,而以禄秩旌其劳绩,不必轻移遽迁,则人无苟且之心,乐于奋激以自见其才。"

他说,不论是朝廷中央主管财政支出的户部,还是地方上的负责铸币、总管财赋、军马钱粮的泉司和总司,以及边境上的郡守、将领,他们的工作都不是可以短期内就责其成功的。他建议孝宗皇帝责国家大政于宰臣,令宰辅们责成财政大臣们和地方太守、将领,使他们各自得以专于职守,尽心尽力而无掣肘的办事,然后朝廷用利禄、官职表彰其功劳成绩,不必轻易草率或频繁地调动其职务差遣,那么官员们就会因为久任于职守,而无苟且因循之心,并以奋发有为而彰显自己之才干为乐了。

可以说,辛弃疾有关官员久任的问题之见解,正中宋朝政治制度问题的核心症结所在。能够以未及而立之年,地方低级官职,毫无大政经验的种种不利条件,拨云见雾地分析出朝政的关键问题,这是具有非凡洞察力的体现。

在《详战》篇中,辛弃疾认为北虏夷狄也,豺狼之性难驯,毕竟仍要挑衅生事,终不免一战,因此不如选择合适时机,出兵战于敌人之地。此次的谋划与向张浚提议出兵山东的策略基本一致。辛弃疾从兵法的角度,指出"今日中原之地,其形易、其势重者,果安在哉?曰:山东是也。不得山东则河北不可取,不得河北则中原不可复"。山东作为对于恢复中原如此重要的战略要地,恰巧北虏在这里的兵力和军备相对都是薄弱的。而山东百姓又是民风彪悍劲勇,是一股可以利用

三、美芹十论　　47

的辅助力量。

他分析金人在淮阳以西至于汧(qiān)、陇(约在今陕西、甘肃),不过十万之军。因此他主张出四路疑兵,混淆北虏视听,令其以为宋军要直接光复对于大宋来说意义重大的三京。一路举兵于川蜀方向,做出进攻关陇地区,收复长安的态势;一路举兵于襄阳,做出窥探洛阳,收复西京的姿态;另一路举兵淮西,表现出要克复东京的模样。则其淮阳以西至汧、陇一线之十万军队必然分聚三地,而对大宋发动全面战争的姿态,北虏势必从燕山老巢、山东、中原调来援军。随后,"吾乃以形挈之,使不得遽去,以势留之,使不得遂休,则山东之地固虚邑也"。既已经用疑兵暂时牵制住虏人,那么山东就几乎谈不上有多少防御力量了。为了进一步令山东境内青、密、沂、海四州数千之兵亦成为摆设,还可派遣水师战舰,往来驰于登、莱、沂、密、淄、潍诸州,令这数千兵力也疲于奔命,分守各地。在这种宋金开战,境内空虚的情况下,山东必定盗贼蜂起,这又成为可以利用的因素。此时令一员骁勇善战之将,拣选精兵五万,步骑相半,直趋山东,则拿下这一战略要地就几乎易如反掌。

"山东已定,则休士秣马,号召忠义,教以战守,然后传檄(xí)河朔诸郡,徐以兵蹑其后,此乃韩信所以破赵而举燕也。"对于收复山东之后的策略,辛弃疾并不主张立刻四下出击,而是一方面固守住山东,召集民间武装力量,教以战守之法;另一方面则广发檄文给河朔州郡,令其反正归降,并辅以出兵恐吓于其左近,河朔州郡会如韩信破赵举燕一样望风而降。而北虏境内的异族也会见机起事,金人三路与我对峙之军进退失据,又后院起火,军心已乱,筑城而迫降可也;驱虎吞狼,渔翁得利可也;纵其撤退,追击其于半路亦可也。

相反，如果不知道避实击虚，在北伐的时候希望数路并进，在正面战场上与金人大军寸土必争，以为万全，那么就多半会失败。因为"吾兵为房弱久矣，骤而用之，未尝不败"。即便不是如符离之战一般失败了，设使顺利收复了东京、洛阳和关陕地区，那么金人最精锐的本族女真武士势必从燕、蓟(jì)大举南下而来，东渡泗水，以山东之粮为依托，与我大宋周旋。辛弃疾不客气地质问："陛下之将帅，谁与守此？"因为过去三京就曾在绍兴十年完颜宗弼(兀术)率军南侵时得而复失。辛弃疾进一步分析，说即便能守住，但是仍然没能动摇到金人在河北之地的统治，那么克复中原就仍然任重而道远。

最后，他不忘重申要重视各地潜在的义军力量，要把他们笼络到朝廷这一边，作为恢复旧疆的助力。辛弃疾认为应当在大宋王师进据山东的时候，以"得民而可以使之将，得城而可以使之守"的态度对待义军中的领头人物们，这样的做法无疑会令中原各地的豪杰知晓朝廷恩义，更加望风来投。这都会令北伐的大业事半功倍。

诸葛亮隆中对的时候在二十七八岁之间，辛弃疾此时犹要小孔明两三岁，但他以自己卑微的官职、有限的信息却对天下形势谋划到如此精细深刻、条理分明的程度。其中有知彼知己的洞若观火，有务实的战略准备过程，我们站在后来者的高度上，不难看出其中充满着对时局敏锐的洞察和独到的战略天才，如果孝宗皇帝能够采纳辛弃疾的建议，甚至不拘一格降人才，大胆擢用辛弃疾，或许便能做成张浚之流所不能之事了。

那么朝廷究竟对《美芹十论》是何反应，辛弃疾有没有得到帝王重视，就此平步青云，一展宏图呢？这就是后话了。

四
两任通判赋雄词,召对金殿见天子

辛弃疾满腔热血,上洋洋万言之《美芹十论》,不难想象,他曾在多少个日夜里盼望孝宗皇帝会重视他的建议。然而非但没有先秦楚汉之时那般骤登卿相的一条青云大道出现在他面前,甚至连一丝积极回应都不曾传来,最后,辛弃疾等到的居然是宋金议和达成的消息。

隆兴二年(1164年)十二月,宋金约为叔侄之国。岁贡易名为岁币,减十万之数。边界划分基本如绍兴之时。

辛弃疾在江阴军签判任上即将任满,眼看着和议达成,前途未卜,悲愤激切之下,大约他在这一时期写下了一首《满江红》。

> 倦客新丰,貂裘敝征尘满目。弹短铗青蛇三尺,浩歌谁续。不念英雄江左老,用之可以尊中国。叹诗书万卷致君人,番沉陆。
> 休感叹,浇醽醁(líng lù)。人易老,欢难足。有玉人怜我,为簪黄菊。且置请缨封万户,竟须卖剑酬黄犊。甚当年寂寞贾长沙,伤时哭。

岁暮阴阳催短景,寒风刺骨,萧瑟伶俜。当此际,他想到了初唐时的马周曾羁旅困厄于新丰,借酒消愁,无人知他胸中韬略;想到了苏秦将吞并六国之策游说秦惠王而书十上却无果,黑貂之裘已破旧不堪,漫漫归途唯有尘土漫天;想到了孟尝君的门客冯谖(xuān)曾弹铗(剑柄)而歌,感叹以高才而处贫贱。英雄悲歌,如今有谁来唱,何人能懂呢?为什么不去想想英雄就此空老于江东,明明倘若用我便可以令四夷宾服,恢复中原,再兴华夏!可恨可叹,自己读诗书万卷,满腹经纶,空有雄心欲致君尧舜,却譬如无水而陆沉,埋没倥偬(kǒng zǒng)之中!

然而马周尚有经中郎将常何举荐而为唐太宗擢拔重用的际遇;苏秦且有以合纵之策佩六国相印而令秦不敢东出的功业;冯谖不也有"狡兔三窟"之计,获孟尝君采纳而高枕无忧的得意之事吗?辛弃疾不由得想到了自己,他不知自己有否这样的一天。且莫再感叹,不如借美酒浇胸中块垒吧。人生本就是白驹过隙,光阴催人老去,欢乐之事,终是少而难足。看佳丽美人,因我怜惜,为我发间插一朵黄菊为簪,玩味渊明隐居,采菊东篱的意境吧。姑且放下西汉武帝时少年终军那般为国请缨,臣服南越的雄心吧,建功立业而获万户侯之封也淡忘吧,只需如西汉龚遂治下的渤海百姓一样,卖了刀剑,买回耕牛,做个乡野村夫吧!何必像才具无与伦比的贾谊那样,寂寞孤独,伤梁王之死,悲己身之不吾知而悲恸痛苦呢!

这首《满江红》确切作于何年,较难考证,有说作于淳熙六七年间的。详词意来看,可知较符合隆兴二年岁末之事,因此词唯可知作年甚早,姑置于隆兴二年岁末至乾道元年年初。

大约即在隆兴二年岁末,朝廷新的调任命令送抵江阴。辛弃疾改任广德军通判。广德军与江阴军行政级别基本一致,看似差遣由签判升为通判,实际上并没有什么太大区别。

在广德军任职时,妻子仍然留在江阴,思念之下,辛弃疾又写下一首《满江红·中秋寄远》:

快上西楼,怕天放浮云遮月。但唤取玉纤横管,一声吹裂。谁做冰壶凉世界,最怜玉斧修时节。问常娥孤令有愁无。应华发。

云液满,琼杯滑。长袖舞,清歌咽。叹十常八九,欲磨还缺。但愿长圆如此夜,人情未必看承别。把从前离恨总成欢,归时说。

中秋时节,辛弃疾与妻子相隔两地,在广德军通判任上依然是位卑言轻,无甚作为。他登上西面的城楼,虽与妻子人各一方,却也可共赏一轮明月之色,只是怕夜空里浮云蔽月,赏皓月而不得啊。只愿佳人在侧,玉手按笛,相思情浓,一声吹裂。谁能开天辟地,造一烦恼永断之清凉世界呢?传说这秋月浑圆,正是天上八万二千户玉匠所修凿,冰清玉洁,最令人怜爱。但不知譬如嫦娥这般孤寂,高处不胜寒,试问她可有愁绪?恐怕也是白发难匿吧。

且借美酒聊慰别离之苦。辛弃疾或许看着席间的歌伎翩翩起舞,却觉其清歌悲咽,心中更是感叹人生不如意事十常八九,有若月圆还缺。但他英雄少年,何曾久陷儿女情长的愁苦中,便豁达地想到,人世间的离合就愿如此中秋之夜一般多是团圆吧,未必总是分别!待重逢时分,且把往昔离愁别绪化为欢声笑语,细细分说。

另一首《绿头鸭》可能也作于广德军通判时期,其中有谓:"叹飘零,离多会少堪惊。又争如天人有信?不同浮世难凭。……谁念监州,萧条官舍,烛摇秋扇坐中庭。……欹高枕梧桐听雨,如是天明。"

四、两任通判赋雄词,召对金殿见天子

词借牛郎织女尚能有会面之定期,感叹人世离别之无常。更是将通判广德军之无所事事,寂寞惆怅之景刻画得入木三分。

三年通判任期很快在蹉跎中度过,约在乾道三年(1167年),朝廷调辛弃疾赴建康府任通判。从级别上来看虽然都是通判,但建康府曾为高宗驻跸行在,相当于省城,这样看来辛弃疾似乎是连升数级——其实大为不然。建康作为六朝古都和南宋江南东路首府,官衙僚属极多,朱紫大员云集。有行宫留守、军马钱粮总领所、江东路转运监司等重要官署。而建康府按例有通判二人,于绍兴三十二年始增设一"添差通判"。所谓"添差"者,即为不具体负责事物的"不厘务官",甚至不能参与签署公文。因南宋时《景定建康志》有关建康通判之记载中无辛弃疾之名,且此时期添差通判名表缺失,可知他担任的很可能就是这样一个添差通判的职务,只不过此表已失流传。既然是添差通判,则恐怕至多只能算是虚衔了。

当时的建康府有史正志为行宫留守;叶衡为"总领淮西江东军马钱粮兼提领措置营田";赵彦端为江南东路计度转运副使;韩元吉为江南东路转运判官;严焕为建康府通判;丘崈(chóng)为建康府观察推官。辛弃疾在其中可谓人微言轻,在建康的这几年,他做的最多的事情恐怕便是参与官员们诗酒唱和的宴会派对,其间亦免不了要作一些酬唱应和的诗词。但在这些诗词中,却也极易见辛弃疾的雄心抱负。

如《满江红·建康史帅致道席上赋》:

> 鹏翼垂空,笑人世苍然无物。又还向九重深处,玉阶山立。袖里珍奇光五色,他年要补天西北。且归来谈笑护长江,波澄碧。
> 佳丽地,文章伯。金缕唱,红牙拍。看尊前飞下,日边消息。

料想宝香黄阁梦,依然画舫青溪笛。待如今端的约钟山,长相识。

词作里比史正志为翱翔万里的大鹏,美誉他有女娲补天之能,堪为光复河山的雄杰人物。说他而今只是暂帅长江之滨,文采冠绝江南,想必早晚便有禁中诏令,一朝宣麻拜相。秦淮河畔,画舫歌舞,辛弃疾又言史正志必不会忘记旧友。

在《水调歌头·寿赵漕介庵》中,又有词句"闻道清都帝所,要挽银河仙浪,西北洗胡沙。回首日边去,云里认飞车"。词是为赵彦端贺寿所作,但词末却写到在乾道四年秋日,孝宗反悔和金人议和,又欲兴兵的事情。辛弃疾的心仍然牵挂着恢复河山的大事业。

值得注意的是,辛弃疾在这一时期有不少写给史正志的词。这是因为,史正志作为建康的行宫留守,乃是当地的一把手,又素以论抗金恢复为名,辛弃疾渴望着和这样的主战大臣结下情谊,以为日后得用之基。

如《念奴娇·登建康赏心亭,呈史留守致道》:

我来吊古,上危楼,赢得闲愁千斛。虎踞龙蟠何处是?只有兴亡满目。柳外斜阳,水边归鸟,陇上吹乔木。片帆西去,一声谁喷霜竹。却忆安石风流,东山岁晚,泪落哀筝曲。儿辈功名都付与,长日惟消棋局。宝镜难寻,碧云将暮,谁劝杯中绿?江头风怒,朝来波浪翻屋。

辛弃疾是豪迈的。他亦是自信的。一句"我来吊古"宛若天地间一伟岸的巨人横空而出,卓尔不凡。千年之后,犹能揣摩出一股舍我

四、两任通判赋雄词,召对金殿见天子 | 55

其谁,剑气纵横的男儿英武飒爽之气概。登高望远,凭栏久伫,可往昔所谓虎踞龙盘的建康,在他看来尽是六朝偏安衰亡、不堪回首之惨剧,徒增今人万千愁绪!斜阳归鸟,帆影笛声,皆是人间惆怅见证。

君不见,谢安运筹帷幄,风流倜傥,然而有迫隐东山、谗讥主忌的晚年落泪之悲?他济世之志,匡扶天下的功业都欲践行而不得,只能交付儿孙小辈,自己唯可下棋度日。譬如宝镜难觅,知己何在?眼看彩云染斜阳之暮,人生寄沧海之粟,光阴荏苒,年华飞逝,届时谁共我杯酒消愁?只怕明朝江头风浪滔天,屋船翻覆啊!

又如《千秋岁·为金陵史致道留守寿》:

> 塞垣秋草,又报平安好。尊俎上,英雄表。金汤生气象,珠玉霏谭笑。春近也,梅花得似人难老。
>
> 莫惜金尊倒。凤诏看看到。留不住,江东小。从容帷幄去,整顿乾坤了。千百岁,从今尽是中书考。

这则是一首祝寿的词。词中赞叹史正志器宇轩昂,英雄非凡,其治理下的建康固若金汤,谈吐又字字珠玑。辛弃疾夸赞他说:"入主政事堂的诏书一定不久就会下达,江东之地屈公大才,从此将运筹帷幄之中,整顿河山恢复的大计,再造乾坤,成流芳百世之名相。"

这并非是说辛弃疾变得惯于溜须拍马,而是南归以来,他报国心切,急于尽量融入士大夫的群体中,急于与主战的大臣们建立一定的交情。另一方面,年轻的辛弃疾此时大约还不能完全看穿一些所谓主战派官员以主战口号邀名的真实嘴脸。因此他总是乐于在诗词中歌颂号召恢复河山的同僚。

乾道六年(1170年),辛弃疾在建康忽然接到了令他赴临安的诏令。他约在同年五六月间抵达临安。原来,此前已经对和议极为反悔的孝宗皇帝想要召见辛弃疾!

乾道六年之际,业已是虞允文独相的时期。之前不愿北伐的蒋芾(fú)和主张持重的陈俊卿都已经被罢相,虞允文力主谋划北伐,并且派遣使节往金国以奉祀祖宗陵寝为名,要求归还河南之地。孝宗皇帝很可能是在虞允文以及已经回京任枢密都承旨的叶衡推荐下,想到了召见曾"壮声英概",率五十骑入五万敌军大营生擒叛徒的辛弃疾。

辛弃疾望着延和殿的飞檐,竟生出一股晕眩的幻觉。日思夜想欲陈军国大事的渴望,今朝或许能够实现吗?天子就在这眼前的殿内,辛弃疾按捺住内心的阵阵波动,整了整衣冠,连鸦雀从头顶飞过也不曾注意。

终于,他在阁门官吏的引领下进入了临安的延和殿。

跪拜之后,孝宗赐辛弃疾平身。

孝宗道:"卿自金陵而来,亦舟车劳顿。昔时风采,朕未亲睹。今时得见,真英伟佳士也。未详卿年齿几何?"

"臣甫过而立。惟臣驽劣之资,未堪陛下盛赞。"辛弃疾听着自己说出的每一个字,都是如此平静而镇定。心绪已经平复下来。

孝宗捋须微笑:"甚好,甚好。正是英雄当其时也。卿可知朕痛心祖宗陵寝辱于虏人膻腥,中原赤子戮于夷狄酷虐,无一日不思恢复之事乎?"

辛弃疾在建康时就听闻了天子锐意恢复的消息,如何不知?"陛下克承大统,顺天应人,运鸿猷远略于无穷,文臣武将拥戴于内外,况淮北之民盼王师如大旱之望云霓。恢复大计,自当有成功之时,扫胡虏而定中原,此陛下之功业也。"

孝宗大喜:"朕知卿有雄心复故土者也。今虞卿用事,议论恢复。以卿之见,南北如何而定?"

辛弃疾知道真正的考验来了,他心中早已预想过无数次这样的场景,君臣召对,自己畅所欲言,为天子、为国家出谋划策,指点江山。他深吸一口气,道:"陛下,南北之间,非有定势,如所谓南不能胜北。金人四分五裂之国,以至寡而凌沙漠诸胡、中原万民,无事时似君臣上下,苟其有事,则义民蜂起于中原,夷狄挠阻于腹背。彼虽欲久安,岂可得乎?"

孝宗微微颔首,他还记得完颜亮大举南侵时完颜雍政变于北方,而各地百姓起义之事。

"故臣以为,北虏之亡,必有其时。以要言之,昔时逆亮南寇,殁命瓜洲,完颜雍甫立于辽阳,彼夷狄文武之心亦且狐疑而观望,正可疑兵四出,直定山东以举河北耳。惜乎未趁其时,而隆兴乃有符离之蹉跌,痛失良机。"

孝宗见辛弃疾提及符离之溃,面子上有些挂不住,开口说:"虽然,正当知耻后勇,克复中原,卿可有方略?"

"臣有愚策以陈!臣鲁钝,以为恢复事业,北伐之计,其莫过于先定山东,虽时势有所殊易,此策仍乃安天下之必由!"辛弃疾偷偷窥视着孝宗的神色,他无从知晓眼前的天子是否曾拨冗赐览过去石沉大海的《美芹十论》,他只能在有限的召对时间里尽量挑最重要的说,"所以者何?譬如蜀汉葛氏之出祁山,其不走子午谷以博长安而反取陇右者,非长安小邑,无足轻重,亦非关中不及陇右,实关中虽伏尸十万未易取焉,而得陇右有若反掌,且可得良马而为屯田久战之计。此武侯之深知大势虚实,而有轻重缓急者也。又如刘宋武帝臣事晋室之际,其北伐亦首灭慕容(南燕),而非直驱河北,博生死于拓跋(北魏),则燕之地,乃在山东也。定山东而后克秦(后秦)以取关中。此二人北伐之不成,非人谋,殆天数耳。今女直凶顽,犹甚拓跋。以宋武不可一世之雄,尚欲徐徐而图之,期以北与黄龙(北燕。其都城名龙城,故称。),西和凉国(西凉),提百万之军,三路并进,方谓可定河北而复中原。今若不取山东,乃欲以力搏力,以首争首,寸攘尺取以与北虏精锐鏖战于两淮、关中,臣窃为陛下权衡,御前诸将,可得而与葛氏、宋武并论者,乃有几何? 恐譬如驱群羊而当饿虎之冲,其败可立待也。苟定山东,则中原震动,首鼠两端者可传檄而降也。然后可徐图幽燕,虏人之亡,不过必然之势,唯须时日而已。所取山东之策,殆与前所谓疑兵四出同耳。臣方来,闻近日禁中欲遣泛使索祖宗陵寝地,此诚陛下恸孝之心而有欲以进取中原者也。他日北伐,朝廷可设宣抚使于荆襄,大张旗鼓,对外倡言'洒扫陵寝',则北虏必招山东之兵俱西以备我;又可置帅臣于川蜀,亦如此为之,曰'收复关陕';后二月,于淮西设宣抚使,亦如此为之,曰'御营宿卫';且令舟师战舰,遵海而行。则我疑兵四出,虏人势分而不能备于山东,不过三万步骑可旬日而定也!"

孝宗闻言虽面不改色,但心想这与自己的宰辅大臣虞允文所说的出兵河南,夺回东京,以定中原人心而天下响应的策略完全是背离的,看着眼前如此年轻的辛弃疾,便开口道:"卿言甚佳,只是不知卿以为北伐而定中原,当何时也?"

辛弃疾听到天子如此言语,当下一惊。他没想到自己从三国、两晋的故实中几乎说破了嘴,皇帝仍然没看到山东的重要性,仍然急着问何时克复中原。或许孝宗急于想建立一番超越太上皇的功业吧?

辛弃疾想到了近来被罢官免职的不少官员,但他把心一横,仍然开口说:"陛下定中原之事业,必有功成而书于青史之日。虽然,臣请为陛下略言今日南北形势。昔时逆亮之亡,虏人百万贼军狼奔豕突,诚克复之良机。而今完颜雍立于北方,内抚女直贵戚大臣,外乎契丹、中原起义,巧饰恩慈,伪定既成。我皇宋数年前有符离之溃,南北重定和议,臣恐天下未具知战之将帅,敢战之士卒,朝廷未有能审先后之方略,能任败之准备!臣鲁钝无状,乃欲为陛下、社稷、万民而战,虽万死不惜。然战则须其时,必战,则臣请陛下无欲速,审先后,能任败!今朝野谈南北之势者,颇有言和而欲终世讳兵,论战而欲明日亟斗,此和战之所以均无功而俱有败也!"

孝宗微不可察地皱了下眉,这归正人恁地轻狂!似他这般疯言,自己与虞允文商定的策略岂非时机不当、全盘错误?他不但要说如今主战的大臣们的是非,也更要说主和的不可取。倒仿佛满朝文武皆非,就他辛弃疾洞若观火?

辛弃疾知道奏事札子念到这里全不能停了,乃飞快地说:"国朝以西府(枢密院)掌兵机,此艺祖(指宋太祖赵匡胤)圣睿渊谟,以绝五代之弊。惟今日儒臣或有不甚知兵者,则枢使执政,倚之而为恢复大计,可得无咎乎?臣窃谓莫如延访豪杰,无问南北,择其识虚实兵势者十余人,置为枢密院属官,有大事则群议是正而后闻。又今日号为恢复事业,臣计之自朝廷规恢远略以来,凡三年矣。其见于施设者,费不知其几也,而于恢复之功非有万一。臣请惜费用,宽民力,期以三年,积三千万缗,共帑藏合五千万缗,加之陛下宏谋远略,指挥宰辅擘画于庙堂,令将士知勇奋战于阃外,届时可以一战!"

孝宗心里想的是尽快夺回河南,尽快克复中原,偏生御前召对,这年轻人又说至少也要再三年之准备,且指摘朝廷方略无数,心已不喜,但仍假意抚慰,说:"卿公忠体国,建言甚善,容朕三思。"辛弃疾却知道这种套路话出来,意味着召对已经结束了。

(以上召对据《宋史》卷四百一《辛弃疾传》:"六年,孝宗召对延和殿。时虞允文当国,帝锐意恢复,弃疾因论南北形势及三国、晋、汉人才,持论劲直,不为迎合。"及其所撰《九议》之意见所设计,因召对内容已佚,无从稽考。)

辛弃疾没能曲意逢迎天子,反说了许多切中时弊,却令孝宗颇有些许不快的话。但他忧心国事,很快又写成两篇奏疏上呈孝宗。一篇为《论阻江为险须借两淮疏》,另一篇为《议练民兵守淮疏》。

由于已经察觉到自己的建议不为皇帝所喜,出于为国忧虑的用心,辛弃疾在这两篇奏疏中强调了淮河防线的重要性和如何以守为攻,经营两淮的方略。

在《论阻江为险须借两淮疏》中,辛弃疾说:"然江之为险,须藉两淮。自古南北分离之际,盖未有无淮而能保江者。"因此他如同自己在《美芹十论》的《守淮》篇中所提的那样,进一步建议:"以臣愚见,当取淮之地而三分之,建为三大镇,择沉鸷(zhì)有谋、文武兼具之人,假以岁月,宽其绳墨以守之,而居中者得节制东西二镇。缓急之际,虏攻淮东,中镇救之,而西镇出兵淮北,临陈(陈州,今河南淮阳)、蔡(蔡州,今河南汝阳)以挠之。虏攻淮西,中镇救之,而东镇出兵淮北,临海、泗以挠之。虏攻中镇,则建康悉兵以救之,而东西镇俱出兵淮北以挠之。东西镇俱受兵,则彼兵分力寡,中镇悉兵淮北,临宿、亳以挠之。"亦即是说,辛弃疾建议在淮河构筑灵活机动的立体防线。以三镇作为防御中心布置重兵守御,做到互相支援的同时,以守为攻,在金人来犯时还可以做到出兵淮北扰乱其侵略计划,阻遏其归途,这一防御策略无疑是较高明的。

在《议练民兵守淮疏》中,辛弃疾说:

"往时虏人南寇,两淮之民常望风奔走,流离道路,无所归宿,饥寒困苦,不兵而死者十之四五。……窃计两淮户口不减二十万,聚之使来,法当半至,犹不减十万。以十万之民供十万之兵,全力以守三镇,虏虽善攻,自非扫境而来,乌能以岁月拔三镇哉?况三镇之势,左提右挈,横连纵出,且战且守,以制其后,臣以谓虽有兀术之智,逆亮之力,亦将无如之何,况其下者乎?……无事之时,使各居其上,营治生业,无异平日。缓急之际,令三镇之将各檄所部州郡,管拘本土民兵户口,赴本镇保守。老弱妻子,牛畜资粮,聚之城内。其丁壮则授以器甲,令于本镇附近险要去处,分据寨栅,与虏骑互相出没,彼进吾退,彼退吾进,不与之战,务在夺其心而耗其气。而大兵堂堂整整,全力以伺其后,有余则战,不足则守,虏虽劲,亦不能为吾患矣。且使两淮之民,仓卒之际,不致流离奔窜,徒转徙沟壑就毙而已也。"

从这份奏疏中不难看出,辛弃疾既是一位关心黎民疾苦的官员,甚至是一个认识到"发动广泛的人民战争"来挫败侵略者的军事天才。他认为与其让两淮百姓在战时流离失所而死之近半,不如以淮南东路二十余万百姓隶属于三镇。平时仍听任其各自谋生,或农或商,不加干涉;战时则聚于三镇戍守。并且也并不是要让民兵力量和金军正面交战,而是敌进我退,敌退我进,令敌人心烦意乱、士气损耗,而后以正规军精锐步骑,窥伺机会,守御有余就与敌军野战,否则就稳重守城,那么既可以做到令两淮固若金汤,又不至于令百姓罹受兵祸转徙之难。

然而这两份可谓殚精竭虑、呕心沥血的奏疏并没有让孝宗对辛弃疾的印象有所改观,不久,诏命调任辛弃疾为司农寺主簿。按司农寺主簿在熙宁元丰年间与寺丞轮差按察诸路常平等事,南渡后,主簿亦签书公事。寺丞元丰新制定为正八品,则辛弃疾此次之差遣也可知官位之卑微了。且辛弃疾南归后寄禄官"承务郎",乃是京官,而司农寺主簿一职还时以选人充任,又可见高层对他的好恶竟是如此。

朝廷里的这种门道,绝顶聪明的辛弃疾又如何不知?怀着再造乾坤的抱负,却只能沉沦下僚,时间一转眼又到了新的一年。

乾道七年(1171年)正月十五,临安城笼罩在一片元宵佳节的气氛中。灯火通明的狂欢自正月十四日夜便开始,连续三天皇宫内外、大臣百姓都沉浸在璀璨的灯火和欢快的百戏之中,金吾不禁,君民同乐。(当然实际上无论是北宋的东京还是南宋临安府,大抵都是没有宵禁的,与唐迥异。言金吾不禁,只是文辞而已。)不论是高门富户抑或贫家乞儿,也无论男女老少,都在元宵灯会的热闹、绚烂中如痴如醉,忘乎所以。人世间的极乐,大约在当时也不过是就在元夕的临安了。

或许只有辛弃疾独自落寞地在一片欢乐的景象之中倍感凄凉。他在正月十五的夜晚写下了《青玉案·元夕》:

东风夜放花千树。更吹落,星如雨。宝马雕车香满路。凤箫声动,玉壶光转,一夜鱼龙舞。

蛾儿雪柳黄金缕,笑语盈盈暗香去。众里寻他千百度。蓦然回首,那人却在,灯火阑珊处。

辛弃疾的笔力简直是巨匠之斫山石,他分分明明地刻画了临安元夕的这一场举世皆醉的狂欢。东风自海上而来,到了临安已变得轻柔婉约、顺服人意,成千上万的观灯游客们看着火树银花不夜天,千里灯毯落星辰的奇景。豪门大户的马车香氛满路,夜色中箫瑟悦耳,举目尽是灯火五彩争胜、光怪陆离的灿烂景象,各种鱼龙杂技直令得游人目不暇接。

女眷们傅粉金饰,娉娉婷婷,在临安的狂欢里言笑晏晏,裹挟着迷人的香气走过周遭。她们是不夜的临安城灯火绚丽之外的另一道风景,摄人心魄,使登徒子垂涎。

然而有一个人不这样想,不这样看,也不这样感受。他便是辛弃疾。他冷漠地注视着眼前的一切,这场狂欢可以属于任何人,从衮衮诸公到升斗小民,但独不能属于他辛弃疾。蓦然回首,在灯火阑珊、无人问津的角落看到的那个人,不是别人,正是孑然独立的自己。

元宵的狂欢,于他,竟是这样的索然无味。

这一年,辛弃疾三十二岁。

五
上《九议》再论天下势,治滁州又迁安抚司

在司农寺主簿的任上,辛弃疾并没有就此放弃自己为民族、国家恢复河山的宏伟理想,相反,他仍然对曾经在采石矶大捷中力挽狂澜的右相虞允文寄予一定希望。大约在此时,辛弃疾还是选择相信虞允文有相当的度量,也应当是一个有才干的宰辅大臣,因此,他又写下《九议》进呈给后者,希望他能够采纳其中的宝贵意见,对恢复大计有所助力。

他在《九议》的总序最后说:"苟从其说而不胜,与不从其说而胜,其请就诛殛,以谢天下之妄言者。"辛弃疾对自己军事政治策略方面的自信,真是倜傥不凡,更显示出他对祖国恢复事业的殚精竭虑、日夜思索到了何种程度。《九议》中的一些观点,在《美芹十论》中也已经出现过,是其进一步的发展和补充。凡九篇,一曰当擢拔选用智勇之人,参谋于枢府;二曰他日北伐之际当要做到"无欲速,审先后,能任败";三曰金人虽强而可败之;四曰以谋略令北虏骄狂不备或疲于应对;五曰用间,"上则攻其腹心之大臣,下则间其州府之兵卒,使之内变外乱";六曰恢复之先,要在山东;七曰富国强兵,"除戎器,练军实,修军政,习骑射,造海舰……"以及"惜费""宽民力";八曰迁都须缓,

临战方可迁都;九曰团结一心,无论南北。

值得注意的是,九议中有几条建议都是针对虞允文拜相以来执政策略的否定,如第二条对虞允文迎合上意,急于用兵的举措明确提出了反对意见;第四条则对虞允文主持的派遣泛使向金求河南所谓祖宗陵寝地一事又提出批驳,说"日者,兵用未举而泛使行,计失之早也……吾之胜在于攻无备,出不意,吾则捐金以告之:'吾将与汝战也。'可乎?……里人有报父之仇者,力未足以杀也,则市酒肉以懽(同'欢')之,及其可杀也,悬千金于市,求匕首,又从而辱之。意曰:'汝罼(同'詈')我则斗。'曾不知父之仇则可杀,以酒肉之欢则可图,又何以罼为哉?计虏人之罪,诈之不为不信,侮之不为无礼,袭取之不为不义,特患力不给耳。区区之盟,曾何足云?故凡求用兵之名,而泄用兵之机者,是里人之报仇也。"

直接将虞允文派遣泛使使金之事比为闾里无知蠢氓欲报父仇而拙劣可笑之行径,这种批评是颇为尖锐的。辛弃疾认为对于虏走徽、钦二帝、侵占祖国大好河山的女真夷狄,根本用不着讲究外交礼仪,在军事上使用一些兵不厌诈的手段完全无可厚非,因此他对于派遣泛使索求河南地而令金人警惕戒备一事极其反对,并坚持这一策略是有害无益的。

辛弃疾的《九议》全出于公心,并没有任何针对虞允文的意思,否则也不会写成后上呈给他,属于对事不对人,本着希望大丞相能够从善如流的愿望。那么,曾经在采石之后得到士大夫交口称赞,甚至被认为有扭转乾坤之功的右相虞允文究竟如何看待《九议》乃至辛弃疾呢?

读《宋史》卷三百八十三《虞允文传》,则只见其英杰磊落,诚匡时之伟人也。但如果细看相关史料,则虞允文亦有其多面性。

据《续资治通鉴》卷一百四十二所载:

> 己卯,以知阁(gé)门事张说签书枢密院事。
>
> 说,妻太上后女弟也,说攀援擢拜枢府。时起复刘珙(gōng)同知枢密院事,珙力辞不拜。命下,朝论哗然,未有敢讼言攻之者,左司员外郎兼侍讲张栻上疏切谏,且诣朝堂责虞允文曰:"宦官执政,自京、黼(fǔ)始;近习执政,自相公始。"允文惭愤不堪。栻复奏曰:"文武诚不可偏。然今欲右武以均二柄,而所用乃得如此之人,非惟不足以服文吏之心,正恐反激武臣之怒。"

又据《宋史》卷四百二十九《张栻传》:

> 知阁门事张说除签书枢密院事,栻夜草疏极谏其不可,旦诣朝堂,质责宰相虞允文曰:"宦官执政,自京、黼始,近习执政,自相公始。"允文惭愤不堪。栻复奏:"文武诚不可偏,然今欲右武以均二柄,而所用乃得如此之人,非惟不足以服文吏之心,正恐反激武臣之怒。"孝宗感悟,命得中寝。然宰相实阴附说,明年出栻知袁州,申说前命,中外喧哗,说竟以谪死。
>
> 栻在朝未期岁,而召对至六七,所言大抵皆修身务学,畏天恤民,抑侥幸,屏谗谀,于是宰相益惮之,而近习尤不悦。

两则材料所说的第一件事是张栻反对张说为"签书枢密院事",事在乾道七年。签书枢密院事是西府枢密院的执政官职名称,是枢密院的副贰长官,位次同知枢密院事,可认为是从二品之朱紫大员。而所谓"知阁门事",南宋绍兴五年以来以带右武大夫(正六品)品阶之武臣充任,不过是职掌朝会、宴集、行香、临奠等相关吉凶礼仪之事。张说乃是太上皇后妹妹之丈夫,以此成为孝宗皇帝的所谓"近习",也就是帝王宠信之便嬖了。得知孝宗要除授张说枢府执政的官位,张栻不仅连夜写奏疏劝谏反对,甚至一大早就质问宰相虞允文,说:"宦官进西府执政的恶例,是从蔡京、王黼开始的,近习入枢院执政,乃是从相公你这里开始!"当着群臣的面这样斥责宰相,虞允文可以说是非常尴尬的。张栻又进一步对孝宗说:"文武大臣确实不可以有所偏私,但是现在要提高武臣地位来平衡文武之权,却任用这样(无德无才)的人,不只是不能令文臣干吏所心悦诚服,也正恐怕激起武臣(认为升迁不公)的愤怒!"则可知在这件事情上,张栻得罪虞允文甚深。

值得注意的是,《宋史》中载:"然宰相实阴附说,明年出栻知袁州""栻在朝未期岁,而召对至六七,所言大抵皆修身务学,畏天恤民,抑侥幸,屏谗谀,于是宰相益惮之,而近习尤不悦。"按此时正值虞允文独相时期,则所言宰相暗中亲近姑息近习如张说之流,又忌惮张栻论恢复持重之见得用,皆是指虞允文而言。其中"明年出栻知袁州"表明将张栻排挤出外,恐怕是出于虞允文和近习的勾结。"于是宰相益惮之,而近习尤不悦。"则是指虞允文和近习们对于张栻向孝宗皇帝提出的抑制侥幸、屏退谗谀感到忌惮和憎恨。

实际上,虞允文以采石大功得高宗、孝宗青睐,而后一直以议论恢复得孝宗信任重用。君王对其信用之专,不可谓不厚,然而无论是遣泛使还是设都大发运司做均输理财,抑或是倡言用兵河南,最终都适得其反或者全无成效。以至于后来孝宗对虞允文由器重而变得恨其

"欺君"了。

虞允文在乾道八年二月为左丞相(时孝宗改左右仆射为左右丞相。进梁克家为右丞相),结束了三年不到的独相时期。到这一年九月时,罢相任四川宣抚使,并拜武安军节度使。《宋史》其本传中说:

> 允文力求去,授少保、武安军节度使、四川宣抚使,进封雍国公。陛辞,上谕以进取之方,期以某日会河南。允文言:"异时戒内外不相应。"上曰:"若西师出而朕迟回(迟疑,犹豫。),即朕负卿;若朕已动而卿迟回,即卿负朕。"上御正衙,酌酒赋诗以遣之,且赐家庙祭器。
>
> ……
>
> 上尝谓允文曰:"丙午之耻(即靖康之耻),当与丞相共雪之。"又曰:"朕惟功业不如唐太宗,富庶不如汉文、景。"故允文许上以恢复。使蜀一岁,无进兵期,上赐密诏趣之,允文言军需未备,上不乐。

《续资治通鉴》也有云:

> 己丑,赐虞允文家庙祭器。允文入辞,帝谕以进取之方,刻日会师河南……帝用李纲故事,御正衙,酌卮酒赐之;即殿门乘马持节而出。

即是说,虽则罢相出外,孝宗在此时仍对虞允文寄予厚望,君臣约以日后北伐分兵会师之策,并且给予了虞允文极高的规格离开中枢。

然而作为边疆上军权极重的宣抚使的虞允文最后又迟迟不出师北伐了,《建炎以来朝野杂记》乙集卷八载:

> 虞雍公入相,始以恢复自任。上厚眷之,独相且二年,乃乞抚西师为入关之计。上亲作诗送之,恩礼尤盛。虞公抵汉中未逾年而没。上以屡趣师期而不应,甚衔(怀恨)之。凡宣抚使饰终(谓人死时给予尊荣。)之典一切不用。

这是说孝宗因为屡次催促出师而虞允文辞以军备未可等诸原因,致使孝宗觉得虞允文深深辜负了自己,所以对他既失望又心怀忿恨,连虞允文作为宣抚使卒于任上理应享受的各种死后殊荣也不用了。一直要到四年后虞允文之门人赵雄入相屡次为其分说,孝宗才对其改观。

由此可见,虞允文虽则曾在采石之役挺身而出,力挽天倾,但这份伟大亦不应该掩盖他虚言恢复、迎合上意,以及勾结近习,排挤异己的种种行为和其中流露出的胸襟颇为不广的问题。

辛弃疾的《九议》上呈给他之后,果然,虞允文一条都没采纳,至于究竟是完全置之不理还是有过书信往返,如今已无法得知。其不采纳的原因,当然不是辛弃疾夸夸其谈,建议无所可取之处,而恐怕是因为《九议》持论劲直,批评了很多虞允文拜相以来的举措,大大地得罪了他。

于是,在这一年,也就是乾道七年行将结束之际,辛弃疾被出外任滁州知州。从级别上来看,辛弃疾由曾经的通判而知州,自然是升迁了,但离开了中央,接近孝宗的机会就大大减少了,这对于辛弃疾志在恢复大业的雄心来说是极其不利的,更何况大约过去召对时就给孝宗留下了不好的印象,如今出外,再要改变这种印象就更难了。显然这种调其外任的举动和虞允文对付辛弃疾在临安时结识的好友张栻的动作是如出一辙的,大宰相的眼睛里显然也容不下他这样狂傲的异己分子。

实际上当我们审视辛弃疾自南渡以来至今的仕途,表面来看并无甚坎坷,基本符合文臣京城朝官三年磨勘的规律,也熬到了出知州府的级别。然而,如果考虑到孝宗朝政治的特点,则不可如此轻率以为了。

《建炎以来朝野杂记》乙集卷八又载:

> 孝宗初政,命相多不以次。史文惠(即史浩)自宗正少卿再阅月(经一月)而执政,又五阅月而为相,相四阅月而罢。洪文惠(即洪适)自太常少卿九阅月而执政,又五阅月而相,相三阅月而罢。魏文节(即魏杞)自宗正少卿期年而执政,又九阅月而相,相未一年而罢。

可见孝宗任命宰相,并不以祖宗法度遵循官员资历,而常不次擢拔一些中层官员。但辛弃疾空有满腹韬略,文辞盖世,却不能入孝宗青眼,莫说拜相这种空想,就是侍讲、侍从亦不可得!

滁州作为当时宋金边境之州郡,战略位置十分重要,也正因此,在短短十年间就遭遇两次战火的摧残。绍兴三十一年完颜亮南寇时其城池、民众不能幸免;隆兴二年符离之溃后纥石烈志宁又曾南下陷滁,震慑江淮,致使战火纷飞,田宅破败。加之数年来水旱相间,辛弃疾于乾道八年正月抵达滁州时所看到的完全是一派民不聊生之景。滁州百姓多半屋舍不全,茅草而居,风雨不能避,酷暑不能挡,米价飞涨,人尽面黄肌瘦,有饿殍之相。户无鸡犬豚羊,市无商旅贩夫,城郭颓然而为废墟,人共斜阳而难度日。

而正因为滁州凋敝偏僻,颇有一种朝廷官僚不愿来此为官的风气。辛弃疾却无一字埋怨,欣然而往,见到滁州百姓的惨状后又把州郡的生民温饱富足的责任都一力担之。

经过仔细的调研,辛弃疾发现滁州百姓在贫苦困窘中消极度日的很大原因是因为他们背负着大约十年来五百八十万缗积欠的官钱税赋的重担。如此重担在身,则几乎家家户户都有对于布衣百姓而言不啻巨额的欠缴,便没有人再愿意努力营生,莫如浑浑噩噩,苟且偷生。辛弃疾当机立断,上奏请求将这五百八十万缗积欠统统免除,并且又在获准之后再次请求减免本年的上供钱。滁州的百姓在得知这两个消息后无疑是欢喜雀跃,感激涕零的,挣扎在温饱生死线上的穷困百姓,他们的情感实际上是非常朴素单纯的——谁对他们好,他们便爱戴谁。过去的太守懒政不作为,他们也消极待死,现在减免了积欠,生活的热情又被点燃起来。

此后辛弃疾又着手解决修建居民住宅的问题,他召集鼓舞民众们一起烧制砖瓦,发动人民群众的力量解决民生问题,加之他"招流散、教民兵、议屯田"(据《宋史》辛弃疾本传),大量招徕流亡周边或南逃归宋的民众,给予一定的钱粮、土地、农具等资助,很快使得滁州的户口数量又增加起来。

作为地方一把手,辛弃疾也自然深明招商引资的重要性。因此为了振兴百废待兴的滁州经济,他首先宣布在滁州实施商业税降低七成的重大利好消息,吸引南来北往的商贩重新愿意到滁州经商和交易。

另一方面,辛弃疾又知道做生意谈事情总离不开娱乐场所、酒楼饭店,便又利用吸引而来的大量商业税收去修建一应场所,甚至盖了一座主要供商人们入住的豪华宾馆,曰"繁雄馆"。这样一来,滁州的经济状况就大为好转了,商业上的巨大优惠政策强有力地吸引到各地的商人,而新修建的馆舍、酒楼等又让商人们看到了滁州充满生机的前景。

看着人民重新安居乐业的辛弃疾是欣慰的。他便又在滁州建了一座"奠枕楼",取百姓泰然自乐、安枕无忧的寓意。在奠枕楼建成以后的酒宴上,他动情地说:

"今疆事清理,年穀(gǔ)顺成。连甍(méng)(屋脊)比屋之民,各复其业。吾与父老登楼以娱乐,东望瓦梁、清流关,山川增气,郁乎葱葱,前瞻丰山,玩林壑之美,想醉翁之遗风,岂不休(吉庆,美善)哉!"(《宫教集》卷六《代严子文滁州奠枕楼记》)

辛弃疾和滁州的父老们在奠枕楼上一同为这半年来的奇迹由衷庆贺,辛弃疾看到眼下州郡大治,夏麦丰收,家家户户都各安其业,他不禁想起了过去欧阳修曾在滁州为官的经历,心中或许也涌起一股追效先贤的感慨。

然而在滁州地方上虽能惠及百姓,但辛弃疾心中仍然存着壮志难酬的抑郁苦闷。在一首与友人唱和的《声声慢》中,这种情感便显露无遗。

《声声慢·滁州旅次,登奠枕楼作和李清宇韵》:

征埃成阵,行客相逢,都道幻出层楼。指点檐牙高处,浪拥云浮。今年太平万里,罢长淮、千骑临秋。凭栏望,有东南佳气,西北神州。

千古怀嵩人去,还笑我,身在楚尾吴头。看取弓刀,陌上车马如流。从今赏心乐事,剩安排、酒令诗筹。华胥梦,愿年年、人似旧游。

李清宇乃是辛弃疾之友人,而滁州也已大为改观,值此登楼望远时节,本应是欢快事,但辛弃疾却在欢快中独自怅惘。滁州在过去的知州牧守时荒凉残破,商旅绝迹,盗贼横行,人民困窘不堪,而今安居乐业,市肆鼎沸,这份功绩和成就感放在他人身上可能已沾沾自喜,辛弃疾却有着更高更远的抱负。

他看着奠枕楼下行人摩肩接踵,征尘弥漫,商贩和民众们指点着高耸的奠枕楼之飞檐瓦当,百姓们熙熙而乐,辛弃疾想到临安的朝廷里,如今也因为泛使索河南之地自取其辱而又怯了恢复的胆略,乾道改元以来,朝廷何曾敢在淮南宋金边境布陈重兵!朝廷在恢复大业上的举措自隆兴来便是这样乖张失措,要么动辄便欲即刻北伐;要么受挫则只字不敢言兵事……神州陆沉,南北分裂,这种痛苦时刻炙烤着辛弃疾的心。

昔日唐时宰相李德裕在滁州为官时曾建了座怀嵩楼,他怀念嵩山洛水的风华,而辛弃疾此时却身在江左,千军万马光复中原的雄心之实现遥遥无期。便只能看着如弓刀般的田间小路上,把车水马龙都认作铁骑戎阵吧!从今以后能赏心悦目的事情,恐怕多半只能是诗词觥筹了。上古时节轩辕黄帝梦游无上下尊卑、民风淳淳的华胥国,大约现在自己也只有在梦中才能如少年时那般去到东京汴梁,愿能似,少年游啊。

大致在同一时期,他的同僚,滁州通判范昂被调任回临安,辛弃疾又作词一首为其送别,其中愁情未减,也正是为了自己怀才不遇,投闲置散的处境。

《木兰花慢·滁州送范倅(cuì)》(倅,副也。范昂时为辛幼安之佐贰):

> 老来情味减,对别酒、怯流年。况屈指中秋,十分好月,不照人圆。无情水都不管,共西风、只管送归船。秋晚莼鲈江上,夜深儿女灯前。
>
> 征衫,便好去朝天。玉殿正思贤。想夜半承明,留教视草,却遣筹边。长安故人问我,道愁肠殢(tì)酒只依然。目断秋霄落雁,醉来时响空弦。

事实上辛弃疾不过三十三岁,但早年成长于沦陷区的经历让他少年老成,又经历了募兵起义、金戈铁马和无奈坐观隆兴成败的诸多经历,到了此时,他的内心已经因壮志难酬而焦虑疲惫,寻常喜好的东西,此时节居然都颇有些索然无味起来。他在送别范昂时杯酒劝饮,愁绪盈怀,这流年光景如此飞快,只怕匆匆一事无成! 何况中秋将至,这天上皓月,却不照人团圆。西风微凉,津渡流水总无情,辛弃疾不忘宽慰即将登船回临安的范昂,此去只管如西晋张翰莼鲈之思那般(《晋书·列传第六十二》翰因见秋风起,乃思吴中菰菜、莼羹、鲈鱼脍,曰:"人生贵得适志,何能羁宦数千里以要名爵乎!"遂命驾而归),家中夜来享天伦之乐。

辛弃疾又鼓励同僚要好生振作,语带夸张地说,征衫旅衣不暇更换也无妨,尽快去朝见天子。朝廷毕竟还是渴慕贤才的,想来不久同僚便可待诏禁林,检正诏文。京师的旧友们如果问起,便说我辛弃疾依然只是酒入愁肠难自已啊。远望秋色之长天,孤雁倏忽而逝,醉意蒙眬里也不知是何处传来的空弦。

或许,在独自沉醉的时分,当辛弃疾也放下了人前的气宇昂藏时,他就像一只卓尔不群的大雁,寻觅着展布英姿的树枝,却不肯轻易栖止。

辛弃疾在滁州看着酒肆市集里人头攒动,欣欣向荣,田地陇亩间耕夫盈野,禾麦丰熟,他想到自己终要离开此地,为免继任的州牧又像过去一样尸位素餐,他上疏请求将滁州视为"极边"。这样,到任的官员不须三年磨勘,到任减少一年磨勘,任满减两年,则官员至滁州为太守的积极性也就会相对提高不少了。

乾道九年(1173年),辛弃疾受过去的旧友叶衡举荐调任江东安抚司参议官。这年冬天,他告病回到京口,可能即在此时续弦范氏。原配赵氏夫人大约已于乾道三年或之后辞世。

叶衡在次年淳熙元年由敷文阁学士左朝散大夫知建康府,成为建康留守。而辛弃疾担任的江东安抚司参议官,其任所正在建康,属叶衡帅府之高级幕僚。平时可参与帅府谋议,参领军中机务,位次参谋官。

对于能到叶衡麾下任职,辛弃疾自然是满心欢喜的。他与叶衡过去在乾道四年时即相识相知,颇为深交。当时辛弃疾不过为建康府一"添差通判",身份又是尴尬的归正人,在一群帅府大员中终不免为些许人所轻贱刁难。但身为总领淮西江东军马钱粮的叶衡始终对他多有照顾,并且对辛弃疾青睐有加。

然而未料到的是,叶衡到任未及一月,就被召回临安任户部尚书(按户部尚书一职,宋前期仅为阶官名,户部尚书职能实际由"计相"三司使执掌。元丰改制后,户部尚书执掌户部事,总军国用度、州县废置升降。元丰新制后为从二品。)。辛弃疾一方面自然为友人的高升而欢喜,另一方面又为无法在叶衡帅府中一展所长而失望不已。

因此,他抵达建康之后,游蒋山(即钟山)纾解愁情,写下一首《一剪梅》:

> 独立苍茫醉不归。日暮天寒,归去来兮。探梅踏雪几何时。今我来思,杨柳依依。
> 白石冈头曲岸西。一片闲愁,芳草萋萋。多情山鸟不须啼。桃李无言,下自成蹊。

词中情意款款,别后思念友人而不能如愿的遗憾和深挚的友谊都跃然纸上。二度来到建康的辛弃疾是落寞的。

在这种愁情忧思的困扰下,辛弃疾登上建康赏心亭,写下千古名篇《水龙吟·登建康赏心亭》:

> 楚天千里清秋,水随天去秋无际。遥岑远目,献愁供恨,玉簪螺髻。落日楼头,断鸿声里,江南游子。把吴钩看了,栏杆拍遍,无人会,登临意。
> 休说鲈鱼堪脍,尽西风,季鹰归未?求田问舍,怕应羞见,刘郎才气。可惜流年,忧愁风雨,树犹如此!倩(qìng)何人唤取,红巾翠袖,揾(wèn)英雄泪!

本是秋高气爽的时节,南国的苍穹伴着长江东流正秋色无边。遥

五、上《九议》再论天下势,治滁州又迁安抚司

望北国秀丽山峦,但见其若碧玉之发簪,若螺形之发髻,却非是赏人心目,偏能牵扯愁恨万端!斜阳薄暮,落日楼头,辛弃疾听着孤雁啼鸣,他是自北归南的游子,他是尴尬的归正人!纵然他将吴钩抚摩把玩,拍遍栏杆长吁短叹,可在此刻的建康,又有谁能真正懂得他登临远眺背后的壮志雄心呢!

且莫说鲈鱼味美正当其时,任秋风西来,不知张翰可曾回到故乡?许汜求田问舍,在先主刘备面前不正是无地自容吗!(典出《三国志》卷七《魏书》陈登者,字元龙,在广陵有威名。又掎角吕布有功,加伏波将军,年三十九卒。后许汜与刘备并在荆州牧刘表坐,表与备共论天下人,汜曰:"陈元龙湖海之士,豪气不除。"备谓表曰:"许君论是非?"表曰:"欲言非,此君为善士,不宜虚言;欲言是,元龙名重天下。"备问汜:"君言豪,宁有事邪?"汜曰:"昔遭乱过下邳,见元龙。元龙无客主之意,久不相与语,自上大床卧,使客卧下床。"备曰:"君有国士之名,今天下大乱,帝主失所,望君忧国忘家,有救世之意,而君求田问舍,言无可采,是元龙所讳也,何缘当与君语?如小人,欲卧百尺楼上,卧君于地,何但上下床之间邪?"表大笑。备因言曰:"若元龙文武胆志,当求之于古耳,造次难得比也。")家在北方然而归乡无计,无所作为,求田问舍又非所愿,但他担心这在将来或许会成为现实。这种担忧折磨着而立之年的他,令他想到东晋时的桓温曾感叹光阴飞逝,树犹如此,人何以堪!(《世说新语·言语》桓公北征经金城,见前为琅邪时种柳,皆已十围,慨然曰:"木犹如此,人何以堪!"攀枝执条,泫然流泪。)他在断鸿声里,立尽斜阳,望着建康城里画舫相衔的秦淮河,不由得愤恨神伤。红颜易得,知己难寻。不知请何方佳人,方可为英雄抹去双眸泪水,抚平失意之痛。

辛弃疾在建康对自己的壮志能否实现,在心中已经存了极大的疑问。

六
司庾甫任解钱忧，宪将自请赴江右

就在辛弃疾忧愤困厄于建康之时，他的仕途又迎来了转机。旧友叶衡入朝任户部尚书，这只是孝宗欲大用叶衡的一个开始。淳熙元年（1174年），叶衡以极快的速度升迁，四月任签书枢密院事，成为执政；六月参知政事，成为副相；十一月拜右相兼枢密使。辛弃疾当年初次在建康为官时结下的这段友谊终于给他以实质性的帮助。叶衡在与孝宗皇帝议论人才进退时，多次夸赞辛弃疾谋略远大，志节非凡，大约出于对宰相的信重，孝宗同意将他调任回临安。

辛弃疾也对叶衡十分敬重推崇，写《洞仙歌》为其祝寿：

江头父老，说新来朝野。都道今年太平也。见朱颜绿鬓，玉带金鱼，相公是，旧日中朝司马。

遥知宣劝处，东阁华灯，别赐仙韶接元夜。问天上、几多春，只似人间，但长见、精神如画。好都取、山河献君王，看父子貂蝉，玉京迎驾。

在词中，辛弃疾比叶衡为元丰八年入东京时造成交通堵塞、万民拥戴,军民期待他拜相的司马光;又将恢复河山的大事业寄托在他身上,称许其能"山河献君王"。貂蝉者,非是后来罗贯中所谓之貂蝉,乃是指侍从贵臣冠帽之饰,这是说叶衡拜相,他日平定中原,必能功业辉赫,荫及子孙,收复东京,迎候皇帝车驾。虽说寿词必然花团锦簇,多是赞美之言,但其中亦可见辛弃疾确乎对叶衡的提携深感庆幸,他既看到了自己施展才能的一线机会,也对叶衡入相寄予相当的期望。

大约在淳熙二年(1175年)初,辛弃疾被召回中央担任仓部司员外郎,不久又升迁为仓部司郎中。仓部,始于北齐尚书省之所谓仓部曹,改"司"之名,在隋"尚书省二十四司"时。宋前期仓部之事,多归于三司,有名而无实。元丰新制后,成为司掌国家仓库场务储存之政令及出纳之事的部门。仓部郎中为其长官,员外郎为副。而仓部郎中品级于元丰改制后在从六品。

孝宗调任辛弃疾为仓部司之长官,也并不是随意给他一个安排,而大约是因为想起辛弃疾也曾论及理财,又得叶衡推荐。更重要的是,当时南宋朝廷正遇到颇为严重的货币危机。

靖康以前,北宋作为占据中原的大国,在经济上基本使用铜钱。据《文献通考》卷九《钱币考二》可知,铜钱凡一十三路行使:开封府界、京东路、京西路、河北路、淮南路、两浙路、福建路、江南东路、江南西路、荆湖南路、荆湖北路、广南东路、广南西路;铜铁钱两路行使:陕府西路、河东路;铁钱四路行使:成都府路、梓州路、利州路、夔(kuí)州路。

川蜀地区由于历史原因通行铁钱,然而铁钱极重,购买力又不如铜钱,则因此无论随身携带、运输行商若完全依赖铁钱就极其不便。于是聪明的四川商人从唐宪宗时的"飞钱"这一民间发明中得到了启发,在川蜀地区开始私下发行"会子"。宋真宗景德二年的记载中已经出现会子,朝廷看到民间豪右的钱庄可以通过暗中多印会子而获得巨额利润,加上宋朝本身铜钱的流通量和铸造量都不足,于是皇帝经过思考决定让国家队入场,把民间私自发行的会子抢夺过来,改为官办发行。仁宗天圣元年(1023年)十一月,成立了益州交子务,也就是相当于益州交子发行办公室或者皇宋益州交子银行,开始由国家发行交子,据《宋史》卷一百八十一《食货志·会子》可知,起初"大凡旧岁造一界,备本钱三十六万缗,新旧相因"。也就是说,最初发行交子,是有准备金的,每一界的准备金在36万贯,而发行量则控制在1 256 340贯。发行之初,朝廷规定会子只能在四川地区使用,且三年一易,新的一界发行就收回旧的一界,不使会子流通总量超过定额。

然而到了十五年后,党项人独立称帝,宋夏战争开始令政府的财政恶化。会子便开始打破发行初制定的诸多规矩,如多印额数,通行于川蜀之外等等。到了神宗熙宁年间,甚至出现过两界交子一同流通的情况,等于说一下子便把交子贬值了一半,大量的民间财富被掠夺了。后来到了蔡京秉国的时候,交子滥发甚至到了一印就是五百万、一千万贯的地步,崇宁四年改称"钱引"后,发行额数为26 556 340贯,其他变滥盐钞、茶引等金融手段掠夺民间财富的政策更是不一而足。巨大的通货膨胀最后摧毁了整个北宋帝国的经济。

南宋以后,铜铁钱的铸造量进一步减少,加之铜钱外流金国、民间盗铸私钱等原因,铜钱数量又达到了不足以支撑经济活动的所谓"钱荒"。在官方做出反应之前,民间已经先有了自己的应对,绍兴初年的临安百姓,就私下使用"便钱会子"。终于在高宗绍兴三十年,朝廷开始发行在东南地区通用的会子,以铜钱为储备。

到孝宗时期,全国实际上形成了几个金融区域。除了最大的东南区使用会子,其他地区也有其特殊的纸币。如四川继续使用钱引,称为"川引";两淮地区使用"淮交",湖北使用"湖会",此二者并以铁钱为储备。

客观上,会子在南宋的大面积使用不仅仅是铜钱本身的缺少和商品流通的经济需要;亦因为北方的金国也在执行保护铜钱,避免外流的金融政策。当时的女真统治者见到宋国在沿边地区颇通行铁钱,为免其领内铜钱外流,就规定其沿边地区亦通行铁钱;见到宋国发行淮交、湖会,则其在汴京便也发行所谓"交钞"——因此可以看到,围绕着铜钱作为硬通货的金融战争,也是会子发行的一个重要原因。

然而会子这一纸币在东南的发行,势必涉及通货膨胀的问题,蔡京集团当年干的好事,南宋的大佬们不会看不到,这是所谓"殷鉴不远,在夏后之世"的悠关国家兴衰存亡的大事。洪迈的《容斋三笔》卷十四《官会折阅》中说:商贾入纳,外郡纲运,悉同见钱。无欠数陪偿及脚乘之费,公私便之。既而印造益多,而实钱浸少,至于十而损一,未及十年,不胜其弊。寿皇念其弗便,出内库银二百万两售于市,以钱易楮焚弃之,仅解一时之急,时乾道三年也。淳熙十二年,迈自婺召还,见临安人揭小帖,以七百五十钱兑一楮,因入对言之,喜其复行。天语云:"此事惟卿知之,朕以会子之故,几乎十年睡不着。"由此可知会子贬值和信用度降低导致民间颇有不甚认同、流通有限的情况,令孝宗皇帝忧愁到寝食难安的程度,虽帝王之语,多有一定夸张,但也足见当时问题的严重了。

辛弃疾的友人叶衡拜为右相之后,所要面对的便是兑换旧会,稳定金融秩序的这一任务。

针对会子问题,辛弃疾上了一道《论行用会子疏》:

臣窃见朝廷行用会子以来,民间争言物货不通,军伍亦谓请给(薪给;俸禄)损减,以臣观之,是大不然。盖会子本以便民,其弊之所以至此者,盖由朝廷用之自轻故耳。

何谓"本以便民"?世俗徒见铜可贵而楮(chǔ)(即楮券,会子别名)可贱,不知其寒不可衣,饥不可食,铜楮其实一也。今有人持见钱(即现钱)百千以市物货,见钱有般载(《东京梦华录》云:"东京般载车,大者曰'太平'"……其次有"平头车",亦如"太平车"而小)之劳,物货有低昂之弊,至会子,卷藏提携,不劳而运,百千之数亦无亏折,以是较之,岂不便于民哉?

何谓"朝廷用之自轻"?往时应民间输纳,则令见钱多而会子少;官司支散,则见钱少而会子多。以故民间会子一贯,换六百一二十足,军民嗷嗷,道路嗟怨。此无他,轻之故也。近年以来,民间输纳,用会子见钱中半,比之向来,则会子自贵,盖换钱七百有奇矣(江阴军换钱七百四十足,建康府换钱七百一十足)。此无他,稍重之故也。古谓"将欲取之,必固予之",岂不信哉。

臣以谓:今诸军请给微薄,不可复令亏折,故愿陛下重会子,使之贵于见钱。若平居得会子一贯,可以变转一贯有余,所得虽微,物情自喜,缓急之际,不过多印造会子,以助支散,百万财赋可一朝而办也。

臣尝深求其弊:夫会子之所以轻者,良以印造之数多,而行使之地不广。今所谓行使会子之地,不过大军之所屯驻,与畿甸之内数郡尔,至于村镇乡落、稍远城郭之处,已不行使,其他僻远州郡又可知也。

臣愚欲乞姑住印造,止以见在数泄之诸路。先明降指挥,自淳熙二年以后,应福建、江、湖等路,民间上三等户租赋,并用七分会子,三分见钱输纳(僻远州郡未有会子,先令上三等户输纳,免致中下户受弊)。民间买卖田产价钱,悉以钱、会中半,仍明载于契;或有违戾,许两交易,并牙人陈诉,官司以准折(变卖;折价;抵偿)受理。僧道输纳免丁钱,亦以钱会中半。以臣计之,各路所入会之数,虽不知其多寡,姑以十万为率论之,其已输于官者十万,藏之于家,以备来年输纳者又十万,商贾因而以会子兴贩(经商;贩卖)、往来于路者又十万,是因远方十万之数,而泄畿内会子三十余万之数也,况其数不止于此哉?

会子之数有限,而求会子者无穷,其势必求买于屯驻大军去处,如此则会子之价势必踊贵,军中所得会子,比之见钱反有赢余,顾会子岂不重哉?行一二年,诸路之民,虽于军伍、市井收买,亦且不给,然后多行印造,令诸路置务给卖,平其价值,务得见钱而已,则民间见钱将安归哉?此所谓"将欲取之,必固予之"之术也。

然臣所患者:法行之初,僻远州郡会子尚少,高其会子之价,纽作(折算)见钱,令人户准折输纳,及其解发,却以见钱于近里州郡收买,取其赢余,以资妄费,徒使民间有增赋之名,而会子无流通之理。臣愚欲乞责之诸道总领、转运,立为条目,以察内部之不法者,竢(sì)(同"俟")得其人,严置典宪,以示惩戒。如此,则无事之时,军民无会子之弊,缓急之际,朝廷无乏兴(缺乏军兴,即缺乏军用财物)之忧,其利甚大。

辛弃疾的观点不仅仅先进而高明,他提出解决会子问题的办法也切中时弊,可解燃眉之急。

他首先开门见山地指出认为会子这种"纸币"本身不是一个好制度的观点是完全错误的。朝廷使用会子以来,民间百姓争相声言其导致物货不通,军中也说俸禄实际减少了。但实际上完全不是这样。会子的发行,本是用来便民的,造成今日弊端的原因在于,朝廷对会子本身就有所轻贱。亦即是说,朝廷没有维护好会子作为流通货币的信用度和购买力,这才导致出了问题,并非会子本身不好。

为什么说"本以便民"呢?世俗之辈只看到铜钱贵而楮券(会子)价贱,却不知道就其寒冷时不能当衣服穿;饥饿时不能拿来当食物吃来说,铜钱与楮券它们的本质实际是一样的。现在有人拿着百千现钱用来购买货物,现钱数量一多就有车运的麻烦,物货的价格又有高低之弊。(准备的现钱少了,买卖就不得不再费一番周折。)至于会子,卷起来拿着就行,根本费不着运输,成千上万的数目也不会在运输途中有所损耗,以此两相比较,难道不是便民吗?辛弃疾能够看到铜钱也好,会子也好,都只是一种以朝廷信用为担保的,约定俗成的充当流通职能的货币,这种观点在当时已然是十分先进的,尤其是在较轻视所谓聚敛理财的儒家文化的传统语境里。此所以桑弘羊为后世儒臣轻贱也。

为什么说"朝廷用之自轻"呢?过去遇到民间缴纳税赋,就责令必须要现钱大半而会子小半;朝廷或地方官府发放时,则现钱少而会子居多。因此民间一贯会子,只能换大约六百一二十文铜钱。(按一贯本应为一千文。但宋时输纳大多以七百七十文铜钱为一贯。据《宋史》卷一百八《食货钱币》:自唐天祐中,兵乱窘乏,以八十五钱为百。后唐天成中,减五钱,汉乾祐初,复减三钱。宋初,凡输官者亦用八十或八十五为百,然诸州私用则各随其俗,至有以四十八钱为百者。至是,诏所在用七十七钱为百。)军民哀怨号呼,道路上都是嗟叹怨恨之声。这并没有什么其他原因,不过是朝廷自身轻贱造成的。近年来,民间缴纳税赋时,朝廷允许会子现钱各占应缴总数的一半,比起过往,那么会子自然就价高起来,能够换铜钱大约七百文多一点了。这也没有其他原因,不过是朝廷稍重视会子的价值所造成的。古人所谓"将欲取之,必固予之",难道不真吗?这是辛弃疾指出朝廷在发行使用会子的过程中,必须给予会子大致等同于铜钱的价值地位,否则就容易造成金融混乱,不能玩双向标准,盘剥、榨取民间财富,那样只会造成会子不断贬值。

辛弃疾认为现在诸军的俸禄已经较为微薄,不可以再令他们应得的俸禄有所亏损打折。所以希望皇帝陛下可以使用政策进行宏观调控,抬高会子的流通价值,使会子比现钱更值钱。如果平日有一贯会子,可以用来兑换一贯有余的钱币,即便所得到的并不算很多,情理上来说人也绝对会高兴。遇到紧急时刻,需要支出大量费用,也不过是多印一些会子,用来缓解支出的压力,百万贯财赋的难题,也能够一朝解决。

辛弃疾深入考察探求会子有今日之弊端的原因,会子流通价值所以发生贬值这种问题,很大程度上是因为印造的数额太大,而通行的地域不广。现在通行会子的地方,不过是大军屯守、驻扎的地方,以及京城和附近的州郡罢了。至于比如村镇乡落,稍远城市的地方,就已经不怎么流通使用会子了,其他更偏僻遥远的州郡就可想而知了。实际上辛弃疾既然担任了仓部郎中,自然知道南宋发行会子时的种种情况,但是事已至此,因此他主张把使用会子的区域大幅增加,那么也就分摊了会子和钱币兑换之间的压力,等于是把饼做大,把金融风险分摊得更小。

分析了以上诸个方面之后,辛弃疾提出解决目前会子问题的方法。他想乞请陛下允许姑且暂停印造会子,只以现在的会子数额散发诸路。先明发诏令,规定自淳熙二年以后,福建、江、湖诸路,民间上三等户之租税,以七分会子、三分现钱的比例缴纳。民间买卖田产的价格,则全部按照现钱会子各占一半的形式,仍明确地写于契书上。有人违背的话,允许再次交易,同时由中介陈诉事实,官府按照田产折算的实际价格受理此类事件。僧人和道士缴纳免丁钱,也按照钱会各半的比例。按照他的计算,各路所入的会子数额,虽然不知道具体多少,姑且以十万贯为标准来大致论说,那么就一路而言,其已经缴纳给官府的会子一年有十万,在民间百姓家中用来准备明年缴纳赋税的还有十万,商贾用会子行商贩卖于路内的又有十万。这便等于是以远方十万的数额,而散发使用到临安及附近地区三十余万的数额,何况数额不止这些的呢?这是指出分两步走的策略,一边暂停印钞,一边在各项国家税收和民间买卖中提高会子比重。等于说一方面紧缩银根,另一方面扩大市场对货币的流通需求,以扭转货币贬值的趋势,使货币增值。

因此辛弃疾进一步说,会子发行的总数有限,但这样一来需求会子的人却是近乎无穷的,其情势必定造成他们向地方屯驻的军队求买会子,如此,那么会子的兑换价值必然上涨,而军中所得到的会子,比起等量的现钱,价值上反而有所多余,那么会子难道还能不变得贵重吗?这样施行一两年,诸路的百姓,即使向军营、市井之中收买会子,也将不能满足流通使用的需求,如此之后朝廷再多加印制发行,令诸路设立专门的官署向外兑换会子,平抑其价值,而官署就因此得到了现钱,那么民间的现钱将归于何方呢?这就是所谓"将欲取之,必固予之"的方法了。

辛弃疾也想到了可能产生的弊端。因此他说，法令颁行之初，偏僻遥远的州郡所拥有、流通的会子数额还处于较少的状态，这些地方官署就有可能借此抬高会子的价格，折算成现钱，命令百姓缴纳租赋时折价交大量现钱。等到要把收上来的租赋等起解发送给上级部门，地方官们就又用收缴来的大量现钱从附近州郡收买会子，赚取其中多余的差价，以获取不法收入，徒然使民间有赋税增加的恶名，会子却没有达到流通的效果。辛弃疾指出，可责成诸道兵马钱粮的总领官、转运副使，立下规章制度，以此检察州郡内部不守法令之人。一旦等到这类人罪迹昭彰，就移交法办，重加处罚，以示惩戒。如此，那么太平无事之时，军民就不会受到因会子贬值所带来的种种弊端影响，紧急之时，朝廷也不会有缺乏军费的忧患，利益甚大。

辛弃疾看待会子问题就当时来说是较有深度，提出的解决方法也切中时弊，从后来朝廷的举措来看，大约在叶衡的主导下，采纳了辛弃疾的这些建议，也基本在孝宗朝时期，使会子流通趋于稳定，不再有大幅度的贬值危机。这又说明辛弃疾对于经济事务，也是有着一定的才能的。

就在淳熙二年，正当宋廷忙于处理会子贬值的棘手问题时，茶商所组成的民间武装公然袭破州郡，辗转两湖江赣的势头到了一个顶峰，令朝野震动，甚至束手无策起来。

原来自北宋以来，国家与民间在茶叶的利益上即存在一定矛盾。宋代的茶园大多属于私人，拥有茶园的民户，则是为园户。而茶商则从园户手中买茶，行贩于四方。唐宋之时，品茗已经成为社会各界极其喜爱的雅事，因此茶利也进入政府的注意中。唐代已经开始针对茶叶征税,宋初(宋太祖乾德二年)则实行国家垄断的榷(què)茶法,亦即是由国家向园户以一定价格(通常是较低贱的价格)购买茶叶,再由国家统一出售的形式实行统购统销的国家专营。太宗时短暂实行过一段时间的贴射通商法,也就是商人向朝廷购买专门的券证,拿着这个券证就获得了去茶山、茶园买茶行商的资格,这实际上也颇类似后来的所谓茶引法。由于太宗时对辽军事的需要,还实行过交引法,即商人向西北二边输送粮草钱货等,获取一份"感谢你为皇宋做出了贡献"的凭证(交引)后,就可以回到汴京的国家专营事务局(榷货务),得到一定数量的茶叶报酬,通常是三分之一折算成茶叶,其余折现钱和杂货等。

仁宗朝经历了天圣年间交引、榷茶法和贴射通商法的更替后,到了景祐、嘉祐年间,终于确立了以征收茶税为主要形式的通商法。《文献通考·征榷考五》中载:"园户之种茶者,官收租钱,商贾之贩茶者,官收征算而尽罢禁榷,谓之通商。"这种通商法毕竟是要比榷茶法更有利于茶叶生产的。到了蔡京当权的徽宗朝崇宁、政和年间,蔡京为了敛聚民脂民膏,进一步实行茶引法,由商人向有关部门购买长引、短引,进而得以向园户买茶销售。宋室南渡后继续实行蔡京政和年间的茶引法,并且又多了许多聚敛的手段,以至于到了孝宗皇帝淳熙初年,茶引法仅在东南地区所带给朝廷的直接收入就达到了四百二十万贯,远超过真宗、仁宗时期榷茶和通商的获利,甚至超过宋初乾德二年到太平兴国年间和徽宗政和年间 400 万贯左右的收入。孝宗时淳熙末年朝廷的赋税收入总额大致是 6 530 万贯(《建炎以来朝野杂记》甲集卷十四:渡江之初,东南岁入不满千万,迄淳熙末,遂增六千五百三十余万焉。),则可知孝宗朝茶引法收入已占国家财政的百分之七有余,不可谓不重。然而这种巨额利益的背后是朝廷对民间盘剥克扣的加重,加之私贩茶叶利润巨大,许多商人和园户互相勾结,铤而走险,甚至将茶贩卖到金国势力范围内。

宋朝对于私贩茶叶的处罚是很重的,据《宋史》卷一八三《食货志》:凡结徒持杖贩易私茶、遇官司擒捕抵拒者,皆死。太平兴国四年,诏鬻伪茶一斤杖一百,二十斤以上弃市。但是这样重的处罚仍然不能令私贩的行为禁绝,宋初"茶之为利甚博,商贾转致于西北,利尝至数倍"。就说明了这个问题。私贩的利益更甚,因此极难禁绝。为了应对朝廷官府的缉查严打,走私茶商们开始集结成武装集团,多的势力有数千人之众,严重威胁两湖及江西地区之安全。

淳熙二年四月,一名叫赖文政的商人成为当时一支茶商军的首领。他率军进入湖南后居然将湖南安抚使王炎麾下的军队轻易击败,湖南地方军队与其交战时甚至近乎全军覆没。随后茶商军入江西又大败安抚使汪大猷麾下贾和仲所部,连将官都伤亡数十人之多。

消息传到行在临安,南宋朝廷里孝宗和群臣几乎无不震惊。何以官军大多数倍于赖文政之茶商军却如此不堪一击呢?如果不加以迅速地镇压,两湖、江赣真不知要陷入何种板荡局面之中!孝宗在震怒之下将两地许多高级官员贬谪免职,甚至包括湖南安抚使这样的一把手也未能幸免。

孝宗看着殿内的群臣,道:"今茶寇肆虐,两湖江右帅宪失职,卿等可有良策平贼?"

在这孝宗震怒的当口,没有谁敢拍胸脯保证接下这个烫手山芋后能够完美地解决茶商军之问题,因此一时间大家都缄默不言。

忽听得一人出列高声言道:"臣举荐仓部郎中辛弃疾,其数语臣,言愿往江右剿贼,期一月而荡平!"

孝宗眼眸一亮,朝声音所在望去,他分明瞧见,出列举荐的乃是右丞相叶衡。

叶衡接着说:"辛弃疾尝帅义军于山东,知兵事虚实,通水文地理,可往办此差遣。"

孝宗抒须颔首,算是同意了此事。

不久,诏令下发,辛弃疾由仓部郎中迁江西提点刑狱,节制诸军,全权专司讨捕茶寇。按徽宗朝大观三年定文臣知州资序朝臣可任提刑,因此这标志着辛弃疾已经取得了知州级别方面大员的资格了。此次差遣,朝廷将讨平赖文政茶商军的棘手难题完全交付到了辛弃疾手上。这样一来,辛弃疾也成为了监司级别的官员。

大约在离开临安赴任前,辛弃疾于观潮之后赋词一首寄右相叶衡,即《摸鱼儿·观潮上叶丞相》:

望飞来、半空鸥鹭。须臾动地鼙鼓。截江组练(组甲,漆甲成组文。被练,练袍。)驱山去,鏖(áo)战未收貔(pí)虎。朝又暮,悄惯得、吴儿不怕蛟龙怒。风波平步。看红旆(pèi)惊飞,跳鱼直上,蹙(cù)踏浪花舞。

凭谁问,万里长鲸吞吐,人间儿戏千弩。滔天力倦知何事,白马素车东去。堪恨处,人道是、属镂(shǔ lòu)冤愤终千古。功名自误。谩教得陶朱,五湖西子,一舸弄烟雨。

钱塘大潮自古以来浩浩荡荡,蔚为壮观。辛弃疾在临安观潮,心里更是别有一番滋味。映入眼帘的,是半空中飞过的鸥鹭。他或许想到,如自己和叶衡这样真正志在恢复的人恐怕终究是孤独的,到最后

六、司庾甫任解钱忧,宪将自请赴江右　91

免不了"此心吾与白鸥盟"吧。看着眼前顷刻间便如战鼓轰鸣、地动山摇的钱塘江大潮,就像组甲、被练在身的百胜之师,排山倒海,鏖战不休——辛幼安大约是在这其中想到项羽,想到祖逖,想到刘裕的。这江南吴越的男儿们啊,都早已习惯了鲸波滔天、蛟龙出没的大风大浪,看他们风浪里如履平地,红旗翻飞,如锦鲤之跃龙门,如起舞之踏浪花。无怪乎杜牧要说江东子弟多才俊,江左男儿,难道不足以争锋于中原吗?

然而这南共北,正分裂的局面,又岂可仓促恢复?过往五代十国的时候,吴越国的钱武肃王钱镠(liú)令将士张弓弩千万射向海潮,以为可阻遏巨涛,岂非儿戏?但江水东流,纵然是白浪滔天也有力倦之时,而人力也有时穷,波涛里分明看见白马素车的伍子胥含恨愤怒的面容。人间遗恨,正是如伍子胥这般自刎于属镂剑下含冤而死,千古难瞑!到底是功名误了他,还是功名背后的君王,负了伍子胥呢?白白地让范蠡带着西施泛舟五湖,烟雨烂漫,成了富可敌国的陶朱公。

按说此时辛弃疾毛遂自荐,得到叶衡支持后终于被寄以一定的重用,任以方面之宪臣绣使,而离开临安观潮之际却触景生情,发如此之感想,不能不认为是他也已经在临安的宫廷中感受到那些大言恢复和一力主和的臣僚的敌视,并且这种敌视里也绝对有射向叶衡的明枪暗箭。孝宗朝宰辅更迭甚频,恐怕这也是辛弃疾对友人的一番警示吧。

带着这份复杂的心情,辛幼安大约在七月初动身赶赴江西。

七
亲入阵绣使旋平茶寇，
惊耳闻友人忽贬郴州

江西提刑的治所在赣州,辛弃疾抵达时茶商军竟然因为假意接受招安而愚弄了败军之将贾和仲,不知转移到何处去了。面对士气低落、敌情不明等种种不利情况,辛弃疾并没有慌乱,而是极其冷静地召集当地各级官员了解地方情形,并且分析讨论、集思广益。经过审慎的研究,辛弃疾得出这样一个结论:地方官军已经屡次被茶商军所击败,兵卒们也并非边境上久战之精锐,恐怕已经心生怯意,再要令其勇武无畏的剿贼,多半是不能,甚至会临阵溃逃。茶寇多隐蔽在山林之中,当此时,莫如启用、拣选当地熟知地形的民兵、弓手等,而令官兵分屯进出江西的通衢要道,形成一个可以不断缩小的包围圈,直至瓮中捉鳖。

但辛弃疾又深知这赖文政所率领的茶寇能够数次大败官军,非唯朝廷地方将领轻敌冒进,也不仅仅是赖文政奸猾诡诈,其所部之贼寇,必定有悍不畏死、勇猛非常之辈。即便如今采取了步步为营的稳妥战略,最终讨捕之际,难免一场厮杀,如果没有能够正面冲破其防线,击溃茶寇的一支勇锐人马,仍然可能在最后关头致使赖文政带着亲信间道而走,从江西的茫茫山林中逃逸,继续伺机为患,而令辛弃疾的平寇计划功亏一篑。

因此辛弃疾决定从地方民兵中挑选勇武强壮之人,组成一支战时一往无前的突击部队。

辛弃疾看着眼前由自己命令而召集来的千名乡野民兵,心里却只能一个劲地摇头。他原先预想的选拔标准是很严苛的,准备挑选能够以一当十的猛士组建成一只冲锋部队,哪知道目下一眼望去几乎全是老弱不堪用之辈!

然而他又明白,比起那些多半只能平居欺压恐吓布衣黔首,临战又惯会望风而逃的老兵油子们,这些来自乡野农村的民兵们或许尚有淳朴憨实而可堪一用之处。

辛弃疾迈着方步,反剪双手,来回于民兵的阵列前方,他一身文官服饰,头戴平脚幞头,身着绯色官袍,脚蹬一双乌皮靴,儒雅之余却又有一股刚毅英武之气。只见他蓦地停下脚步,朗声喊话说:

"诸位好儿郎们!我此番也不在这里说甚虚话,召集尔等前来,正是为了剿灭茶寇!贼人凶悍,数败官军,但须问过我们江右男儿是不是在贼前认了怂!官军几次折了威风,将士俱有阵亡,尔等届时也免不得有死有伤。然而官家圣明,已经颁布了赏格,捕杀茶寇,尽皆有赏,伤亡男儿,曲加抚恤!好儿郎们,茶寇凶顽,劫州掠县,今若不除,我江右所害,尽在尔父母乡里也!认了怂,遭殃的到头来还是自家底事;砍得一二贼人,便吃上圣人的恩赏!走了运时,捉杀得茶寇里小头目者,便可脱了短褐补官,永享俸禄!"

辛弃疾沉默了片刻,扫视着眼前乡兵弓手们的表情,复又说:"愿意身先士卒,不惧贼人,亲冒矢石的与某站将出来!"

话音落下,居然只有一个人从队伍里出列,"某唤张忠,愿效死力!"

这样又等了片刻,最后只有十八人受到张忠的鼓舞又响应了辛弃疾的号召,连再增募一名敢死之士都难以办到。

(以上内容据《朱子语类》卷一百十《论兵》:辛弃疾颇谙晓兵事。云:"兵老弱不汰可虑。向在湖南收茶寇,令统领拣人,要一可当十者,押得来便看不得,尽是老弱!问何故如此?云,只拣得如此,间有稍壮者,诸处借事去。"

及南宋人曹彦约《昌谷集》卷十三《上荆湖宣谕薛侍郎札子》:淳熙之初,江西收捕茶寇,召敢死之士,举亲兵千人之众,应募者张忠一名而已。一名应募,十八人从而和之,欲增募一名竟不可得。)

辛弃疾没有就此放弃,他以这十九人为核心,开始对江西路的民兵进行训练,同时将官军正规部队分派到各个交通要冲屯扎驻守起来。但巧的是,在这大军扎口袋还将成未成的时候,茶商军却离开了江西,进入广南东路(今广东大部)。广南东路有一支地方军队曰"摧锋军",其前身可以追溯到绍兴四年以湖南安抚司后军统制韩京任广东兵马钤辖后,带进广州屯守的部队。此前赖文政统领的近乎战无不胜的茶商军在广东受到重创,原本亦不足千人的茶寇军就更加损兵折将了。

茶商军遇挫后又要伺机回到江西,在这过程中曾与鄂州军统制解彦祥所部官军发生小规模的遭遇战,大约因为此时茶商军的目标并非两湖而是江西,因此茶商军并不恋战,稍有伤亡后即继续往江西撤退。

到了这年闰九月,已经探明茶寇敌情的辛弃疾率领兵马围追堵截,终于在瑞金县包围了茶商军。此时的茶寇已经到了穷途末路的地步,辛弃疾决定不给其以喘息之机,必须给予其雷霆之击,务要重挫其负隅顽抗的凶顽勇锐之气。

于是辛弃疾率领十九名敢死士为核心的乡军民兵,向被围困在瑞金山林间的茶寇发起了进攻。

他白马长枪,身先士卒,一身戎装,威风凛凛。奔雷般的蹄声踏过林地间的落叶,惊起树梢栖息的乌鹊,转瞬之间,辛弃疾便刺翻了茶寇的几名斥候,将他们挑落马下,他看也不看一眼便纵马继续向前。敢死士和民兵都跟在辛弃疾身后,握紧了手中的戈矛弓刀。

不多时,道路两旁的树林里便冲出数十名狰狞吼叫的贼寇,他们高举着刀剑,悍不畏死地冲向一骑当先的辛弃疾,更可怕的是,两边同时均有数十枚箭矢射向了他和身后的队伍。正是靠着这种在山林间的伏击,茶商军们击败了一支又一支士气低落的大宋官军。

辛弃疾目露寒光,毫不迟疑,从马背上纵身跃入贼寇阵中,甫一落地,便抡圆了长枪,将身边数名悍匪打翻在地。但见他甚至一手持枪,一手舞剑,沾着枪的就倒,碰着剑的便死,出手之间几乎都是见血封喉,招招取人要害,顷刻之间,他周遭竟无一个茶寇站着,活着的人都退避在十步之外!

另一边民兵们早已训练多时,在箭矢破空飞来的刹那举起了手中简易的木制圆盾,大部分偷袭的冷箭都没有造成多少死伤,十九名敢死士们也分成几组,有的冲进两边树林缠斗住茶寇的弓手,有的冲向前支援主帅辛弃疾,其他民兵便也鼓噪向前,声势便扭转过来。

远处更多的茶寇嘶喊着冲杀过来,辛弃疾高声命令:"弓手准备——放!"

民兵操持着弓箭纷纷射向气势汹汹、冲锋而来的茶商军。箭如雨下,茶寇们人仰马翻,他们被围困于此,已经知道没有退路,听得其中有头目喊道:"杀将过去,官府走狗们都是孬种,爷爷们靠得近了,射不得箭时,叫他们有来无回!"于是茶商军们更加凶悍地冲杀过来,手中的兵器泛着光芒映射在辛弃疾双眸之中。

他脑海中飞快闪过自己"壮岁旌旗拥万夫"的过去,想起自己杀敌于淮北的热血沸腾,他大吼一声,如虎兕之出柙,凶兽之嗜杀,将手中长枪奋力一掷,但听声波作响,长枪飞过之处,竟是洞穿了冲锋而来的数名茶寇方才落地。

辛弃疾提着三尺之剑,带着敢死士们迎面撞入茶寇阵中,他剑若游龙,仿佛睥睨千军,身边甚至没有一合之敌。之前首位应募的敢死士张忠也勇猛非常,已经砍杀了多名贼寇。茶商军们的士气在这样残酷而处于劣势的正面战斗中开始急剧减弱了。

随着茶寇们且战且退,辛弃疾率领着民兵们已经追击到半山腰。他见日薄西山,天色将暗,便下令收兵,继续围困贼寇,待明日再攻,以防夜色中有所不测,且令茶寇的恐惧在夜色中可以充分发酵。

第二天,辛弃疾认为已经到了可以用计招降茶商军的时候,这样既可以避免罪魁赖文政脱身,也可以保证全部捉拿。于是他派遣了兴国县尉黄倬(zhuō)入山劝降。

赖文政走投无路,向辛弃疾投降了。然而这毕竟只是辛弃疾的诱降之策,他将赖文政押解到赣州后雷厉风行的处死了,而对于其他茶寇,辛弃疾又采取了只诛首恶,余皆不问的宽大处理原则,小部分被遣散回乡,大部分则被江州都统制皇甫倜招募入军中。至此,横行一时的赖文政茶商军之乱被辛弃疾迅速平定了。

[以上据曹彦约《昌谷集》卷十三《上荆湖宣谕薛侍郎札子》:首入敌阵以倡大军即前日应募张忠者也。及南宋罗大经《鹤林玉露》甲编卷二《盗贼脱身》:江湖茶商

相挺为盗,推荆南茶驵(zǎng)赖文政为首。文政多智,年已六十……辛幼安为江西宪,亲提死士与之角。及《建炎以来朝野杂记》甲集卷十四《江茶》:淳熙二年,茶寇赖文政反于湖北,转入湖南、江西,侵犯广东,官军数为所败。辛弃疾幼安时为江西提刑,都诸军讨捕,命属吏黄倬、钱之望诱致,既而杀之。江州都统制皇甫倜因招降其党隶军中。]

消息传回行在临安,孝宗皇帝十分高兴,曾对宰辅们说:"辛弃疾已有成功,当优与职名,以示激劝。"四天后的闰九月二十八日,孝宗又说:"辛弃疾捕寇有方,虽不无过当,然可谓有劳,宜优加旌赏。"(《宋会要辑稿·兵》一九之二六;一三之三二)

由于皇帝两次定下调子,辛弃疾总算交上一回好运。不久,诏令下达,圣旨里授予了辛弃疾"秘阁修撰"的职名。秘阁修撰是宋代官制中的所谓"贴职",为中层以上和高级官员所常带的一种清贵显要的荣誉官衔。其职名创置于徽宗政和六年,多加于秘书省资历较深者,已属于高等贴职,高于直龙图阁,位从六品。值得说明的是,这次孝宗皇帝直接授予辛弃疾秘阁修撰,使得他跳过了直秘阁、直敷文阁、直徽猷阁、直显谟阁、直宝文阁、直天章阁、直龙图阁七级贴职,且直阁之贴职的获得就已经表明该官员具备任职地方大员的资格。《宋史·职官志》所谓"凡直阁为庶官任藩阃、监司者贴职,各随其高下而等差之"。更何况秘阁修撰尤高于直龙图阁,这标志着辛弃疾已经可以名正言顺地出外任帅臣宪漕,不似过去仅为小州知州,而不能带安抚使衔。

孝宗朝虽然任命宰相常不以祖宗法度,多次擢拔,但对于贴职,皇帝却极少滥赏,必有功而后除授。因此这一次对辛弃疾的嘉奖,确实称得上颇为优待了。

然而实际上辛弃疾的好运并没有真正到来,相反,命运对他的捉弄仍在继续。在闰九月辛弃疾平定赖文政茶商军之前的九月,南归后真正赏识他,且相交颇深的宰相叶衡出事了。

据《宋史》卷三百八十四叶衡本传:上谕执政,选使求河南,衡奏:"司谏汤邦彦有口辨,宜使金。"邦彦请对,问所以遣,既知荐出于衡,恨衡挤己,闻衡对客有讪上语,奏之,上大怒。即日罢相,责授安德军节度副使,郴州安置。

这是说,孝宗向宰辅执政们询问可以出使金国索求河南的人选时,叶衡举荐了汤邦彦,说他口才极好,去替君父和朝廷办事那是妥妥的,绝对适合出使金国。汤邦彦请求召对的时候留了层心眼,就问皇帝,组织上那么赏识他,到底是看中了自己什么呢?孝宗就把叶衡的举荐一事给告诉了他,汤邦彦觉得这是叶衡在排挤他,把一个危险又烫手的差使丢给自己,他就打听了点叶衡的黑历史,把叶相谤讪、讥讽皇帝的话给捅上去了,向孝宗打小报告。孝宗很生气,后果极其严重,当天就罢免了叶衡的右丞相兼枢密使职务,还贬官为安德军节度副使,令其在郴州思过反省。

不过实际上宋史这段记载有些问题,很有可能有一些讹误。

首先不太可能是"即日罢相",据南宋人刘时举《续宋编年资治通鉴》:八月汤邦彦使金请河南陵寝地。明年夏四月,邦彦使金至燕。金人拒不纳,旬余乃命引见。夹道皆控弦露刃之士,邦彦怖不能措一词而出。上大怒,诏流新州。自是河南之议遂息,不复泛遣使矣。

则汤邦彦是在八月使金,而叶衡罢相事在九月。若因汤邦彦在孝宗面前使坏导致罢相,则时间上不可能有所谓"即日罢相"。并且,也不是直接贬为安德军节度副使,郴州安置,而是依前中奉大夫外知建宁府,结果进言弹劾他的人仍然不肯善罢甘休,于是才连知建宁府的差事也拿掉了。要到第二年,也就是淳熙三年四月,才责授散官,郴州安置。

何况,叶衡也是颇得孝宗信重的,本传中还说"拜右丞相兼枢密使。上锐意恢复,凡将帅、器械、山川、防守悉经思虑,奏对毕,从容赐坐,讲论机密,或不时召对"。现在就为了一句未知真假,也许子虚乌有的谤讪之语,就把宰相立刻撤职,真的可能吗?

《中兴两朝圣政》卷五十四:是月,叶衡罢相,以谏官汤邦彦论其奋身寒微,致位通显,未闻少有裨益,惟务险慝以为身谋也。初命知建宁府,言者不已,遂罢之。

则此又是说因为汤邦彦弹劾叶衡平步青云,做了宰相只知道尸位素餐,阴险贪婪、乖戾无耻地为自己谋划。因此罢免其右丞相等职务,让他知建宁府。显然这种说法听着也靠不住脚,似乎纯属借口和托词。

更何况,即便上述驳难都不成立,真是"衡对客有讪上语",那么既然是如此敏感的谤讪君父的忌讳话,要对客人说,也是对较亲信的友朋宾客说,且必是在私室之内。所谓天知地知,你知我知,汤邦彦又从哪里打听来呢?可知以上说法站不住脚。

不过,若从"讪上"一说去追寻,叶衡之如何讪上,全无可寻,而同一时期被贬谪的另一名官员沈枢身上,倒有"讪上"的故事。南宋人张端义之笔记《贵耳集》卷上载:寿皇议遣汤鹏举使北,沈詹事枢在同列间发一语,操吴音曰:"官家好呆。"此语遂达于上,大怒,差四从官审责沈,曾与不曾有此语。对云:"臣有此语。"即日谪筠州。

汤鹏举显然是汤邦彦之误,汤邦彦是前者之孙。这是说,当时孝宗皇帝议定派遣汤邦彦出使金国,太子詹事沈枢听闻此事后就觉得朝廷的举措太傻了,居然还没吸取过去虞允文为相时候派遣泛使自取其辱的教训,因此情不自禁地用家乡方言吴语说了句"官家好呆!"意思是陛下简直是个傻瓜,蠢极了。他以为没人听得懂他的家乡话,结果还是给有心人打小报告到了皇帝耳边。皇帝勃然大怒之下,派了人审问他是不是真说过这样大逆不道的话语,沈枢不知是耿直老实还是经不住吓,招供说过这话。于是当天就给贬谪到筠州。

据《宋会要辑稿》职官七二记载,淳熙二年九月十八日,"太子詹事兼权吏部侍郎沈枢分析欺隐,可降三官放罢,送筠州居住。侍御史范仲芑(qǐ)论右丞相衡,因言及枢,故有是命。"则可知沈枢被贬筠州,确有其事,绝非宋人笔记凭空杜撰。并且,御史台的二把手侍御史弹劾宰相,又波及沈枢,可见沈枢是作为叶衡同党被牵连的,则宋史叶衡本传将沈枢之"讪上"张冠李戴到叶衡头上,也就极有可能。

另一方面,若说质疑叶衡的罢相或许如汤邦彦、范仲芑所言涉及人格品性问题,又是缺乏更多旁证的。尽管《宋史》卷三百八十四《叶衡传》中说:"衡负才足智,理兵事甚悉,由小官不十年至宰相,进用之骤,人谓出于曾觌云";又曾觌本传亦有载:"觌始与龙大渊相朋,及大渊死,则与王抃(biàn)、甘昇(biàn)相蟠结,文武要职多出三人之门。叶衡自小官十年至宰相。徐本中由小使臣积阶至刺史、知阁门事,换文资为右文殿修撰、枢密都承旨、赐三品服,俄为浙西提刑,寻以集英殿修撰奉内祠。是二人者,皆觌所进也。"则似可认为,叶衡入相,其中竟有孝宗潜邸旧人,亲信近习曾觌的关节。但考察历史人物之问题,还须看其所处特定历史环境中行为的目的,叶衡在积极恢复和主战上是十分坚定的,并非如蒋芾等人虚言恢复以邀宠进阶,若拜相一事上有所依赖近习,只能说是得位不正,不能就此断定其品性有重大问题。

且即使是汤邦彦之人,可能完全不是叶衡被罢相的原因。辛弃疾后来与汤邦彦多有诗词酬和,甚至褒奖他是"活国手,封侯骨。腾汗漫,排阊阖。待十分做了,诗书勋业"。从诗词中态度来看,似乎汤邦彦不可能是促成叶衡罢相的罪魁祸首。

至于叶衡真正被贬的原因,可能是由于孝宗对相权的有意削弱。孝宗朝宰相更换频繁,任职较久的人很少。《宋会要辑稿》中说:"(淳熙三年)四月十五日,通奉大夫叶衡责授安德军节度副使,郴州居住。以衡昨任宰辅,不能正身竭诚,日唯沉湎于酒,轻听易发,徇私背公,妄引旧章,擅作三省同进呈批降指挥,故有是责。"则据此可知,关键在于所谓"妄引旧章,擅作三省同进呈批降指挥"。要理解这句话的意思,便要搞懂什么是"进呈"和"批降指挥"。所谓"进呈"指的是每日宰辅上殿奏事,往往还包括奏事之后"取旨"的意思。而"批降指挥"大体来说,指的是皇帝降出的臣僚章奏和相关指示、处理意见,这些公文经由皇帝降付给两府看详后,按例宰辅大臣们仍然是要将具体看法、措施等上奏皇帝,再取旨办理。但这里存在一个必须简要厘清的问题,即"三省同进呈"在制度上是什么意思,并且具有怎样的意义。三省乃是指中书省、门下省和尚书省三省,宋初虚设,政务归政事堂(中书门下),元丰改制后中书分权归三省,实际上三省就是指宰相所在的"东府",中书取旨、门下审覆、尚书执行。于是这涉及一个奏对班次的问题。

宋初因为三省虚设,东府奏对便是中书门下的宰相们进呈取旨,然而元丰改制后,神宗开始令宰相所在的东府于御前奏事时,实施三省分班的制度。并且,据排班来看,"三省、枢密院独班奏事,日不过三班"——则似乎中书省每天在皇帝御殿听政的时候固定有一班,门下省和尚书省每日同占一班,谁有紧要事便单独奏对,而枢密院又占一班,故为三班。令宰相所在的三省分班奏事,这有利于类似神宗这样喜好大权独揽的皇帝通过中书省来削弱首相(门下相)的权力,而达到减少自己的圣意被宰相集体反对的可能。但是高宗朝因为南北形势严峻,不仅三省合班奏事,且两府宰执都是同班奏事的。从叶衡的罪名"妄引旧章,擅作三省同进呈批降指挥"来看,似乎看不到三省同进呈存在任何问题。并且,从官制角度来说,孝宗朝乾道八年以后便只有左、右丞相,再无尚书左、右仆射,也没有如同元丰改制后神宗朝那样的门下相、中书相以及作为副宰相的门下侍郎、中书侍郎和尚书左、右丞。换言之,元丰改制后三省分班,其中一个确实可行的原因在于,当时的三省各有长贰,如门下省长贰是首相(门下相)和门下侍郎,中书省长贰是次相(中书相)和中书侍郎,尚书省佐贰则是尚书左右丞,如此则三省分班奏对的各有长贰可以上殿。但是孝宗朝在副宰相上只设置了参知政事一职,而侍中、中书令都是虚职,不太可能在三省分班时令门下后省的长官给事中代表门下省奏对,又令中书后省的长官中书舍人代表中书省,殊为不伦不类。

因此不妨推测,孝宗皇帝在淳熙初年的三省分班奏事制度里,他应当是让参知政事与宰相分班来各自代表三省的。但这样做的好处何在呢?一个自然是贯彻落实'异论相搅'的祖宗家法,防止宰相专权做大。如果始终三省合班奏事,很可能参知政事慑于左、右丞相的威权,唯唯诺诺,何况按照宋代制度,奏对时同一衙署的人一般应该事先达成一致意见并写成奏事札子,不得随意陈奏,那么这样一来,皇帝还怎么从宰辅大臣那里听到不同意见呢？并且，孝宗皇帝是惯于通过内降、御批除授近习来制衡外朝文臣的，他只有通过三省分班，才能分化宰辅，拉拢支持自己圣意的宰执，也给了参知政事这些副宰相们表达和宰相不同看法的机会——这便使得宰相不能完全掌握都堂里副宰相们的真实立场和心思，于是具备更完整信息拼图的人只能是最高统治者皇帝本身。如果这一推测正确，那么叶衡想要恢复三省同进呈批降指挥的尝试，背后就是扩大相权的企图，这是对皇权的一种削弱，故而统治者不能容忍的。表面上看，让参知政事和宰相各自代表三省分班奏事，降低了参知政事的地位，实则不然。另一方面，所谓的"妄引旧章"，有理由推断，乃是宋初太祖朝开宝五年（972年）赵匡胤诏令参知政事今后得与宰相一同知政事堂印、押班、奏事等，允许参知政事和宰相一起同班上殿。但赵匡胤之举是为了遏制宰相赵普专权，而孝宗亦是为了防止宰相专权，只是手法恰好相反罢了。这体现了两代君王各不相同的分权技巧。

　　如果再看一看叶衡罢相时两府宰执的人员，或许也有一定的蛛丝马迹。叶衡是当时东府的独相，只有他一个人担任右丞相，左相空缺。副宰相参知政事是龚茂良，西府中同知枢密院事是沈夏，签书枢密院事为李彦颖。这正好满足了两府奏事时叶衡一班、龚茂良一班、枢密院一班的安排。同时，值得注意的是，自叶衡淳熙二年罢相到淳熙四年差不多两年的时间里，孝宗皇帝都没有再次拜相，他只是让参知政事龚茂良以副宰相的身份行使宰相的职责，再次拜相要等到淳熙五年（1178年）史浩再入相。孝宗曾经对龚茂良的倚重有力地说明了他利用参知政事和宰相分班从而削弱相权的意图，而叶衡罢相之后孝宗将相位空置近三年也说明，他对于相权的抬头趋势或任何可能，都是十分忌讳、谨慎的。这便佐证我们的推测,叶衡罢相根本原因在于相权与皇权的矛盾,在于文官政府和皇帝专制之间的矛盾。

总而言之,高宗朝权相(如秦桧)的出现是孝宗皇帝十分忌讳的,现在叶衡要相对提高宰相的权力,提高政府对皇权的制约,自然是触及天子的逆鳞了。涉及权力问题,即便确实存在交结近习曾觌的可能,但是罢相时,与曾觌的交情也不能挽回此事。

自古以来,所谓"朝中有人好做官",这几乎是绝对真理。如果叶衡为相的时间长一些,或者不以这样一种狼狈的方式罢相,又或者后来能二次拜相,则对辛弃疾的助力都将是很大的。因此这样一位赏识他、深知他,与他友谊深厚的宰相被罢免,是辛弃疾极大的不幸和损失。

辛弃疾得知这一消息的时候,自然也能明白这其中的意味,他的心情也就可想而知了。

对于孝宗寄希望于派汤邦彦出使金国激怒女真,趁机北伐的仓促幼稚之想法和叶衡罢相的噩耗,辛弃疾在平定茶商军后又沉郁惆怅起来。这一时期,他写下两首词,抒写胸中愁绪。

一首是《满江红·赣州席上呈太守陈季陵侍郎》:

> 落日苍茫,风才定、片帆无力。还记得、眉来眼去,水光山色。倦客不知身近远,佳人已卜归消息。便归来、只是赋行云,襄王客。
>
> 些个事,如何得。知有恨,休重忆。但楚天特地,暮云凝碧。过眼不如人意事,十常八九今头白。笑江州、司马太多情,青衫湿。

此首《满江红》是辛弃疾为友人陈天麟饯别所作，季陵是其字。当时陈天麟在赣州知州任上，将要离任，辛弃疾由江右景色起兴，然词句中为友人送行之余，亦感慨到自身的际遇之坎壈(lǎn)。陈天麟的离任属于罢职，而倦客之称似除了指其之外，又有自比之意。人生中不知有多少与良朋挚友的别离，若寄托于卜筮占卦，纵占卜之谓当有归期，恐怕也只是像襄王、神女一般遇于幻梦之中，岂可得之！这里面的深意，恐怕又由别陈天麟而念及叶衡处。

下阕里辛弃疾又用羊祜与白乐天之典，极写光阴易逝，命运多舛之磨难。楚天凝碧，偏不能令人欢愉。譬如西晋羊祜(hù)之镇荆襄，其欲平吴而一天下，然终为朝臣议论所阻。因此他叹息："天下不如意，恒十居七八，故有当断不断。天与不取，岂非更事者恨于后时哉！"李太白襄阳歌亦有"君不见晋朝羊公一片石，龟头剥落生莓苔"，孟浩然有"羊公碑尚在，读罢泪沾襟"，多少人曾借羊祜含恨身殁，壮志未遂来感自身之不遇，辛幼安怀驱逐胡虏，吞吐中原的雄心，自然也不能免于此。中晚唐之白居易贬为江州司马时，为歌伎赋《琵琶行》，曾自嘲泪湿青衫。辛弃疾以此劝勉友人且莫伤感，但这种劝勉大约是席间的场面话罢了，因为他自己内心深处，亦是苦闷的。

又一首为《菩萨蛮·书江西造口壁》：

郁孤台下清江水，中间多少行人泪？西北望长安，可怜无数山。

青山遮不住，毕竟东流去。江晚正愁余，山深闻鹧鸪。

此一首艺术成就尤为高妙。菩萨蛮为一小令，本多写小儿女情态之事,却在辛弃疾笔下如万流奔海,以奇崛的笔法摹写以身许国而难可为之,却不言放弃的精神。郁孤台为赣州一地名,辛弃疾游于此处,"郁孤"二字一定触动到他。凭高远眺,江水清澈,不舍昼夜。傲立的辛弃疾不恰如一沉郁、孤单之巨人处乎天地间吗?赣水虽清,其中尤不知多少北望中原的志士豪杰之浊泪!华夏的几座都城都沦陷房手,欲尽望而乃有连绵起伏,无数重峦叠嶂竞相阻隔!

然而大江东流,岂可阻抑?纵然万山不许一溪之奔,到得山脚穷尽,堂堂江水就要向东入海!这是辛弃疾在给自己打气鼓劲啊,然而这正说明,他实际是明白时局的艰难和自己的处境的。因而他最后说,暮色方至,鹧鸪声起,忧愁不能自抑!

约在次年,也就是淳熙三年(1176年)秋冬,辛弃疾调任京西转运判官。所谓转运判官,乃是转运司之次长官,位次于转运副使和转运使。转运司负责一路之财赋租税,往往兼有监察地方官吏的职权。

在接到调令之前,还有一个颇堪玩味的插曲。当时知赣州陈天麟已经被罢免,新任太守为由左司谏而知州的施元之。然而不知因为何事,辛弃疾上章弹劾,导致施元之羞愤不已,以父母辈亲老为由主动请祠(自请充任宫观之祠禄官,以处闲散之地称请祠,或称乞祠、丐祠。)去官。尽管现在已经无从确切知晓辛弃疾弹劾施元之所为何事,不过从旁人的记载中或可寻见一些端倪。刘克庄曾为当时担任过赣州观察推官(此观察推官,为赣州签书判官厅之官员,协助长吏治理州事,从八品,多以选人充)的杜颖写过一篇《杜郎中墓志铭》。其中说:

历赣州观察推官。太守施司谏元之绳(约束)吏急,一日,缄片纸来云:"某吏方游饮,亟簿录其家。"公袖还之:"罪由逻发,惧者众矣。"施公戄(jué)然(惊惧貌),为罢逻卒。……辛提刑弃疾以私意劾赣守,郡僚皆恐,……施公扁舟先发,公徐护送其孥(nú)(妻子与儿女的统称),而归举牒(上书陈述)于辛公,辛有愧色,因屈入宪幕。

则据此材料,施元之到任后,对州府吏员僚属约束极严苛。某日,他送来一张条子给观察推官杜颖,纸片上写着:某吏上班时间游荡闲逛、喝酒取乐,急查抄其家(勘察有无不法罪证)。杜颖并没有按照领导的指示办,而是放在袖子里跑去找施元之,又还给了他,并且说:"罪由巡逻的兵卒发现,这样州府里惴惴不安的人就会很多了,大家都没法好好做事了。"施元之闻言惊醒,为此停止了派遣兵卒巡逻纠察州府僚属不法事的做法。

按说辛弃疾御下亦极严,甚至有过之而无不及,不知为何就上章弹劾施元之。太守和宪臣神仙打架,州郡里的小鱼小虾肯定是唯恐避之不及了,一时间大约人心惶惶。后来施元之面子薄,觉得被辛弃疾弹劾羞愤难当,自己向朝廷请祠,解官而去了。临行的时候,杜颖从容不迫地护送其妻儿,回来后向辛弃疾上书申言此事,辛弃疾面有愧色,因觉理亏而又颇赏识杜颖的气节,把他从判官厅延请入自己江西提刑的宪幕中。

辛弃疾何以有愧呢?似乎施元之绳吏甚急和辛幼安上章弹劾之间似有某种联系。路之提点刑狱公事,还兼劝课农桑、举刺官吏,或可认为施元之之举,有所侵犯辛弃疾之职权?但知州管束自己衙署之僚属吏员,实属天经地义之事。则或许我们不妨大胆揣测,问题出在当时"方游饮"的这名吏员身上。或许这名吏员与辛弃疾有所交往,譬如酒友之类，而大约像辛弃疾这样豪迈英武之人，对于自己的朋友多是有些护短的，可能在他看来无聊的工作中得空于酒肆中喝杯酒无关大体，倒是知州的做法冒犯到自己，一点面子都不给。当然以上完全只是笔者的揣测，实在没有其他材料能考证到底辛弃疾出于何种"私意"去弹劾施元之。时人罗愿有一首《送赣州施司谏奉祠归吴兴》云："到官一百日，啜（chuò）菽念所欣"，则施元之知赣州不过百日之期，其中竟与辛弃疾因私事有所龃龉，能有几何？而刘克庄不为别加记载，恐怕大约正是施元之绳吏急而有所触怒辛幼安之处。

不难想见，辛弃疾的个性因素，仍将在以后影响到他。

另一方面，辛弃疾在京西转运判官任上时间极短，次年淳熙四年二月，即被调任知江陵府，兼湖北安抚使。这标志着辛弃疾开始担任地方帅臣，应该说仕途进入一个相对上升的时期，表明此前调任转运判官不过是资历上简单过渡一下。

叶衡被罢相，而辛弃疾没有被孝宗视为其同党，反而在地方上给予一定的重用，或许这也给辛弃疾一定的鼓励，让他投入地方封疆大吏的事务中去。

青山遮不住
毕竟东流去
江晚正愁余
山深闻鹧鸪

八
聚散匆匆不偶然,二年历遍楚山川

江陵府即唐代及以前之荆州,湖北路临边,茶寇暴动亦出于此,辛弃疾到任之初,领内治安情况是较为堪忧的。一方面不乏盗贼;另一方面民间将牛、马等军用物资走私入金国境内的现象层出不穷。

辛弃疾决定对此等为了利益而损害国家、民族的行为严惩不贷。他下令,凡胆敢借行商为名,"以耕牛并战马负茶过北界者并依军法",且任何知情不报或为此类违法商贩带路、运送、窝藏者,无论军民,"并依兴贩军须物断罪"。为了进一步杜绝走私现象的发生,他还鼓励相互间检举揭发,一经查实捕获,给予两千贯的重赏,甚至若为走私商贩所雇用之人,或为其出力窝藏之辈,并许自首告发,一概免罪,仍享受同前者的两千贯奖赏。

在具体实施的过程中,也有一些稍谈得上严刑峻法的地方。据《嘉泰会稽志》卷十五《人物志》姚宪传之记载,这位后来接替辛弃疾知江陵府的帅臣,如此描述辛弃疾治理湖北的情况,"故帅得贼辄杀,不复穷究,奸盗屏迹。自仆至,获盗必付之有司。在法当诛者初未尝辄贷一人,而群盗已稍出矣"。则可见辛弃疾为了迅速稳定湖北路的走私和治安问题,以军事化的管理用重典惩治犯法者,甚至不经过有

八、聚散匆匆不偶然,二年历遍楚山川　111

司审理即处死——这种做法在儒家文化的语言里自然是苛暴酷虐,然而对于近边的湖北路来说,效果却出奇地好,奸猾走私者和大小盗贼都在他治下销声匿迹。

正当辛弃疾忙于绥靖地方的时候,江陵府的驻军与地方百姓之间发生了恶性的冲突事件。辛弃疾调查后得知,这是因为江陵统制官率逢原肆意纵容属下兵将殴打布衣平民,引发了剧烈的军民矛盾。在大是大非问题上,一向嫉恶如仇的辛弃疾当即决定上疏弹劾率逢原。

有必要说明的是,通常我们印象中宋朝是一个以文制武的朝代,文官的地位远远高于武官,以至于韩琦面对狄青时有所谓"东华门外以状元唱出者乃好儿,此岂得为好儿耶!"的话语(出自北宋王铚《默记》二十六)。按说宋时安抚使权力非常大,总一路兵政,许便宜行事,但是南宋绍兴后,路设安抚使之制虽仍然存在,但军队事务主要归属"都统制司",民政、刑政各归转运、提刑等有司,安抚使也就颇有些算是大州太守所带的虚衔的意味。而所谓"都统制司",是南宋地方统兵的官署之称。建炎元年时,设御营司都统制,绍兴十一年,罢沿江三宣抚使司,其都统制官以下并以"某州(府)驻扎御前诸军"入衔。南宋前期,在军事上,显然都统制的地位犹在安抚使之上。

而辛弃疾治下的江陵府,当是鄂州、江陵府驻扎御前诸军之所在。不过实际上是两司,都统制驻扎在鄂州,副都统制驻扎在江陵府。而率逢原所任官职为"统制",位次于都统制、副都统制,乃是军一级的统兵长官。这样看来,辛弃疾是地方政府的官员,率逢原是统兵长官,由于安抚使已经不能实际管束御前军队,虽然辛弃疾地位要高于率逢原,他仍然不能"便宜行事",只能上疏给孝宗皇帝,让皇帝决定怎么办。

照理说,辛弃疾是一方帅臣,又带秘阁修撰的清贵贴职,朝廷应该以祖宗家法尊崇文官,何况辛弃疾站了个理字,错的是率逢原,然而事情的结果却令人大吃一惊。孝宗诏令辛弃疾调任知隆兴府兼江西安抚使,率逢原官降两级,以本军副将处置(江陵府驻扎御前诸军都统制司常应有如下官阶:副都统制、统制、统领、正将、副将、准备将、部将、队将、押队、拥队等)。表面上看辛弃疾不过是平调,而率逢原被降了两级军职,算是处罚了,但实则不然。率逢原此后不久即继续升迁,且官运亨通,后来甚至做到了都统制。南宋时人楼钥所撰《攻媿(kuì)集》卷九十五中载:"其甚难者莫如陈源与率逢原二者。……逢原粗暴,恃有奥援,所至凶横。其在池阳,几至军变,为总领郑湜(shí)所发,按其偏裨,上命枢臣镌戒,方待罪间,自副(都)统制升都统。"又据南宋陈傅良《止斋集》卷二十四载:"右臣将指湖湘,已闻率逢原之为人,且见其行事矣。其在江陵,其在襄阳,与今在池阳,监司帅守皆患苦之,屡有文字上烦朝廷。"又说:"至于逢原为帅无状事迹非一,前后臣寮屡有文字。"则据以上可知,率逢原首先是个宫里头有靠山的人,所谓"恃有奥援",因此不管在江陵还是襄阳、池州,都是肆无忌惮,做的乱七八糟的坏事不是一件两件,弄得地方上和他同僚的政府帅臣、漕宪等监司官员都怨声载道,对他十分厌恶。

至于这上面的"奥援"是哪些人,恐怕或许就是曾觌等人为代表的孝宗潜邸之近习,或是宫中得宠之阉竖。无非是靠着赂以财货等手段依傍上了这些佞幸、宦官,所以才一路升迁,屡被奏劾却安然无恙。

反观辛弃疾由知江陵府兼湖北路安抚使调任知隆兴府兼江西安抚使一事,仔细玩味,孝宗的处理似乎把辛弃疾当成了好惹是非之人。若说有近习佞幸在其间以辛弃疾此前与知赣州施元之不和,如今又与率逢原不睦来说事,情理上是完全有可能的。且辛弃疾刚刚得到重镇方面帅臣的职务,不能大展拳脚,又被调任,这种挫败和无力的心情是可以想见的。

在湖北安抚任上,辛弃疾写下一首《水调歌头·和马叔度游月波楼》颇值得注意。词如下:

客子久不到,好景为君留。西楼著意吟赏,何必问更筹(古代夜间报时之工具)。唤起一天明月,照我满怀冰雪,浩荡百川流。鲸饮未吞海,剑气已横秋。

野光浮。天宇迥,物华幽。中州遗恨,不知今夜几人愁。谁念英雄老矣,不道功名蕞尔,决策尚悠悠。此事费分说,来日且扶头。

这首词是辛弃疾写给友人马叔度的。马叔度者,据《文献通考》卷三十三《选举考六》来看,或即为淳熙三年九月应贤良方正能直言极谏科试的亳州布衣马万顷。月波楼,当即在湖北黄冈。

与友人同游之诗词,本是极为寻常之事。然而辛弃疾却从寻常处摹写出极雄壮非凡的话语,若黄钟大吕,如万马奔雷。辛弃疾与马叔度想来于月波楼上兴致颇高,相谈甚欢,因此他说"何必问更筹"。不必管夜色四起,我辛幼安要令日落月升,呼唤漫天银光,好照出我满怀皓皓白雪,忠肝义胆!百川交汇,长江东流,他心中的壮志,好比杜甫所谓"饮如长鲸吸百川",然而人间行路之难,究竟难酬啊!剑气直冲霄汉,充塞秋夜的苍穹。

这里我们不能十分清楚辛弃疾所谓的剑气横秋是不是另有含义,

是有感叹岁月空老呢,抑或是谓自己气盛强横呢？或许都有一些吧。未及不惑,辛弃疾并不想服老,也还认为自己有整顿乾坤的能力和精力,但他又无法完全说服自己。因此下阕里面对着天地间的景色,他迸发出了振聋发聩的呐喊。想来衮衮诸公不乏夜宴达旦的寻欢作乐,中原沦陷的遗恨,今夜又有几人忧愁辗转,难以入眠！英雄空老,事功上仍然无所大成,朝廷的恢复大计却因泛使受挫而心灰意冷,遥遥无期！这些事情又如何说得尽,道得明呢,不如来日接着饮酒图醉吧！

辛弃疾抵达江西安抚任上后并没有就此韬光养晦,仍然一方面为百姓兴修水利;另一方面又奏劾不法官员,然而没有想到的是,在知隆兴府和江西安抚使任上,他又只为官三个月。

同僚们为辛弃疾摆下宴席饯别,他即席赋词一首,《水调歌头·淳熙丁酉,自江陵移帅隆兴,到官之三月被召,司马监、赵卿、王漕饯别。司马赋〈水调歌头〉,席间次韵。时王公明枢密薨,坐客终夕为兴门户之叹,故前章及之》：

> 我饮不须劝,正怕酒尊空。别离亦复何恨？此别恨匆匆。头上貂蝉贵客,苑外麒麟高冢,人世竟谁雄？一笑出门去,千里落花风。
>
> 孙刘辈,能使我,不为公。余发种种如是,此事付渠侬(宋时口语,他)。但觉平生湖海,除了醉吟风月,此外百无功。毫发皆帝力,更乞鉴湖东。

宴席上辛弃疾酒入愁肠,言语间更加毫无忌惮起来。他一句"此别恨匆匆",其中不知多少酸楚！而念及曾贵为枢密使的王炎之去

八、聚散匆匆不偶然,二年历遍楚山川 115

世,他又感叹这人世间,起起伏伏,何曾有人能长盛不衰,强梁无匹!他故作豁达,要仰天大笑出门去,只是这赴临安之路,此去千里,云山万重,清江晚渡吹拂落花之风,未知萧瑟未知祸福啊。

自序里辛弃疾说"时王公明枢密薨,坐客终夕为兴门户之叹",王炎与虞允文不和,宣抚四川后又与当时的四川安抚制置使晁公武不睦,所谓门户之叹,即是指朝中大臣攻讦,党派纷争的情形。"孙刘辈"当是用三国魏晋时孙资、刘放与辛毗之典。《三国志·魏志》卷二十五《辛毗传》曰:时中书监刘放、令孙资见信于主,制断时政,大臣莫不交好,而毗不与往来。毗子敞谏曰:"今刘、孙用事,众皆影附,大人宜小降意,和光同尘。不然必有谤言。"毗正色曰:"主上虽未称聪明,不为暗劣。吾之立身,自有本末。就与刘、孙不平,不过令吾不作三公而已,何危害之有?焉有大丈夫欲为公而毁其高节者邪?"孙资、刘放乃是魏明帝时之宠臣,明帝弥留之际,本想令燕王曹宇为大将军与领军将军夏侯献共同辅政,结果孙资、刘放居然能扭转乾坤,令明帝改以曹爽为大将军与司马懿辅政,可见二人当时在朝廷中之能量。辛毗为文帝明帝是之重臣,颇有志节,不愿谄媚于二人,并说大丈夫不可为求三公美官而自毁名节。

辛弃疾这句话说的是非常露骨尖锐的。他知道自己从牵逢原事件起就得罪到其背后的孝宗之近习内宦,因此他感叹,曾觌、王抃(biàn)之流,能近惑圣聪,使他无法施展才华,实现抱负,非但不能"立登要路津",反而是头发日短,已见衰老之貌!或许恢复大事就只能交付给在座的同僚们努力了,辛弃疾感慨自己"平生湖海,除了醉吟风月,此外百无功",南归十六年,也许只能吟诗作赋,再无其他可为了吧!大如须弥,小如毫发,都是天子的意志和恩赏,不如哪天让我归隐镜湖之东,再勿操心了。

毫发皆帝力——辛弃疾对孝宗甚至也是不无怨怼的,这样轻易地听信佞幸之言,将自己频繁调动,不能久于任上,便连辛幼安都有些心灰意冷起来。

此一时期辛弃疾接连写下多首愁情万丈的诗词。如《鹧鸪天·离豫章,别司马汉章大监》:

> 聚散匆匆不偶然。二年历遍楚山川。但将痛饮酬风月,莫放离歌入管弦。
> 萦绿带,点青钱。东湖春水碧连天。明朝放我东归去,后夜相思月满船。

辛弃疾自淳熙三年以来由江西提刑而京西转运判官,旋又于淳熙四年调任知江陵府兼湖北安抚使,同年秋冬则迁知隆兴府兼江西安抚使,两年来在楚地兜兜转转,任调频繁,这背后的原因辛弃疾难道不明白吗?"聚散匆匆不偶然"乃正是因为近习佞幸的弄权。当此离别,但须痛饮美酒,莫要辜负眼前风月,离歌悲恸,勿入管弦啊!

东湖春水如绿带萦绕,点溪荷叶若青钱而叠,湖光接天,辛弃疾只能借眼前美景去尽力消解心中块垒,至于与同僚和友人别后相思,只能任其如月华之满舟舸一般,深深如许了。

又如《念奴娇·书东流村壁》:

> 野棠花落,又匆匆过了,清明时节。刬地(chàn dì)东风欺客梦,一夜云屏寒怯。曲岸持觞,垂杨系马,此地曾轻别。楼空人

去,旧游飞燕能说。

闻道绮陌东头,行人曾见,帘底纤纤月。旧恨春江流不断,新恨云山千叠。料得明朝,尊前重见,镜里花难折。也应惊问:近来多少华发?

"划地"乃宋时口语,在此处谓无端、只是、依然。或谓此首《念奴娇》当是辛幼安一段未有结果的风流韵事,确有一定道理。"帘底纤纤月"指佳人曾会,亦是诗词常用之法。不过,此时期之辛弃疾即便却有一二风流之事,恐怕心中愁绪更多仍在事功之不立,己身之不被重用上。若说由红巾翠袖而揾英雄之泪,更多也是为了冲淡内心的惆怅。因此一方面他感叹春江东流,长恨春水常东,又添云山千叠,阻隔难近的新愁;另一方面由华发几何和"镜里花难折"催生出一种佳人难再相逢之外的,对自身功业他日是否有成的残酷体认和追问。仔细读来,似乎确是不仅仅佳人易轻别,亦是世间之事,多是镜花水月,难堪执取!这大约是辛幼安离开江西赴临安时的一些所思所想吧!

又如另一首《鹧鸪天·送人》:

唱彻《阳关》泪未干,功名余事且加餐。浮天水送无穷树,带雨云埋一半山。

今古恨,几千般,只应离合是悲欢?江头未是风波恶,别有人间行路难!

《阳关》者,有琴曲《阳关三叠》,此当即王维所作之《渭城曲》也。"渭城朝雨浥轻尘,客舍青青柳色新。劝君更尽一杯酒,西出阳关无故人。"词中对事功难立的慨叹是十分清楚无疑的,"功名余事且加餐",一句功名不可为,不如努力加餐饭的戏谑,其背后是巨大的无奈和痛愤不平之气。"今古恨,几千般,只应离合是悲欢?"更是道破古今,一语气盖千年来的儿女情长、缠绵悱恻之诗词——难道人世间的悲欢只有人与人之间的别离聚散吗?家国仇恨,中州沦陷,不正是人间的大遗憾嘛!然而人间又恰恰是行路难的。鲍照尝有言,"自古圣贤尽贫贱,何况我辈孤且直",不亦谓此乎?

辛弃疾被召回临安后任大理少卿,然其对于案件的复审,也须送审刑院详议,若其断案有误,则又由御史台接管案件之审理,有诸如此类之别。大理寺少卿在南宋时约为正六品。然而辛弃疾在临安大理少卿任上也不能有所寸进,并没有因此得到机会取得孝宗的器重。倒是当时他的上司大理寺卿吴交如病故,可能由于极其清廉等一些原因,居然连棺椁等一应物事都无法置办,辛弃疾出于同僚之谊,解囊相助,又将此情形上奏执政。此事见《宋史》卷四百一《辛弃疾传》:为大理卿时,同僚吴交如死,无棺敛,弃疾叹曰:"身为列卿而贫若此,是廉介之士也!"既厚赙(fù)(拿财物帮助人办丧事。)之,复言于执政,诏赐银绢。

到这年秋天,也就是淳熙五年(1178年)之秋,辛弃疾又被调离中央,任命为湖北转运副使。此次大理少卿之任,亦不过四五个月时间。转运司之长贰官员,俗称漕臣。辛弃疾由提刑(宪臣)而安抚使(帅臣),如今又任职漕台,可谓是把地方上的重要职务都经历了一遍。转运使在宋代总一路之财权,并可纠察郡县官吏,又具有一定的荐举贤能、劝课农业的职责。转运副使为转运司的佐贰长官,如路缺正使,而资浅官员任运司长官,则以副使行正使之职。

次年春三月,辛弃疾又如救火队长一般被从湖北调任湖南转运副使。原来,淳熙六年(1179年)的正月,湖南溪峒蛮(侗族)陈峒聚众造反,连破湖南数个郡县,逐渐聚集起了数千人的军马,声势颇大。此次农民暴动起义,大约是地方官府不顾民间疾苦,强征粮食所致。可以从辛弃疾频繁调任的履历中看到,南宋的高层对于他既不能真正信任,又看中他实干的能力,只是把他当作一个四处救火,办紧急差遣的可堪利用的工具,哪里有困难,就把他支往哪里,太平无事之时,则对他置之不问。

辛弃疾在离开湖北鄂州转运司治所的酒宴上又赋词一首,这首词成为了又一千古名篇。

《摸鱼儿·淳熙己亥,自湖北漕移湖南,同官王正之置酒小山亭,为赋》:

> 更能消几番风雨?匆匆春又归去。惜春长怕花开早,何况落红无数。春且住。见说道、天涯芳草无归路。怨春不语。算只有殷勤,画檐蛛网,尽日惹飞絮。
> 长门事,准拟佳期又误。蛾眉曾有人妒。千金纵买相如赋,脉脉此情谁诉?君莫舞,君不见、玉环飞燕皆尘土!闲愁最苦。休去倚危栏,斜阳正在、烟柳断肠处。

词上阕看似寻常,仿佛不过是伤春之调。在暮春落英凋零的时分,感叹光阴荏苒,时光易逝,而有身世之悲,即所谓"天涯芳草无归路"。若说天公无情,春神不言,诗人偏把挽留春天的痴情着眼于一只在雕梁画栋的屋檐上一厢情愿编织蛛网的小虫身上,它不解四季的盈虚衰杀之变,要阻拦春天离开的脚步,却不过是"尽日惹飞絮"。或者,辛弃疾觉得,自己就是这只想要忤逆天地气运而无可奈何的渺小昆虫?

下阕用汉武帝刘彻之后陈阿娇与唐玄宗李隆基之贵妃杨玉环和汉成帝刘骜之后赵飞燕的典故。陈阿娇是武帝祖母窦太后的女儿馆陶长公主的千金,武帝之得为太子,长公主与有力焉。因此陈阿娇在刘彻登极之后被立为皇后,而《汉书》中言其恃功而骄,善妒失德云云,随着武帝宠幸卫子夫日深,她便被罢废居于长门冷宫。然而昭明太子之《文选》所载司马相如之《长门赋》,其序言幽居长门后,陈阿娇以黄金百斤向相如求诗赋,相如乃作《长门赋》以抒阿娇废居孤寂之苦,终令武帝重幸阿娇。但这大约全是不实之词,陈阿娇既已打入冷宫,何来黄金百斤重贿相如之能力?又如何能于长门宫中私会司马相如、卓文君?且史书中不见武帝重新宠幸阿娇的记载。正是因此,辛弃疾才以离骚的美人、香草自比之传统,将陈阿娇"准拟佳期又误",以为能得到帝王信重的这种白日梦比拟于自身之不被大用。屈原《离骚》谓:"众女嫉予之蛾眉兮,谣诼(zhuó)(造谣、毁谤)谓予以善淫。"李白也曾于《玉壶吟》中说:"君王虽爱蛾眉好,无奈宫中妒杀人。"所谓妒忌蛾眉,词中指向的都是孝宗朝的近习佞幸。深知这一点,因此辛弃疾说"千金纵买相如赋,脉脉此情谁诉?"说白了就是他明白自己在御前没有人帮衬,即使再忠心,皇帝也不知道啊。

然而辛弃疾又是不服输、不认输的偏执个性。香草、美人的自比背后是咬牙切齿、杀气纵横的赌咒:"君莫舞,君不见、玉环飞燕皆尘土!"尔等近习佞幸且莫洋洋得意,似那谗妇长袖善舞,尔曹难道没看见,贵宠无匹的杨玉环、赵飞燕最终都做了尘土么!杨玉环本为玄宗皇帝之子寿王李瑁之妃,后玄宗竟把她纳入宫中成了杨贵妃。一时间"后宫佳丽三千人,三千宠爱在一身",杨贵妃的姐姐们都成了虢国夫人、秦国夫人、韩国夫人等声名显赫的贵戚,族兄杨钊(即杨国忠)甚至成了宰相,杨家富贵荣宠无比。然而安史之乱爆发,玄宗仓皇西狩,到了马嵬坡禁军哗变,杀死了杨国忠和他儿子户部侍郎杨暄及韩国夫人、秦国夫人乃至于御史大夫魏方进后,还要求玄宗皇帝处死杨贵妃。无奈之下,杨贵妃便黯然殒命了。赵飞燕者,汉成帝第二位皇后,与妹妹赵合德并受成帝刘骜宠幸。刘骜无子,赵飞燕助定陶王刘欣成为太子,在刘骜死后刘欣承继大统,成为汉哀帝,赵飞燕一时贵为太后。然而哀帝驾崩后,王莽以成帝母亲太皇太后王政君的名义,废黜了赵飞燕,把她贬为庶人,迫使她自尽而亡。

将杨玉环、赵飞燕比拟于孝宗左右的近习佞幸,这在有心人看来,等于说辛弃疾把孝宗皇帝比作了天宝年间昏聩糊涂的唐玄宗,比作了西汉荒淫无道的汉成帝!怒火宣泄之后,辛弃疾不得不承认"闲愁最苦",空怀青云之志却不能展布才具,龙腾虎跃,何其悲哉!壮志难酬之人,且莫登高凭栏吧,因那斜阳烟柳,正催人断肠!

罗大经《鹤林玉露》甲编卷一《辛幼安词》云:

> 词意殊怨。"斜阳""烟柳"之句,其与"未须愁日暮,天际乍轻阴"者异矣。使在汉唐时,宁不贾种豆种桃之祸哉!愚闻寿皇见此词,颇不悦。然终不加罪,可谓至德也已。

这是说辛弃疾的这首《摸鱼儿》充满怨怼之语,里头有很多牢骚话,令孝宗皇帝读后十分不高兴。罗大经认为,如果辛弃疾活在汉唐时候就整个玩完了,铁定也得个"种豆种桃"的下场。种豆之祸说的是汉宣帝时杨恽(yùn)口无遮拦,取笑、调侃皇帝和朝廷的话语说个没完,被贬为庶人后仍然在家里呼朋引伴,他的朋友孙会宗就写信劝他,意思说你长点心吧,陛下都饶了你一命,你就该低调点,好好闭门思过,怎么还夜夜笙歌,饮酒作乐呢!谁知杨恽就写了《报孙会宗书》回信给他,在信里说:"田彼南山,芜秽不治。种一顷豆,落而为萁(qí)。"表面看是说在南山下种田,结果这田地杂草丛生,荒芜污秽,种一顷地的豆子,才堪堪得到几株光秃秃的秸秆。实际是讽刺汉宣帝治国无术,把朝野搞得一团糟,贤人去位,小人盈朝,这全是宣帝的错。这封信最后被宣帝看到了,勃然大怒,下令腰斩杨恽。

种桃之祸是指刘禹锡之事。唐顺帝时刘禹锡、柳宗元参与王叔文集团主导的"永贞革新",因反对派政变落败后,他被贬为朗州司马,开始了漫长的贬谪生涯,成为了所谓"二王八司马"的其中一员。宪宗元和十年,他转运被召回京师,结果去赏了次桃花后回来写一诗云:"紫陌红尘拂面来,无人不道看花回。玄都观里桃千树,尽是刘郎去后栽。"(《元和十年自朗州至京戏赠看花诸君子》)这诗的意思是明明白白的,即是说,别看现在朝廷里的达官显贵,衮衮诸公,不过都是我老刘离开之后才钻营上来的后辈罢了,有啥了不起的!这下把宪宗朝的新贵大臣们给得罪到骨子里了,于是要把他重新贬离京城,赶到遥远的播州(约在今贵州遵义)去当刺史,得亏御史中丞裴度以刘禹锡上有八十老母为由说情,才改贬连州(约在今广东)。算上最后这一贬,前后有二十三年。刘禹锡回来后还要说"百亩庭中半是苔,桃花净尽菜花开。种桃道士归何处,前度刘郎今又来!"可见此人个性。

仔细想来,如果孝宗确实后来读到过辛弃疾这首《摸鱼儿》,那么以唐太宗李世民自比的他的确会"颇不悦",因此辛弃疾的个性问题,也是其不能得到孝宗信重的一大可能原因,并且尤值得我们注意。

明朝放我东归去
后夜相思月满船

九
漕臣任上论盗贼，安抚一方建虎军

在抵达湖南转运副使任上后，辛弃疾又和湖南的帅臣安抚使王佐有所龃龉。原来，王佐主张对起义的民众采取赶尽杀绝的策略，认为不如此就无法震慑到望风或欲投附的愚民。辛弃疾所掌的转运司却认为朝廷的兵马已经对陈峒起义军形成合围堵截的态势，不应继续大规模用兵，从而妨碍到农时。或许辛弃疾认为此时已到了招抚的合适时机，抑或者他认为可乘势令部分地方弓手、壮丁等回乡务农，然而王佐并没有采纳这些建议。

起义军战败后，大部皆为朝廷之官军杀戮，这在对农民之困苦已有较为深刻认识的辛弃疾看来，是不可接受的，也与他当年平定赖文政茶商军时所采取的智诛首恶，余皆不问的策略迥然相反。

然而王佐大兵进剿，杀戮无遗的主张显然得到孝宗皇帝的支持。王佐因此功劳得到擢拔超升，辛弃疾却在同僚庆贺的场面话中暗发讥讽之语。他写下一首《满江红·贺王帅宣子平湖南寇》，上阕看着颇为正常，用诸葛孔明五月渡泸，深入不毛而平定孟获之典故赞美王佐；然而下阕却有一句"金印明年如斗大，貂蝉却自兜鍪（móu）出"。

按南宋周密所撰《齐东野语》卷七所载：

> 宣子乃以湛功闻于朝,于是湛以劳复元官,宣子增秩。辛幼安以词贺之,有云:"三万卷,龙头客,浑未得文章力。把诗书马上,笑驱锋镝。金印明年如斗大,貂蝉元自兜鍪出。"宣子得之,疑为讽己,意颇衔之。

宣子为王佐之表字。据此,则平定陈峒后王佐所起用的谪居潭州之武将冯湛官复原职,王佐本官也得到擢升。而他读了辛弃疾写的贺词后,就心疑这里面有文章,是辛稼轩在打他耳光,于是心里很怨恨于此。

若我们详玩词句文义,确乎大约里面是有一些讥讽的意味。前半句"金印明年如斗大"字面看无问题,是恭祝王佐官运亨通,年年升官,然用语之直接又似有戏谑之味。这还不算什么,关键在后半句"貂蝉却自兜鍪出"。貂蝉者,前文已述,非是后世罗贯中所谓之貂蝉,乃是汉代达官显宦冠帽上的一种装饰物,即貂尾与蝉羽。兜鍪即是武将所戴头盔的意思。因此这句是说,王佐作为一名文官士大夫,升迁的功劳不料却是由战功而得来。看似只是在补叙王佐平寇之事,实际就颇有些讥讽王佐对湖南起义的穷苦百姓杀戮过甚的意思了。反过来想,这句诗词我们也可以这样理解,你王佐一文官,不好端端地为民父母,教化州郡,却把升官发达建立在杀得人头滚滚的血腥酷虐之上,好像太过分了吧。

这种文人的夹枪带棒,若是一不通文墨的武夫,大约是看不太明白的。但王佐却并非寻常人,乃是绍兴十八年进士第一人,也就是所谓状元,"貂蝉兜鍪"云云,如何难得倒他呢?因此王佐忌恨上辛弃疾,也就极有可能和可信了。

大约在这一时期,辛弃疾又写下一首意境堪玩味的词,即《阮郎归·耒阳道中为张处父推官赋》:

> 山前灯火欲黄昏,山头来去云。鹧鸪声里数家村,潇湘逢故人。
> 挥羽扇,整纶巾,少年鞍马尘。如今憔悴赋招魂,儒冠多误身。

耒阳即是在荆湖南路境内,张处父未知何人,我们只能知道他是辛稼轩的朋友,且有官身,为推官。在这首词里辛弃疾对于在湖南看到的种种官逼民反的惨剧,深为惆怅无奈。帅臣王佐大肆屠戮揭竿而起欲求活命的起义百姓,稼轩作为漕长没有能够阻止不必要的杀戮扩大化,他又深为自责。下阕羽扇纶巾,看似倜傥的形象却最后落实于"憔悴赋招魂,儒冠多误身"之上,可见令稼轩愤懑不平的不仅仅是起义百姓的殁命,也有对自己无法完全执掌方面之任,以图事功而成恢复大业的无奈。杜甫曾谓"纨绔不饿死,儒冠多误身",或许在稼轩看来,善于逢迎上意的人就一路平步青云,而心中有所操节大志,不可随意妥协的,就只能坎坷不平了。他应该已经多少有了这种认识和觉悟。

对于民众的疾苦,思索再三,辛弃疾写成了一篇《论盗贼札子》上奏给孝宗皇帝。其中说:

> ……臣闻唐太宗与群臣论盗,或请重法以禁,太宗哂之曰:"民之所以为盗者,由赋繁役重,官吏贪求,饥寒切身,故不暇顾

廉耻尔。当轻徭薄赋,选用廉吏,使民衣食有余,则自不为盗,安用重法耶?"大哉斯言!……

臣姑以湖南一路言之。自臣到任之初,见百姓遮道,自言嗷嗷困苦之状。臣以谓斯民无所诉,不去为盗,将安之乎?臣一一按奏,所谓"诛之则不可胜诛"。臣试为陛下言其略:

陛下不许多取百姓斗面米,今有一岁所取,反数倍于前者;陛下不许将百姓租米折纳见钱,今有一石折纳至三倍者,并耗言之,横敛可知;陛下不许科罚人户钱贯,今则有旬日之间追二三千户而科罚者;又有已纳足租税而复科纳者,有已纳足、复纳足,又诬以违限而科罚者;……有以贱价抑买,贵价抑卖百姓之物,使之破荡家业,自缢而死者。有二三月间便催夏税钱者。其他暴征苛敛,不可胜数。

然此特官府聚敛之弊尔。流弊之极,又有甚者:

州以趣办财赋为急,县有残民害物之政而州不敢问;县以并缘科敛为急,吏有残民害物之政而县不敢问;吏以取乞货赂为急,豪民大姓有残民害物之罪而吏不敢问。故田野之民,郡以聚敛害之、县以科率害之、吏以取乞害之,豪民大姓以兼并害之,而又盗贼以剽杀攘夺害之。臣以谓"不去为盗,将安之乎",正谓是耳。

且近年以来,年谷屡丰,粒米狼戾,而盗贼不禁乃如此,一有水旱乘之,臣知其弊有不可胜言者。

民者,国之根本,而贪浊之吏迫使为盗。今年剿除,明年扫荡,譬之木焉,日刻月削,不损则折。臣不胜忧国之心,实有私忧过计者。欲望陛下深思致盗之由,讲求弭盗之术,无恃其有平盗之兵也。

臣孤危一身久矣,荷陛下保全,事有可为,杀身不顾。况陛下付臣以按察之权,责臣以澄清之任,封部之内,吏有贪浊,职所当问,其敢瘝(guān)旷(旷废也,耽误,荒废。),以负恩遇!自今贪浊之吏,臣当不畏强御,次第按奏,以俟明宪。……但臣生平刚拙自信,年来不为众人所容,顾恐言未脱口而祸不旋踵,使他日任陛下远方耳目之寄者,以臣为戒,不敢按吏,以养成盗贼之祸,为可虑耳。

伏望朝廷先以臣今所奏,申敕本路州县:自今以始,洗心革面,皆以惠养元元为意。有违弃法度,贪冒亡厌者,使诸司各扬其职,无徒取小吏按举,以应故事,且自为文过之地而已也。臣不胜幸甚。

辛弃疾从唐太宗贞观之治的角度入手,开始讲自己的看法。他说,唐太宗和群臣们谈论百姓为盗的问题,有的大臣请求以严刑峻法的办法来禁遏犯罪。唐太宗就笑道,百姓为盗的原因在于赋税和徭役繁重,官僚和吏员又贪求无度,使得他们饥寒交迫,所以为了活命就没工夫去顾及礼义廉耻了。正因为如此,故应当减轻百姓们的徭役和税赋的负担,选用廉洁的官吏,使百姓们衣食有余,那么就自然不会去做杀人越货或是劫掠州县的贼寇了,哪里用得着严刑峻法呢?这些话说得真是好!

他又进一步以荆湖南路的实际情况来说明。稼轩说,自从他抵达湖南境内,看到百姓们拦路诉苦,纷纷哀号困窘贫苦的现状。他认为,荆湖南路的这些百姓像这样无处申诉,如果他们民不聊生的情况得不到改善,他们不抛弃田垄,沦为贼寇,还能去哪里活命呢?他一一按察上奏,又可谓是若行诛杀,却杀之不尽。

辛弃疾又分析如今官府聚敛到了何等触目惊心的地步。他说,陛下不允许地方多取百姓斗面米(南宋于夏秋两税之外,又常有"正耗""加耗""和籴米""斗面米"等赋税。),现在有一年所征缴的数额,反而几倍于之前的情况;陛下不许地方将百姓的租米折纳成现钱,现在有将一石租米折价到三倍实际价格的情况,并且还要加上各种损耗的附加费用,他们的横征暴敛也就可想而知了!陛下不允许随意处罚纳税户钱贯,现在有十来日内便追迫两三千户人家而处罚他们,令其缴纳钱贯的;又有已经缴纳完全部租税而再次令其缴纳的,有已经缴纳完毕又再缴纳过一遍,却又以超过规定时间为理由处罚的……有用低贱的价格强买,高价强卖给百姓的,使他们家业耗尽,不得不上吊而亡的情况。有在两三月的时候就催缴夏税的。其他横征暴敛的情况,就更加不可胜数了。

稼轩接着深入分析这背后的原因。他说,州郡把又快又急的办好财赋工作当成要紧的急务,因此下属的县里如果有残害百姓的苛政,州郡就置之不理,不予质问;同样的,县衙里官吏相互勾结,把搜刮民脂民膏当成急务,那么吏员有残害百姓的言行,县就置之不理,不予质问;小吏们以拿到财货为急务,于是高门大户,富绅豪右有残害贫民的罪责,他们也置之不理,不予质问。所以田野之间的困苦百姓,州郡以赋税聚敛祸害他们,县以征收财物祸害他们,小吏以巧取豪夺祸害他们,大地主们用土地兼并祸害他们,而又有强盗贼寇以劫杀抢夺祸害他们。他表示,自己之前所说的"不去为盗,将安之乎",正是基于此!

辛弃疾甚至直言不讳地说,近年以来,还算是五谷丰登,屡屡有丰收的好年,州县里往往粮米堆积甚多,但是盗贼频出的现象却像这样难以禁止,一旦有水旱之灾趁势而来,恐怕就有难以言尽的弊端灾祸!

稼轩遂提出他一针见血的犀利观点:百姓,是国家的根本,而贪污腐败的官吏迫使他们沦为盗寇。今年剿除,明年扫荡,就譬如一根木头,每天刻一点,每月削一些,最终不是损毁就是折断。他向孝宗提出殷切的期望,希望皇帝陛下可以深思"民去为盗"的原因,讲求消弭盗寇的办法,而不是去一味依仗有剿灭、平定盗寇的军队。

在札子的最后,辛弃疾表示自己早已经以身许国,只要能仰仗着陛下的支持保全,赴汤蹈火,在所不辞。并说自此凡察知贪污腐败的官吏,他便不畏强梁,会一一按察奏禀,以待国法惩治。这也是辛弃疾一直以来坚持的。稼轩还向孝宗提供了一个具体操作的方法,即由朝廷明令申敕荆湖南路州县,责成官吏自今以后,洗心革面,都把惠养百姓放在心上。有违法乱纪,不顾国家法度,贪渎无厌的,就令地方监司各自按职责弹劾,不要只检举一些小吏来应付了事,来文过饰非掩盖治下的腐败贪污之罪行。

实际上辛弃疾对于官府的横征暴敛之原因应该有更深刻的认识,但是囿于这是给皇帝的札子,不可能在其中言及更深层因素和归罪于最高统治者。然而我们仍然能很容易地从中看到一位文人士大夫的良心和洞若观火的敏锐以及直言不讳的勇气。

孝宗皇帝出于维护帝国统治的需要,览奏后作了一番批降指挥,并令各路帅臣监司遵守施行。但是他对以上问题的回答,全都避重就轻,只是把责任都推诿到地方官员身上,认为盗贼频现是官吏贪污而监司按察不力;盗贼横行是因为平日武备不修,将兵不练等,完全回避了南宋对百姓的盘剥科敛之甚。

不久之后,集英殿修撰湖南帅臣王佐除显谟阁待制,徙知扬州,辛弃疾接替王佐调离之后的空缺,知潭州兼湖南安抚使。重掌地方之任,抚帅一方的辛弃疾立刻展开了雷厉风行的各项施政举措。

淳熙七年(1180年)春天,稼轩奏请用官米募集民众,浚筑陂塘,使官米遍及小民又得以兴修水利。又以桩积米赈粜(tiào)(售米赈救)永州、邵州、郴州,缓解当地的粮食紧缺和官民矛盾。此外,辛弃疾还大力整顿了豪民大户所统领的地方武装,也就是所谓"乡社",使"大者不过五十家,小者减半"。这些富绅豪右之家,历来惯于抗拒朝廷法度,或阳奉阴违,或纠集蠢氓,因此整顿乡社,对于州郡政令及于闾里乡野,都是很有裨益的。鉴于此前峒民起义,辛弃疾奏请于郴州宜章县、桂阳军临武县开办学校,教化少数民族。能够认识到以文教手段同化少数民族,缓解峒汉矛盾,这又是稼轩棋高一着的地方。另一方面,当他察觉到知桂阳军的官员赵善珏将百姓租赋折纳银两征缴,且赢余贪墨入私囊后,立刻上奏弹劾,使此贪官被罢职。在经济上,为了筹措费用,稼轩又不惧非议,将当地的税酒法变为榷酒法,即变民营而官府征税为官办专营,在当时的情况下增加了地方财政的收入。

但稼轩在湖南安抚使任上最重要的举措并非以上这些,而是一件颇为大胆的创举。

五代以来,武臣拥兵自重甚至窃夺神器自立的屡见不鲜,赵宋亦是因为得位不正,以武将而取国于孤儿寡妇之手,因此尤为注意对武臣兵权和军队多方束缚、掣肘。因此有宋一代,除特殊时期外,多是兵卒乏练,将不知兵,禁军苟营,厢军供役,军队的战斗力极其堪忧。这就是何以赖文政、陈峒等人不过揭竿而起,人数有限的民夫成"军",竟能打得官军损兵折将,颜面扫地,横行州县,帅守失措。

辛弃疾的最高理想毫无疑问是光复中原,北定幽燕。而要做成这些大事,都必须有强大的军队如臂指使才行。自古以来,未有军旅老弱而能平定天下的。但辛弃疾已经不是初入仕途的愣头青,他亦知道事情须一步一步地做。因此创编一支强军的想法经过酝酿后,他向孝宗上了一封奏疏。

其中说:"……平居则奸民无所忌惮,缓急则卒伍不堪征行。至调大军,千里讨捕,胜负未决,伤威损重,为害非细。乞依广东摧锋、荆南神劲、福建左翼例,别创一军,以湖南飞虎为名,止拨属三牙、密院,专听帅臣节制调度,庶使夷獠知有军威,望风慑服。"

这是说,现在地方上的禁军厢军多是战力低下。平时甚至无法弹压奸民,危急时刻需要用他们时又派不上大用。等到调拨别处大军,千里行军讨捕围剿,胜负未决,已经使得朝廷和地方的威严体面都受到巨大损失,为害何止是一点点啊!辛弃疾请求依广东摧锋军、荆南神劲军、福建左翼军的体例,在湖南别创一支军队,命名为飞虎军,只隶属三衙(即殿前司、侍卫亲军马军司、侍卫亲军步军司,此三司合称三衙。这里当是指侍卫亲军步军司)和枢密院,在地方上专听帅臣节制和调度,大约就能使得溪峒蛮夷等知晓朝廷军威,望风慑服,不敢生事了。

从奏疏中可知,辛弃疾告诉孝宗的理由是"庶使夷獠知有军威,望风慑服",但我们完全可以相信,他内心是渴望自己能够一步步练出一支足以与北房周旋,直至最终克复中原,威势如汉水之东流,洗尽髭(zī)胡膏血的无敌王师的。

得到孝宗皇帝诏书准许之后,辛弃疾便开始了创立军队的各项工作。由于他早已在胸中打有腹稿,深思熟虑过多次,因此创建飞虎军的工作基本有条不紊地开展起来。他一面令人从广西境外购置五百马匹,又令飞虎军营寨所选地方之囚犯凿运石料,许其抵偿减罪,既保证了工程的进度,又减少了所需费用,可谓一举数得。

据《宋史》稼轩本传云:

> 诏委以规画,乃度马殷营垒故基,起盖砦(zhài)栅,招步军二千人,马军五百人,傔(qiàn)人在外,战马铁甲皆备。先以缗钱五万于广西买马五百匹,诏广西安抚司岁带买三十匹。时枢府有不乐之者,数沮挠之……

从此条可知一些有关飞虎军的基本信息,如营寨选于五代十国时期南楚开国之君马殷之故垒处。规模约为步军两千,骑兵五百,尚不包含将校骑兵的侍从在内,且战马亦备铠甲。关键是其中说,当时枢密院内有对辛弃疾创建飞虎军感到不乐意,不爽快的人,屡次阻挠、掣肘,那么这个人或者这些人可能是谁呢?

按淳熙七年之际,朝廷中枢密院内乃有枢密使王淮、签书枢密院事谢廓然、枢密都承旨王抃、枢密院编修王蔺等。

据《宋史》卷三百八十五《龚茂良传》:

> 时曾觌欲以文资禄其孙,茂良以文武官各随本色荫补格法缴进。觌因茂良入堂道间,俾直省官贾光祖等当道不避。街司叱之,曰:"参政能几时!"茂良奏:"臣固不足道,所惜者朝廷大体。"上谕觌往谢,茂良正色曰:"参知政事者,朝廷参知政事也。"觌惭退。上谕茂良先遣人于觌,冲替(贬降官职)而后施行。茂良批旨,取贾光祖辈下临安府挞之。手诏宣问施行太遽,茂良待罪。上使人宣谕委曲,令缴进手诏,且谓:"卿去虽得美名,置朕何地?"茂

良即奉诏。

谢廓然赐出身,除殿中侍御史,廓然附曾觌者也。中书舍人林光辅缴奏,不书黄,遂补外。茂良力求去,上谕曰:"朕极知卿,不敢忘,欲保全卿去,俟议恢复,卿当再来。"是日,除职与郡,令内殿奏事,乃手疏恢复六事,上曰:"卿五年不说恢复,何故今日及此?"退朝甚怒,曰:"福建子不可信如此!"谢廓然因劾之,乃落职放罢;寻又论茂良擅权不公,矫传上旨,辄断贾光祖等罪,遂责降,安置英州。父子卒于贬所。

这是说,孝宗宠信的近习曾觌想要按照文官年资来荫补其子孙,且估计这事情曾觌老早在孝宗皇帝那里通过了。然而当时行使宰相职权的参知政事龚茂良却毫不通融,要曾觌完全按照朝廷制度,文武官员各按文武年资荫补子嗣,不允许隶属武官的曾觌开后门。曾觌自然大光其火,就指使贾光祖找了个机会在入宫的路上堵住了龚茂良的车驾。按宋朝制度,宰相应该是礼绝百僚的,低级官员自然应该为高级官员让路,现在居然敢当街阻拦,传出去是很令宰辅丢脸的事情。街司的小吏斥责着叫贾光祖别挡道,哪知道他反而对着龚茂良叫嚣:"看你参知政事能做到几时!"事后龚茂良自然不肯罢休,上奏弹劾,并表示自己不算什么,但事关朝廷制度和体面。孝宗皇帝看这事上升到这高度了,就告诉曾觌服个软算了,让他去道歉。但孝宗到底是个拉偏架的,他又不忘告诉在这件事情里并无过错的龚茂良,让他先派个人知会一下曾觌以示友好,然后再贬降贾光祖。结果龚茂良立刻由政事堂下达命令,把贾光祖抓起来揍了一顿。孝宗一看龚茂良这火暴脾气,就下手诏问他为何办得这么急,这么凶呢?龚茂良干脆以退为进,在家里表示待罪请辞。孝宗只好派内侍去传口谕抚慰他,又收回手诏,说:"卿辞官虽然博得一个美名,但把朕放在了哪儿?"意思是你可别让皇帝背锅啊。龚茂良这才算奉诏,不辞职了。

谢廓然由孝宗赐进士出身,因为依附曾觌而得授殿中侍御史的美官。中书舍人林光辅一看这是近习干政,于是封还大内的皇帝敕令,表示不能草诏办理,因而被外放。龚茂良见状又乞求去职出外,孝宗抚慰说:"朕是很了解你的,你的忠心,朕不敢忘记啊,还是想要保全卿,让卿得以如愿去职的。等到朝廷他日议论恢复中原的大事时,还要卿再入中书的。"于是当天就授予职务差遣,出外就州郡,陛辞之际令他内殿奏事,龚茂良便写了六条有关恢复大业的观点。孝宗览奏后怒不可遏,说:"卿五年来都不说恢复之事,为何今日偏说了如许多?"皇帝退朝后还没消气,认为龚茂良愚弄君父,奸猾恋权,想靠议论恢复骗取久居相位。孝宗甚至因为龚茂良是福建莆田人而想到了王安石骂吕惠卿的事,开口骂道:"福建子不可信到了如此地步!"本传中又说:"或谓觌密令人诛(xù)(引诱、诱骗)之云:'若论恢复,必再留。'茂良信之。"即是说当时有说法是曾觌暗中令人诱骗龚茂良,告诉他说如果议论恢复北伐之类的迎合陛下的事情,必定能被再次留在相位上。总之这里面必然有曾觌的阴谋弄权成分,之后谢廓然便以此为理由弹劾龚茂良,龚茂良即被免除前授州郡差遣等职,不久又弹劾他擅权枉法,矫传陛下旨意,武断轻率而不符合法律程序地给贾光祖断了罪。于是龚茂良再被贬官,安置于英州,最后父子俩死于贬所。

龚茂良本身是个战斗起来角度颇刁钻的人,常以"水至阴也,其占为女宠,为嬖(bì)佞,为小人专制"。"荧惑(即火星)入斗,正当吴分(吴之分野。指吴地。此即指南宋也),天意若有所怒而未释。"这类耸人听闻却惯能恐吓到统治者的天文玄学来主张斥逐近习佞幸。然而即便是所谓"荧惑入南斗,天子下殿走"的谚语也不能吓到孝宗。孝宗不是梁武帝,他只会护短说,都是朕潜邸旧臣,不是一般的近习啊,何况他们文学好,敢提意见,从不干政啊!龚茂良被斥逐是淳熙年间一大事,也是理解孝宗朝政治的关键所在。

则据以上材料可知,在孝宗淳熙年间罢斥参知政事龚茂良的大风波中,充当爪牙和先锋的正是谢廓然,此人也是近习曾觌的党羽,于中又可见孝宗朝诸近习能量之大,干政之甚。谢廓然签书枢密院事在淳熙七年五月,即在辛弃疾开始创设飞虎军工作展开的前后。因此,进入枢府后想要多方破坏辛弃疾成军计划的,很有可能就有此人之手脚。

据《宋史》卷四百七十《佞幸传》中王抃之本传云:时抃与曾觌、甘昪相结,恃恩专恣,其门如市。则又可知,此时枢密院中之枢密都承旨王抃亦是与曾觌一丘之貉。至于此时任枢密院编修的王蔺,其对稼轩之观感,自为无需多言。

于是,枢密院便以湖南帅臣辛弃疾剖克聚敛,民不堪命为由在孝宗皇帝面前打起了黑枪。孝宗到底是个耳根软的皇帝,他一方面想做克复中原的中兴雄主;另一方面又怕自己在青史上留下个盘剥酷虐的恶名,当下令枢密院发金字牌至潭州,即命令辛弃疾停止一切建军工作和场所营造等。所谓金字牌即宋朝速度最快的驿传公文手段,又名金字牌急脚递,快于步递、马递,按《梦溪笔谈》之记载,可日行五百里。当年岳飞被勒令班师所用之物,亦是此金字牌。

到了这一步,辛弃疾建设飞虎军的努力也许可以说已经成为泡影了,收到金字牌后他按照法度来说只能尊奉上意,别无他法。

然而辛弃疾端详着手里的金字牌,脑海中飞速转过无数个念头,他决不肯让飞虎军的建设中途破产,他要学一学"将在外,君命有所不受!"

据《宋史》卷四百一《辛弃疾传》:议者以聚敛闻,降御前金字牌,俾日下住罢。弃疾受而藏之,出责监办者,期一月飞虎营栅成,违坐军制。如期落成,开陈本末,绘图缴进,上遂释然,时秋霖几月,所司言造瓦不易,问:"须瓦几何?"曰:"二十万。"弃疾曰:"勿忧。"令厢官自官舍、神祠外,应居民家取沟檐瓦二,不二日皆具,僚属叹伏。军成,雄镇一方,为江上诸军之冠。

稼轩将金字牌藏匿起来,不令湖南地方监司官吏知晓,同时下令加快工程进度,限期一月完成,如逾期未成,则军法处置。当时正值雨季,监工的僚属答以烧瓦不易。辛弃疾得知仍需二十万片瓦后,当机立断,令潭州厢官向民间除官舍、神祠外,每户民居家取两片檐前瓦,两天内就收集到了所需的二十万片瓦,帅司僚属都叹服辛弃疾的临机应变能力。值得一提的是,金字牌在宋代是极为重要的一种军中邮递制度,通常决不允许收发环节有人隐匿。据《三朝北盟会编》卷三十二:"斩内侍官匿金字牌者三人。初朝廷发金字牌勾兵陇西,内侍官暗留不遣。及马千等至皆云:不见金字牌,但闻京城危急来赴难,由是发觉故斩之。"可知,辛弃疾将金字牌藏匿起来是要冒极大的政治甚至生命危险的,这种勇气不得不令人折服。

这样一来,飞虎军建成后辛弃疾才把前后建军各种费用支出,具体来源,营寨绘图等都上奏给孝宗皇帝,禀明一应具体情况。孝宗从辛弃疾的奏疏中知道了所谓的"聚敛"只是空穴来风,便也就对此释然了,并没有追究辛弃疾不遵御前金字牌指挥的罪过。朝廷将飞虎军隶属于三衙中的步军司,这支飞虎军据《宋史》本传所载,成为了雄镇一方,江上诸军之冠,可见是颇有战斗力的。不仅时人如朱熹等称赞其功在一方,湖南一路赖飞虎军得安宁,甚至几十年后,还有大臣如卫泾在奏疏中说辛弃疾所创建的飞虎军"非特弹压蛮徭,亦足备御边境,北虏颇知畏惮,号虎儿军"。虽说有关金人畏惧飞虎军的说法可能颇有些夸张,但也足见辛弃疾在创建军队上过人的能力和他非凡的军事才能了。

然而在赞扬声之外,亦有不同的声音和意见。且持不同意见的人,身份极为贵崇显要,此人便是周必大。孝宗朝宰辅更迭极为频繁,虞允文罢相后,甚至有两年半的时间没有宰相,仅以龚茂良参知政事代行宰相之权责。自绍兴三十二年六月到淳熙十六年二月,二十六年间有十七位官员先后拜相,更迭凡二十一任次,任职参知政事者凡三十四人之多。孝宗朝参知政事权责远重于高宗时期,在淳熙七年之时,周必大正是参知政事。而不同于一般的宰辅执政走马灯式的轮换,周必大自淳熙七年以后一直稳居权力中枢,处于南宋最高统治层,官运亨通,分别于淳熙十四年拜右相,十六年又进左丞相,可谓深得孝宗器重。

然自稼轩平定赖文政茶商军之乱时,周必大即称辛弃疾为人"轻锐",以为其刚愎自用,冒进喜功。此番飞虎军之建设,后来周必大于淳熙十年《与林黄中少卿书》中说:"长沙将兵原不少……若精加训练,自可不胜用。而辛卿又竭一路民力为此举,欲自为功,且有利心焉。……以飞虎易鄂戍,去冬尝与侍从商量,而王宣子谓'此皆乌合无赖,在帅府,成队伍,方帖帖无事,若使出戍,无异虎兕(sì)出柙(xiá)'……"

林黄中者,太常少卿林栗也。周必大在写给他的信中说,荆湖南路本来将官兵士都不少,如果好好训练,自然缓急之时就绝对够用了。但是辛弃疾却耗竭一路民力来别创一军,想要以此为自己的大功劳,这是有求利之心啊。有关将飞虎军由湖南路调拨湖北戍守一事,去冬以来曾和侍从官们商量,王佐就说,这些兵痞都是乌合无赖,在帅府成军后就地管束着,还能平安无事或许,如果让他们去其他路、州郡戍守,无异于把飞禽走兽、蛇虫毒物都放出笼子,为害一方啊!

　　可见时任参知政事的周必大对辛弃疾的为人、飞虎军创设的必要性和后续作用都持反面的看法,而他又将长期处于南宋最高决策层中,这无疑对稼轩来说是一种大不幸。那么创立了飞虎军之后,辛弃疾将能够一飞冲天,克复中原吗?

十

江右除却古旱魃，带湖买得新风月

　　淳熙七年(1180年)年末，辛弃疾刚刚在湖南安抚使任上做了一年左右的帅臣，飞虎军亦刚刚创建完，处于训练之中，朝廷的诏令又一次下达：加右文殿修撰之贴职，改知隆兴府兼江西安抚使。所谓右文殿修撰者，亦属高等贴职，原本叫集贤殿修撰，徽宗朝政和五年改为右文殿修撰之称，位次于集英殿修撰，为从六品。

　　时江南西路正闹着严重的旱灾，辛弃疾到任后面临着严峻的形势。老百姓们本就面临着各种朝廷的苛捐杂税和地方官吏的盘剥，遇到此凶年，更是可能饿死于沟壑之中。米价飞涨，饥饿不堪的百姓们聚集在一起是一件很可怕的事情，任何地方官员都不愿看到民变的爆发。因此辛弃疾一方面要想方设法缓解江西粮荒的难题，另一方面要防止饥民暴动。

　　他果断地在隆兴府等地的要道上张贴官府榜文，上面只有八个大字：闭籴(dí)（买进粮食）者配，强籴者斩！

　　榜文的意思是说，想要囤积居奇，捂着不许人家来买米的商人，对不起了，官府要抓起来充军刺配；另一方面，如果有人胆敢强买抢粮，则处以极刑，大辟之，杀无赦！

简单明了的榜文省却了一切繁琐虚化的辞藻,直截了当地直指问题核心,粮商不可闭籴,饥民不可劫米,先把形势稳定下来。朱熹在《朱子语类》卷一百十一《论民财》中就极称赞此举措,说:"这便见得他有才。此八字若做两榜,便乱道。"

但仅靠城内粮商的米显然不能解决江西一路之旱情,因此辛弃疾下令,将官府所存钱货全数拿出作为买粮经费,召集江西各地有才干名望的官吏、儒生和商贾豪门,让他们以零利息的方式向官府借钱,然后去各地买进粮食,限一个月内运送至隆兴府城下。这样,既最大可能的调动了社会资源,又让饥民们看到了地方政府的举措,也彻底打消了还在观望,想要玩弄屯米伎俩而哄抬粮价的奸商的小算盘。

在这样的措施下,不久之后,装载着一代代大米的运粮船接二连三地抵达,江南西路的粮价也就因此下跌,老百姓们都吃得上饭了。当时信州知州谢源明也苦于旱灾民饥,向辛弃疾来函请求帮助,幕僚们劝他这种没好处的事情还是别做吧,这花出去的可都是自家府衙的公款,哪能送人呢!辛弃疾回答:"天南地北的老百姓,都是我皇宋赤子,均为陛下之子民,怎么可以见死不救呢?"他毫不迟疑地将十分之三的粮船赠送给了信州。

以上据《宋史》卷四百一《辛弃疾传》:

> 时江右大饥,诏任责荒政。始至,榜通衢曰:"闭籴者配,强籴者斩。"次令尽出公家官钱、银器,召官吏、儒生、商贾、市民各举有干实者,量借钱物,逮其责领运籴,不取子钱,期终月至城下发籴,于是连樯而至,其直自减,民赖以济。时信守谢源明乞米救助,幕属不从,弃疾曰:"均为赤子,皆王民也。"即以米舟十之三

予信。帝嘉之,进一秩。

淳熙八年(1181年)江南西路的春夏在辛弃疾的救荒施政下得以安然度过,饥民得食,市肆得安,没有出现任何饿殍遍地、流民暴乱的景象。因此孝宗为表嘉勉,加辛弃疾本官一级,由宣教郎升为奉议郎。(按宣教郎即宣德郎。徽宗政和四年因与宣德门相犯,改为宣教郎。北宋初为正七品下,后定为从八品。奉议郎由太常、秘书、殿中丞、著作郎阶改而来,正八品。宋代本官升迁不易,京朝官品级的七八品本官,已不为低微。)

然而贴职和本官的升迁并没有让稼轩感到多少欣喜,朝廷将他频繁地随意调动,久任于一方而得练强军、谋事功的愿望都一一落空,既看不到入中枢为宰执的丝毫希望,也没有地方上不为遥制,任其展布的可能。这一时期辛弃疾的词作中,集中体现了这种对仕宦的失落失望,对功业的悲观。

如《满庭芳·和洪丞相景伯韵》:

倾国无媒,入宫见妒,古来颦损蛾眉。看公如月,光彩众星稀。袖手高山流水,听群蛙、鼓吹荒池。文章手,直须补衮(补救规谏帝王的过失),藻火(谓衣饰图形)粲宗彝。(天子祭服上所绣虎与蜼的图象。)
　　痴儿公事了,吴蚕缠绕,自吐余丝。幸一枝粗稳,三径新治。且约湖边风月,功名事、欲使谁知。都休问,英雄千古,荒草没残碑。

洪丞相指的是乾道元年(1165年)十二月拜尚书右仆射同中书门下平章事兼枢密使的洪适,此人在恢复事业之态度上虽然主守,但亦是

十、江右除却古旱魃,带湖买得新风月　143

反对近习干政的,且文名满天下,在第二年三月被罢相。闲居家中的洪适写下一首《满庭芳》,其弟洪迈经过豫章,稼轩便在款待之余作词酬和。

上阕谓洪适昔年由翰林学士、中书舍人两制之位骤登宰执,引人侧目嫉妒,古来皆是奸佞东施效颦,却偏能掩袂工谗,惑乱君上,致使贤臣左迁去职。稼轩赞美洪适才高如月,众人不及,有若群星之衬月华。丞相虽隐逸林泉,但高山流水之下,亦是有群蛙荒池、复归自然的乐趣。千古文章,丞相手笔,自可以补谏朝廷之失,为帝王功业增添华彩。

下阕承上意,谓洪适虽赋闲在家,仍如吴地春蚕,吐丝不已,挂念朝野军民事。然稼轩笔锋一转,又说譬如《逍遥游》中所谓"鹪鹩巢于深林,不过一枝",如今洪丞相你也幸得悠游林下,可以修葺草木花石之属,不如且赏心于湖边风月,至于功名事,成败又欲谁人知呢?不如一切莫问,千古英雄,尽没于荒草残碑里!

从中不难体会,这些劝慰酬和洪适淡忘功名,享受隐逸闲居的话语,其实也是稼轩对自己的满腹牢骚和失望惆怅!他难道不明白朝廷对待自己,根本毫无重用的诚意,只是让他哪里有难去哪里,当一个救火队长吗? 他是心知肚明的。

又如《沁园春·带湖新居将成》:

三径初成,鹤怨猿惊,稼轩未来。甚云山自许,平生意气;衣冠人笑,抵死尘埃。意倦须还,身闲贵早,岂为莼羹鲈鲙哉。秋江上,看惊弦雁避,骇浪船回。

东冈更葺(qì)茅斋。好都把轩窗临水开。要小舟行钓,先应种柳,疏篱护竹,莫碍观梅。秋菊堪餐,春兰可佩,留待先生手自栽。沉吟久,怕君恩未许,此意徘徊。

此词约作于淳熙八年秋,此时辛弃疾已经开始营建带湖居所,且即将建成。他将面对着自己所辟田亩的其中一间屋舍命名为"稼轩",并以此作为自己的别号,于是辛稼轩这个名号在历史中终于诞生了。

三径者,典出东汉赵岐所著《三辅决录》。其中谓西汉末年王莽当国,有蒋诩者辞官隐居乡里,舍中三径,这三条小路只开放给另外两位隐士前来拜访他。陶渊明《归去来兮辞》有"三径就荒,松菊犹存",故"三径"之谓,便成了隐居处所之代称。而鹤怨猿惊,是用孔稚圭《北山移文》"至于还飙入幕,写雾出楹,蕙帐空兮夜鹤怨,山人去兮晓猿惊"之典。这是说,回风之入帷幕,雾气之过屋楹,人去帐空而夜鹤怨鸣,隐士下山而晓猿惊心。此则稼轩反用其义,谓带湖新居初成,而自己尚未能得空赋闲隐居,想那里也会有友人满心期盼他的到来吧!

辛弃疾本是以身许国,一片热忱的,然而长久以来频繁的调动和京师传来对他多有不满的风言风语,令稼轩建功立业、克复中原的雄心也渐渐冷了下来。将百万王师,渡淮泗,举山东,收东京,定河北……所有的这些英雄意气,功业之自许,到最后终究是沉沦尘埃之中,为人所笑!既然宦海之心陷入倦怠失望,不如趁早还家求闲,岂非妙哉?这种话语背后巨大的苦痛,报国壮志和无能为力的现实之间的反差,我们是不难体会到的。

他接着写道,求归隐之念,并不是如西晋张翰思乡里莼羹鲈鲙,那么原因何在呢?原来他已明白,这朝中明枪暗箭,己身仕宦艰危,譬如秋风起,江涛悍猛凶烈,如惊弓之鸟,若浪遏飞舟。

下阕里辛弃疾更是写尽言不由衷的隐逸情怀。他想着可在东冈修葺屋舍,将那轩窗临水而开。待种得春风杨柳,筑得疏篱修竹,便可泛舟垂钓,逍遥自在,冬日观梅,赏心悦目。至于若屈子"夕餐秋菊之落英",以春兰之为佩饰,就等着他归隐后亲自种上啦!然而此意沉吟良久,只恐天意难测,君恩难料,不知宦海如何徘徊浮沉!

从用屈原《离骚》之典及所谓"君恩未许"来看,辛弃疾是有愤愤不平之心的,若有心挑骨头,说其"怨怼君父",词涉讥讽亦似无不可。他求隐逸非是绝对之真心,而苦于大才之不能展布、雄心所不能实现,才是真。唯其仕宦之艰危,以身许国而无可大有作为,才陷入欲求隐逸,而以山水泉林陶写性情,纾解苦闷的想法中。

稼轩虽自南归之后亦有一些诗书往来、互相酬唱的同僚,甚至颇有一些对他极为称许的友人,但恐怕因其志向甚大,自许之高,而境遇之不能,更多时候,他感到的仍然是寂寞惆怅,乏人知己。因而他会感慨"天远难穷休久望,楼高欲下还重倚。拚(pīn)(同"拼")一襟寂寞泪弹秋,无人会"。壮志难酬譬如苍天之高远,凡人如何穷尽?登高望远自是因此令人心忧,但克复中原的雄心岂易抛舍?是以楼高欲下还又重倚阑槛,直把栏杆拍遍,不顾一襟寂寞英雄泪,秋风萧瑟,谁人明白了解!

所谓"今古恨、沈荒垒。悲欢事,随流水。想登楼青鬓,未堪憔悴。极目烟横山数点,孤舟月淡人千里。对婵娟、从此话离愁,金尊里"。古来英雄圣贤,多有贫贱难伸、才高天妒、赍(jī)志以殁者,今古多少遗恨,尽沉荒垒野丘。悲欢离合事,如春水之长东,唯付流水。当年意气昂扬,青丝白马,横朔凭陵,渡江南来,谁料得如今双鬓憔悴,却一事无成。极目远眺,山峦掩映在烟云下若隐若现,月照孤舟,对此天上玉轮,友人远去千里,从此多少离愁,只在杯酒金樽之中才能了作慰藉了。若更诗意地去理解稼轩,其实人生何止是离愁,只怕远离的不只是友人,还有难可兑现的梦想。

辛弃疾的预感是准确的。

就在这一年,淳熙八年冬十一月,朝廷又一次调任诏令下达,改除两浙西路提点刑狱公事,然而这远不算什么坏消息,更坏的消息很快就送达了辛弃疾身边。

原来,此年十二月监察御史王蔺上奏弹劾辛弃疾。

据南宋时人崔敦诗之《西垣类稿》卷二所收录的《辛弃疾落职罢新任制》,则可知当时的诏令大致如下:

> 淫风殉货,义存商训之明;酷吏知名,事匪汉朝之美。岂意公平之世,乃闻残黩之称。罪既发舒,理难容贷。尔乘时自奋,慕义来归,固尝推以诚心,亦既委以方面。曾微报效,遽暴过愆。肆厥贪求,指公财为囊橐;敢于诛艾,视赤子犹草菅。凭陵上司,缔结同类,愤形中外之士,怨积江湖之民。方广略遗,庶消讥议。负予及此,为尔怅然。尚念间关向旧之初心,迨用平恕隆宽之中典。(《周礼·秋官·大司寇》:"一曰刑新国,用轻典;二曰刑平国,用中典;三曰刑乱国,用重典。"郑玄注:"用中典者,常行之法。")悉镌秘职,并解新官。宜讼前非,益图后效。可。

诏令自然是以孝宗皇帝的口吻来表达的,意思是说:

辛弃疾为官地方时多是贪求财货的歪风邪气,施政和法度上自以为有陶朱公范蠡的理财之明(实际完全是违背儒家精神的与民争利);又久以酷吏而闻名朝野,所做所办之事都不能如汉时轻徭薄赋,子爱黎民那般。朕如何会料到在现在这个太平公正的盛世,居然会听闻这等残暴贪黩的事情!尔罪行已经如此恣意妄为,朝廷自有法度,实难宽贷!尔贪得无厌,大肆贪求,把公家财货当成自己私囊里的东西;胆大包天,酷虐好杀,无分老幼,视百姓生命犹如草芥。尔又目无上下尊卑,不听上级指挥,勾结同党,致使中外之士义愤填膺,江湖百姓怨愤满腹。尔大肆贿赂,妄图消除正义的批评之声。辜负朕之恩遇到了此等地步,朕深为尔怅然。尚且念及尔昔年自北南归,崎岖辗转,颇有归正向旧之初心,故终究用宽容仁慈、可以常行的法典处置。今罢落尔贴职,并解除新任差遣官职。尔宜自责前非,更图以后报效君父朝廷!可。

这封诏令的口吻是极其严厉苛刻的。如果诏令里斥责辛弃疾的内容完全属实,则辛弃疾还是否能以一个爱国诗人和志向高洁的官员来看待,恐怕就要打上一个问号。根据诏令,辛弃疾右文殿修撰的贴职没了,两浙西路提点刑狱公事的差遣也没了,让他哪凉快哪待着去。

王蔺者,乾道五年(1169年)进士及第,进入仕途尚在稼轩之后,但其官运亨通,远为辛幼安所不及。他任职武学谕〔南宋高宗绍兴十六年(1146年)重建武学,置一员,以武举出身人充任,正九品。后又差文臣有出身者充任。掌以兵书、弓马、武艺教授学生。〕做这种小官的时候,他居然走运让驾幸武学的孝宗皇帝记住了。《宋史》其本传中说"上目而异之",则看来是对话都没对话,瞄了一眼就觉得此子非凡了。估计可能是长得俊美有仪容之类的,当时就问了随侍的小黄门宦官,此人姓甚名谁,这之后就被简在帝心。稼轩创建飞虎军的时候,王蔺就在枢密院任编修,可能当时也说过一些坏话。王蔺淳熙十六年即任参知政事,后来更是做到枢密使。

值得说明的是,《宋史》卷四百一《辛弃疾传》中记载绍熙五年(1194年)"台臣王蔺劾其用钱如泥沙,杀人如草芥"事显然又是一误。据邓广铭先生考证,王蔺任监察御史事当在淳熙八年八月;崔敦诗又卒于淳熙九年,则可确知王蔺之劾稼轩,必在淳熙八年,非是绍熙五年。

那么王蔺此人究竟如何呢?是所谓投降派攻击主战派的那一层原因吗?据关锡耀《辛弃疾与南宋君臣关系考论》所引南宋时人楼钥所撰《忠文耆德之碑》中记载:

> 上谓王蔺论事颇偏,公奏蔺虽稍过,然汲黯在朝,淮南寝谋。尽言而不顾身,帝之左右岂可无此等人?况以献纳为职,若上下相蒙,非国之福也。

这是说孝宗皇帝曾经和周必大在召对时谈论到王蔺。皇帝觉得王蔺这个人有时候风闻奏事,持论也挺偏颇过激的。周必大就替王蔺说好话,意思说虽然王蔺稍有些言辞过激,但是譬如过去汉武帝时一身正气的汲黯在朝廷里,阴有反谋的淮南王刘安就不敢付诸实践了。像这样不顾己身安危,对陛下知无不言,言无不尽的大臣,陛下身边难道能少得了吗?况且台臣谏官本来就是以进献逆耳忠言为职务的,如果朝廷里上下相蒙蔽,就不是国家之福了啊!

楼钥又有为王淮所作的《少师观文殿大学士鲁国公致仕赠太师王公行状》:

> 会章颖轮对(宋制,官员轮值上殿策对时政利弊,谓之"轮当面对"),上以为言涉沽激(谓矫情求誉),全无根蒂(dì)(同"蒂")。自王蔺以言进用,一传而为刘尧夫,此后如周洎(jì)、郑建德辈,妄肆臆说,相师成风,不少示以好恶,则此风遂扇。

这是说,轮到章颖策对,孝宗皇帝听了他的话之后就有点反感了,觉得此人所说语涉矫情偏激,求誉希宠之嫌,所说的内容又全无根蒂,毫无依据。孝宗认为自从王蔺凭借进言得大用以来,后面刘尧夫、周洎、郑建德等人,都有样学样,仗着风闻奏事,妄肆主观臆测之说,互相效仿,成一歪风。他认为自己作为皇帝,如果不稍微表示出一定的不满,那么这股歪风邪气就会越来越厉害。

则我们据以上材料来看,王蔺虽然颇有所谓"嫉恶敢言""尽言无隐"的称许,但孝宗也发现其持论偏激甚至引起其他投机之辈争相效仿的歪风。但是周必大之类宰执却每每为其维护,以所谓台谏官风闻无罪,不可令中外壅蔽等为名,则我们姑且不论王蔺其人究竟如何,亦大约可知此等即所谓"清流"也。凡清流者,则动辄君父圣贤,人有权变则以不轨目之,在他们的口中,世间只有君子与小人,同他们一伙的便是治世贤臣,他们要攻讦的就是乱世奸佞。清流最不能成事,反偏能坏事,且不乏大奸似忠,沽名钓誉之徒。

若说推论王蔺为后世所谓清流,似属武断,则我们可设想一番,稼轩是否果如其所说,贪黩无厌,酷虐数路。如果辛弃疾借恢复志士之名,行贪墨肥私之实,那么他人生的真正追求当在求田问舍了。而此类人之为官,自是多与上级和同僚和和睦睦,为政因循苟且,循规蹈矩,决不冒木秀于林风必摧之的危险。然而稼轩不论是从不肯迎合孝宗和虞允文这一角度来看，抑或从屡次弹劾治下官吏贪黩不法等，乃至藏匿金字牌定要创建飞虎军等举动来考察，这绝非一位以贪求财货为重的士大夫。且如果稼轩为欺世盗名之辈，无北伐中原的雄心，而只是想要荒淫享乐，则终其一生，俱于诗词中表演爱国之情，无乃亦入戏太深，太累了吗？

且南宋地方大员之俸禄是颇为优厚的，不能以他后来带湖闲居似屋舍百楹就断定他有上百间屋舍，住在一个豪华大庄园里，因而必然过去贪墨无度。南宋官员收入大约由正俸、加俸、职田等构成。稼轩任帅宪漕臣之类地方大员时，每月正俸大约就有俸料50贯，春冬尚有绢各17匹，小绫5匹，春罗1匹，冬棉50两，这些收入一年便已不菲。何况此外还有加俸和贴职钱的收入，职田收入更是每年至少1 500贯以上。则辛弃疾营建带湖居所，即便真是所谓别墅庄园，也不会是其法定收入所无法负担的。

而所谓"杀人如草芥"，更是不值一哂。无论是在江西提刑任上诱杀赖文政还是在湖北安抚使任上严刑峻法治理走私、盗寇的乱象，都是收效甚佳，理所应当之事，而腐儒辈每以所谓凶暴酷虐诟之。且辛弃疾愿意为了平民百姓而与统制率逢原结怨，进而得罪近习；又于任湖南漕长时不满帅臣王佐杀戮起义民众过甚，则可确知辛弃疾决非荼毒百姓，草菅人命的酷吏！相反，其无私援助信州百姓粮米的行为正说明了稼轩之人格和胸怀究竟为如何。

既然所谓的贪黩和酷虐都是不实之词，为何孝宗皇帝如此偏听偏信王蔺之弹劾，甚至不给辛弃疾辩解的机会，就飞快地下达诏令使他解职赋闲了呢？

原因一定是多方面的。诸如归正人的身份、持论劲直、不为迎合、宰辅执政多有不喜等。但杨万里的一句话可能从一定程度上解释了这个问题，他曾说："辛弃疾有功，而人多言其难驾驭。"也许孝宗颇有雅量，甚至能容忍当时已经流传在士大夫和市井间的辛词中有一些怨怼之语，但他作为帝国的最高统治者，绝不可能给予一个难以驾驭的人以深厚的信任和真正的重用。远的不说，单说高宗建炎三年的苗刘兵变，相信就让高宗没少给自己的继承者教导御下之道。辛弃疾在平定茶商军时不待旨意就处死了赖文政，创设飞虎军时敢于把御前金字牌藏起来，他的诸多权变手段，在孝宗和宰辅大臣们看来，很可能是颇为忌讳的。宋朝讲究将从中御，这实际上并不仅仅针对武臣而言，挂帅的文臣如果不能遵循指挥，也是不可容忍的。

此外，很难相信稼轩在湖北安抚使任上因与"江陵府驻扎御前诸军"统制率逢原交恶而没有得罪到其背后的靠山，如曾觌、王抃、甘昇等人。这些人恃宠弄权，纳贿成风，贿赂的多的人自然被他们视为"自己人"，稼轩要弹劾他们的党羽，自然使他们觉得受到了冒犯。如曾觌，自孝宗登极后，以带御器械、干办皇城司的职务，后又兼任知阁门事，可常出入宫府，接近皇帝，最后甚至武官品级到了不可思议的正一品"开府仪同三司"，加少保、醴泉观使，使得他生前权势滔天，文武官员无耻者都争先恐后地拜其门下。而稼轩是决不肯阿附贿赂这些人物的，因此被认为不识相，且胆敢冒犯不敬，从而要在孝宗面前多方诋毁他也就极有可能了。

或许还在于淳熙年间孝宗内心对恢复事业的态度大约已经发生了很大程度的变化。早在隆兴、乾道年间时，他多用主张恢复的宰辅执政，甚至可以因为持主守之论而将宰执出之于外。但到了淳熙年间，情况则大为不同。淳熙年间出任宰相者共八人：曾怀、叶衡、史浩、赵雄、王淮、梁克家、周必大、留正。其中明确持主守之论,反对恢复的计有:曾怀、史浩、王淮、梁克家、周必大五人。类似梁克家、王淮、周必大均是久在中枢,这无疑说明,孝宗经历了隆兴北伐的失败和多为虚言恢复的宰执哄骗,乃至于遣泛使自取其辱和太上皇赵构之影响,在统治的中后期,已经明显放弃了恢复中原的雄心,倾向于偏安了。因此对于辛弃疾这种锐意主战的非常之人才,在孝宗朝实际已经失去了大展才华的土壤,只能作为绥靖地方危难局面的临时工具。这也就无怪乎王蔺的弹章一上,孝宗就全无保护稼轩的意思了。

至于稼轩在罢官前后的心理,不妨试看这首《菩萨蛮》:

稼轩日向儿童说。带湖买得新风月。头白早归来。种花花已开。

功名浑是错。更莫思量着。见说小楼东。好山千万重。

词句语义极其通俗,完全是父辈对儿童的嬉笑逗乐的口吻,然而于其中我们或可体会他内心的感触。带湖新居已经基本建成,稼轩还在隆兴府,也就是现在的南昌。年过不惑的他已经有了白发,他无奈和自嘲地对孩子们说,带湖风光听说很好啊,趁着华发初生,花草初盛,不如且去吧!功名仕途到头来都是错啊,别再愁上心头了。闻说带湖营建的集山楼之东,有崇山峻岭四时风光,或可乐欤?

欢快的表象外,内中之无可奈何与失望之情是十分明显的。

既然被罢官,辛弃疾便带着家人离开隆兴府,来到了江南东路最南面的信州,今江西上饶之处,也就是他所营建的带湖新居之所。自绍兴三十二年初南渡被授予江阴签判起到淳熙八年末被落职罢官,凡二十年。这二十年间,他仕宦于地方路州监司,短暂任职于临安,从未获得入枢密院或政事堂的机会。恢复大业,更是无从谈起。而辛弃疾也不复弱冠少年,已四十二岁矣。

十一
却将万字平戎策,换得东家种树书

在带湖定居下来后,辛弃疾的生活自然发生了极大的变化。他不再是随侍众多的地方大员,也没有政务军务在身,看着身边的孩子们日渐成长,赏玩着信州的山水田园之景,他竟被迫过起了"慢生活"。

初来乍到,他便写下一首《水调歌头·盟鸥》:

> 带湖吾甚爱,千丈翠奁(lián)(女性梳妆所用之镜匣)开。先生杖屦(jù)(用麻、葛所做之鞋)无事,一日走千回。凡我同盟鸥鹭,今日既盟之后,来往莫相猜。白鹤在何处,尝试与偕来。
>
> 破青萍,排翠藻,立苍苔。窥鱼笑汝痴计,不解举吾杯。废沼荒丘畴昔,明月清风此夜,人世几欢哀。东岸绿阴少,杨柳更须栽。

稼轩自题为"盟鸥"。所谓盟鸥者,大约最早可追溯至《列子·黄帝》。(海上之人有好沤鸟者,每旦之海上,从沤鸟游,沤鸟之至者百住而不止。其父曰:"吾闻沤鸟皆从汝游,汝取来,吾玩之。"明日之海上,沤鸟舞而不下也。)李白《赠王判官时余归隐居庐山屏风叠》有所谓"明朝拂衣去,永与海鸥群";

黄庭坚《登快阁》有"朱弦已为佳人绝,青眼聊因美酒横。万里归船弄长笛,此心吾与白鸥盟"。故盟鸥之谓,乃是归隐泉林,戏水沧州的意思。

在上阕中,辛弃疾挥毫写就一个被罢归家居却颇似逍遥自在的文人之形象。他直言带湖甚美,碧波万顷,澄澈如镜,令人流连忘返。然而他拄着手杖,踩着麻鞋"一日走千回"的背后,不正是被投闲置散,英雄空老的寂寥吗?古来英雄,岂惧斧钺加身,岂惧金戈铁马?英雄最怕的,正是无所可为的寂寞。走在带湖边的稼轩便笑看鸥鹭翔止,甚至与此类飞禽定下相亲莫疑的盟约。他幻想更寻觅得一二白鹤,似乎是要做那求仙问道的隐士了。唯其于朝堂和人间之世,乏有知音相支持,才在山野湖泊之旁,盟鸥鹭而自乐!这种乐的背后,是极度的孤单。

稼轩继续看着带湖鸥鹭或拨动青萍,或排开绿藻,或立于苍苔之上意欲捕鱼而食的几多身影,他不禁捋须而笑,这些鸥鹭,终是不能解山水风情,不能解他举杯的原因啊。想来自己营建带湖居所之前,这里曾是一片废沼荒丘,如今却是明月皎洁,清风飒至,人世间的悲欢又如何参透呢?东岸绿荫尚少,更须多植杨柳啊!

他用豁达乐观的气度和诗词山水的生活宽慰着自己,一面努力淡忘在建立事功上受到的重大打击,一面在带湖的田园风物中寻觅陶渊明"久在樊笼里,复得返自然"的隐逸之乐。然而大凡慰藉人心的事物并不能真正解决人生中之大烦恼,何况是自许功勋万里,要克复中原这样的雄心之不能实现?因此自淳熙九年之后,在稼轩与友人唱和的诗词之中,这类牢骚满腹的话屡见不鲜。

如《水调歌头》中"短灯檠(qíng)(灯架),长剑铗,欲生苔。雕弓挂壁无用,照影落清杯。多病关心药裹(药包;药囊),小摘亲鉏(chú)(同'锄')菜甲(菜初生之叶芽),老子政须哀。夜雨北窗竹,更倩野人栽"。

于中不难见一位落寞英雄之形象,他斩破幽暗的长剑几生苔藓,射落星宿的雕弓落为蛇影,身心俱病而过着除菜问药的乡野生活。

又一首《水调歌头》之上阕云:

文字觑天巧,亭榭定风流。平生丘壑,岁晚也作稻粱谋。五亩园中秀野,一水田将绿绕,穤秖(bà yà)(稻子)不胜秋。饭饱对花竹,可是便忘忧?

词是辛弃疾写给友人李泳的,当时李泳正由坑冶铸钱司干官任上归家。稼轩称赞他诗文超群,巧夺天工,如今归于故里,也必是一觞一咏,亭榭风流。然而稼轩又劝诫他,明明一身才学,何必做求田问舍的稻粱之谋呢?他颇有些尖锐又不失戏谑友好地问他,吃饱喝足对着风花雪月,可是就万事大吉,啥也不想了?实际上我们不难发现,"饭饱对花竹,可是便忘忧"既是对友人的劝解,也完全是他自己内心真实的流露。他劝人不可负才气而自误,又何尝不是感慨自己置身庙堂之外,对恢复事业无力为之嘛?

又《贺新郎·赋琵琶》借咏史而伤今,词如下:

凤尾龙香拨,自开元霓裳曲罢,几番风月?最苦浔阳江头客,画舸亭亭待发。记出塞、黄云堆雪。马上离愁三万里,望昭阳宫殿孤鸿没,弦解语,恨难说。

辽阳驿使音尘绝,琐窗寒,轻拢慢撚(niǎn)(同"捻"),泪珠盈睫。推手含情还却手,一抹《梁州》哀彻。千古事,云飞烟灭。贺老定场无消息,想沉香亭北繁华歇。弹到此,为呜咽。

此词尤为高妙。龙香者,唐人郑嵎(yú)有诗云"玉奴琵琶龙香拨,倚歌促酒声娇悲",玉奴即是杨玉环之小字,而龙香即是杨贵妃弹奏凤尾琴时所用之拨。稼轩或许于某处赏玩一凤尾琴时有所感慨,而写下此词。

遥想盛唐风华,开元年间,万邦来朝,霓裳羽衣,歌舞升平。转瞬之间,天宝十四载,渔阳烽烟,变生肘腋,明皇出狩,贵妃殁命,自此大唐帝国由盛转衰,尔来四百余年矣!当年白乐天左迁江州司马,于浔阳江畔,画舫珠帘之中,听得那幽怨琵琶。这琵琶之怨,古来有之!汉时元帝朝明妃王昭君出塞远嫁匈奴,黄云白雪,也正是琵琶声声,催人断肠。此去万里之遥,回首大汉未央宫昭阳殿,寂寥孤鸿啼断云天,明灭于残阳霞光里。琵琶之弦纵能传抒心曲,永别故土的离恨又如何尽说?

词之下阕,稼轩摹写了一位思妇悲恸深哀的形象。她丈夫北戍辽阳,而音信全无,伊人独守空闺,看琐窗结霜,想征人苦寒。她轻拢慢捻,弹着琵琶寄托相思,泪珠盈睫,潸然凄凉,推手却手之间,一曲《梁州》苦含深情,哀婉之至。这辽阳音尘之绝,岂不令人想到南北分裂,江左之人与中原百姓难通音信?因而这凄婉思妇,正是爱国志士对克复中原梦寐以求的一个剪影。细数来,千古多少人物事业,欢情愁绪,都已云飞烟灭。譬如开元天宝年间,琵琶大师贺怀智压场而出,人争观之,此情此景,再无能有之。想那太真娘子、贵妃玉环,空有沉鱼落雁之容,令得谪仙人也赋诗云"解释春风无限恨,沉香亭北倚阑干",

琵琶至于此,也就为之一咽了。

可以想见的是,对盛唐的追忆,实则是借咏史而思及大宋繁盛、东京之华。靖康年间,徽钦二帝北狩,中原风物,顿为丘墟。过往大宋二百年无数人杰地灵之创造,汴梁、洛阳、大名府、应天——大宋四京都沦陷敌手,辱于膻腥之中。中原衣冠,礼乐弦歌,圣贤之教,河山万里……俱都丧失于一朝!自古盛衰兴亡,想来怎能不令人悲咽慷慨?

此一时期稼轩于平湖弄月、诗酒山水之外,也多了些怡儿逗女的天伦之乐。

如《清平乐·为儿铁柱作》:

灵皇醮(jiào)罢。福禄都来也。试引鹓雏花树下。断了惊惊怕怕。

从今日日聪明。更宜潭妹嵩兄。看取辛家铁柱,无灾无难公卿。

辛弃疾给儿子取的乳名在现代人看来颇为有趣,"铁柱"或即为稼轩早夭的第三子辛䥲(gòng)。从乳名来看,辛弃疾当然不是指望儿子成为身材高大的人,而是想要他做擎天一柱,危难之时,能挽天倾。

从词意可知,铁柱是个多病的可怜娃娃。辛弃疾以宋时为儿童祈福的习俗为子斋醮,祈求铁柱不再多惊多怕,将来可以福禄双全,聪明伶俐,一路贵至公卿。然而这一系列美好的愿望终于没能实现,铁柱仍然是早亡了。稼轩后来在一些诗词中多有表露这一丧子之痛。

万幸稼轩在信州也有了不少新知旧友。曾在建康时便结识的韩元吉(字无咎)此时期与辛弃疾诗信往来颇多。昔年辛弃疾任建康府通判,而韩元吉则是江南东路转运判官,二人在当时已经结下情谊,如今两人都居于江西上饶,更是常以诗词相酬唱。

如淳熙九年(1182年)《太常引·寿韩南涧尚书》中称赞说:"功业后来看,似江左风流谢安。"

淳熙十年(1183年)韩元吉66岁寿诞,辛弃疾又曾写下一首《水调歌头》,中有"上界足官府,公是地行仙。青毡(zhān)(同'毡')剑履旧物,玉立近天颜"的词句称赏他。

到了淳熙十一年(1184年)韩元吉又过生日的时候,辛弃疾乃又写下一首千古名篇的寿词,即《水龙吟·甲辰岁寿韩南涧尚书》:

渡江天马南来,几人真是经纶手,长安父老,新亭风景,可怜依旧!夷甫诸人,神州沉陆,几曾回首!算平戎万里,功名本是,真儒事,公知否?

况有文章山斗。对桐阴、满庭清昼。当年堕地,而今试看,风云奔走。绿野风烟,平泉草木,东山歌酒。待他年,整顿乾坤事了,为先生寿。

寿词得以别开局面,囊咏史、刺今、抒志、祝寿于一词中,可谓功力甚深,才具非凡。上阕中"渡江天马"是用琅琊王司马睿南渡登极为帝建立东晋之典。当西晋末年,八王相斗,五胡乱华,司马睿在王导等门阀巨室领袖的帮助下于江左建立政权,此情此景比于康王赵构之南渡,又何尝不神似呢?稼轩振聋发聩地提出质问,"几人真是经纶手?"八百年前,晋室衣冠南渡,有几人是志在恢复中原而才堪平章四海的真英雄?王敦作乱于城下,王导缝补于宫府,晋室衰颓,一至于斯。以古况今,朝中有多少能做大事之辈呢?

稼轩从对晋室的拷问中令人不禁联想到他对时局的愤懑抑郁。果不其然,他接着说,过去桓温北伐,以图恢复关中,长安父老们牵牛持酒,夹道欢迎晋军,耆老们悲慨痛哭:"不图今日复见官军!"东晋甫立时,大臣们新亭对泣,有若楚囚,志意颓丧。然而如今中原父老们,忍死偷生,苦盼王师恢复故土,等来的却是"约为叔侄""和议修好"!以史为鉴,后来之人尤可叹息,以史视今,一样的悲剧就在眼前,岂不让人扼腕悲愤!

西晋覆亡,神州鼎隳(huī),王衍(字夷甫)等人难辞其咎,似而今,高谈阔论的衮衮诸公,又何曾以晋室为耻,何曾真的把国家民族之事放在心头,忧愁于黉(yín)夜灯前?算来平戎破房,重定中原,不世功名,正是我等真儒之士当仁不让,所须为者,公其知否?

下阕里辛弃疾转而回到祝寿之主题,说何况韩元吉文章诗赋有如泰山北斗,超卓于世。门庭家室又十分高贵,乃属于宋朝与相州韩室齐名的颍川"桐木韩家"(颍川韩室于京师门第之外多植桐树,故称。且韩元吉曾著《桐阴旧话》十卷记家族之事,故有是说。),门风清贵中正,阖家忠贞。说他自出生之日,便是麒麟才俊,若得风云际会,便能建立非凡之事功。

稼轩接着连用3个典故美誉韩无咎如今之致仕归隐。"绿野风烟"用唐朝裴度以"王纲板荡"而隐居绿野堂之典;"平泉草木"用唐韦楚老归于平泉庄之典;"东山歌酒"则用东晋谢安事。谢安是东山再起的,因而由绿野、平泉到东山的意象,其词意是殊为明确的。韩元吉已致仕,稼轩自身被废黜闲居,但是他心中克复中原,统一神州的壮志并没有消磨于湖光山色里,而是仍然自信有重整山河的能力,期待着与同道之人共同肩负起再造乾坤的大事业!因此他在寿词的结尾声冲霄汉,道一声:"待他年,整顿乾坤事了,为先生寿。"

他要等将来北伐成功之日,再为韩无咎贺寿,要扶大厦之将倾,定中原之社稷,这是何等的豪迈!

然而期许之外,长久的无望等待令稼轩不得不借酒消愁。此时期他又颇有一些描摹自己愁情痛饮的词作。

如《丑奴儿·醉中有歌此诗以劝酒者,聊檃栝(yǐn guā)之》:

> 晚来云淡秋光薄,落日晴天。落日晴天,堂上风斜画烛烟。
> 从渠去买人间恨,字字都圆。字字都圆,肠断西风十四弦。

檃栝是就原有的文章诗赋等剪裁改写之意。此词大约是稼轩在与他人觥筹交错,醉意上头的时候听人劝酒歌吟,有所感悟而作成一词。他人所歌之诗,或即"晚来云淡秋光薄,堂上风斜画烛烟。从渠去买人间恨,肠断西风十四弦"之绝句。稼轩所加者,或即是落日晴天与字字都圆。所谓落日晴天者,颇有一种斜阳烟柳的衰颓意味,更妙的是下阕"从渠去买人间恨,字字都圆,字字都圆"。渠是渠侬之省,乃宋时口语方言,即第三人称之"他"是也。说买人间之恨,此意已是颇妙,又曰字字都圆,则谓人间遗恨事数之不尽,十常八九,凡道得一字都无错处。

又如《江神子·和人韵》:

> 梨花著雨晚来晴。月胧明。泪纵横。绣阁香浓,深锁凤箫声。未必人知春意思,还独自,绕花行。
> 酒兵昨夜压愁城。太狂生(生,语助)。转关情(谓牵动情怀)。写(同"泻")尽胸中,魁(kuǐ)磊(尤块垒,喻心中郁积的不平之气)未全平。却与平章珠玉价,看醉里,锦囊倾。

梨花带雨,晚来天晴。月光皓洁,星斗棋布。只是这泪水究竟因何纵横？凤箫幽怨,稼轩嘲笑自己或许不解春意风情,落得个独自绕花而行的下场。"未必人知春意思"可作两处体会。人不解春意,是谓举世浊而我独清,众人醉而吾独醒。反过来想,春亦不知我心意,以故我只能绕花而行,若草木之无人问津。

昨夜酒压愁城,奈何心中狂傲难抑,被牵动着反平添了几多抑郁不平之气。胸中块垒,酒难浇,恨难裁,锦囊本应藏书卷,中书万言平戎策,如今却只能醉中数珠玉,做个求田问舍,算计家用的闲人！此恨又何如！

又《一剪梅·中秋无月》：

忆对中秋月桂丛。花在杯中。月在杯中。今宵楼上一尊同。云湿纱窗。雨湿纱窗。

浑欲乘风问化工。路也难通。信也难通。满堂惟有烛花红。杯且从容。歌且从容。

中秋无月,本是憾事,少了赏玩玉兔银盘的乐趣。然而稼轩却说自有花容月色在于酒樽之中。云气弥漫,雨湿纱窗,想得人间行路难,音书绝,稼轩想象着自己御风而行,至于九霄之外,问一问这大自然的创造,人间之世,花月有之,风雨有之,贫富寿夭,贵贱慧痴,何以如此？但终究是在此夜得不到答案,稼轩对着烛光,只能道"杯且从容。歌且从容"了。

又《最高楼·醉中有索四时歌者,为赋》：

十一、却将万字平戎策,换得东家种树书 | 163

> 长安道,投老倦游归。七十古来稀。藕花雨湿前湖夜,桂枝风澹小山时。怎消除？须嚌(tí)酒,更吟诗。
> 也莫向竹边辜负雪。也莫向柳边辜负月。闲过了,总成痴。种花事业无人问,惜花情绪只天知。笑山中：云出早,鸟归迟。

长安道,即是喻宦海仕途也。稼轩谓己身人到中老,早厌倦其中险恶争斗。想人说七十之龄已谓是古稀,如今不惑之年方得归于山林,岂不要珍惜眼前？平湖夏雨打金荷,小山秋风薰桂枝。端的是山明水秀,若说还有愁情,如何消除？不如沉醉酒乡,吟诗作赋！莫辜负了竹边冬雪,莫辜负了柳边春月。总要为这四时胜景吟咏立言才好。然而可惜的是,种花力田毕竟无人问津,每一株花草的悲喜恐怕只有上天才知晓。知音少,世风薄,不如笑看白云出岫,倦鸟知还。

辛弃疾又多往永丰县西的博山寺中读书,深入佛藏、道藏之中,参悟人生宇宙之大道。在往来博山的路上,他颇多感触,写下过多首诗词。

如《丑奴儿·书博山道中壁》：

> 少年不识愁滋味,爱上层楼。爱上层楼,为赋新词强说愁。
> 而今识尽愁滋味,欲说还休。欲说还休,却道天凉好个秋。

词用字极通俗易懂,然其中无奈与愁情又非少年人所容易理解。上层楼者,登高也。宋玉之《高唐赋》谓："登高远望,使人心瘁"；刘向的《说苑》"指武"一章中孔子曰："登高望下,使人心悲"……盖登高一事,乃是我国古来文人雅士所好为者也。登高可思忆亲友,可咏怀古今,可畅叙心志,可沟通天地。稼轩把自己年轻时"栏杆拍遍"的经历自嘲为强说愁,实则是当年他还未曾深刻认识到南宋朝廷的复杂情况,对于英雄豪杰要克复中原究竟是何等艰难也缺乏足够体会。不惑之年罢官落职,闲居带湖,有了更多时间去回头细想种种是非,品味20年来许多的辛酸苦辣,他便对帝王心术的幽暗、宰执大臣的好恶,乃至朝廷轻率乖张的战和策略,地方将士的勇怯等都有了全面而深刻的认知。因此他才说:"欲说还休。欲说还休,却道天凉好个秋。"犹在壮年的稼轩却被迫离开了仕宦之途,对于恢复事业无可作为,只能吟咏风月,这不正是时代的悲哀吗?

他住宿于博山寺庙中时,亦有诗词记述所思所想。

如《清平乐·独宿博山王氏庵》:

绕床饥鼠。蝙蝠翻灯舞。屋上松风吹急雨,破纸窗间自语。

平生塞北江南,归来华发苍颜。布被秋宵梦觉,眼前万里江山。

山寺之夜正是寂静时分,偏生不能安宁。听着老鼠绕床噬啮的声音,看着蝙蝠自窗纸窟窿而入翻灯飞舞,外面是凄风冷雨侵袭山林,辛弃疾自梦中惊醒。他一生走遍塞北江南,少年时曾至金人营帐,南归后帅宪江左两湖等地,始终渴望着提虎贲精锐之士,渡河北伐,复东京,定河北,收关中,举幽燕,然而如今却觉一事无成,空生白发而现衰老。眼前是万里江山,但身在庙堂之外,风雨之中,无人问,无人晓,悲哉。

又如《鹧鸪天·博山寺作》:

不向长安路上行。却教山寺厌逢迎。味无味处求吾乐,材不材间过此生。

宁作我,岂其卿。人间走遍却归耕。一松一竹真朋友,山鸟山花好弟兄。

此首又特别可见稼轩之性情与际遇之可叹。他自嘲说如今不在宦海中努力,只好常常往来于山寺之间,以至于大约山寺都厌烦自己了。他游心于老庄玄学所谓"为无为,事无事,味无味"和"周将处夫材与不材之间"的生活态度。这实际上是要标榜自己特立独行、卓尔不群的个性,绝不委屈自己随从庸俗。《世说新语·品藻》记桓温与殷浩之事,云:"桓公少与殷侯齐名,常有竞心。桓问殷:'卿何如我?'殷云:'我与我周旋久,宁作我。'"又扬雄之《法言·问神》曰:"谷口郑子真不屈其志,而耕乎岩石之下,名震于京师。岂其卿,岂其卿。"殷浩者,盖桓温势大之时而不阿谀相附也,反与其分庭抗礼,颇有志节,后因北伐失败被桓温弹劾而废为庶人。郑子真则是西汉末年隐居世外的高士,始终不肯出山为官,深得后人赞誉。因此辛弃疾用这两则典故所化的词句,实则是倔强执拗而绝不认输的一声呐喊。宁可永远坚守自我,做率真傲岸的自己,决不放弃原则,迎合上意,不为貂蝉贵卿,又如何? 又何妨! 苏轼曾在谪居黄州时写下《江神子》,云:"走遍人间,依旧却躬耕。"稼轩在这里化用东坡之词句,说自己大江南北走遍,最后却做了个田舍翁。然而他不以此而整日低沉,反说松竹花鸟,俱是他的弟兄友朋。这种达观的背后,令我们不由得要问一声,是谁迫害了这样一位才冠当世的英雄豪杰,是什么令得他只能归耕田亩,寻山访寺? 毕竟要重整河山,如此文章事业,岂能但在诗书词赋?

大约在淳熙十四年(1187年)或淳熙十五年(1188年)左右,久废带湖的辛弃疾被新授宫观闲职,任命其主管冲佑观。在有宋一代,宫观之职常用以优养老臣,或是安置贬官闲人。辛弃疾担任的这个"主管冲佑观",实际上并不需要真的跑去冲佑观里天天点卯,只表示朝廷给他这个职位对应的薪水,算是对他开恩了。

值得一提的是,当时的宰相王淮曾一度想重新起用辛弃疾,然而又有人做了拦路虎,拆了稼轩的台。

据张端义《贵耳集》下:

> 王丞相欲进拟辛幼安除一帅,周益公坚不肯。王问益公云:"幼安帅材,何不用之?"益公答云:"不然,凡幼安所杀人命,在吾辈执笔者当之。"王遂不复言。

这是说王淮曾想起用辛弃疾为一路安抚使,但是周必大坚决不肯赞同附议。(他后来封益国公,故有是称。)王淮就问周必大:"幼安是个堪为帅臣的人才,为什么不可以重新起复任用他呢?"周必大回答说:"非也非也,若是起复了他,那么日后凡是辛幼安于地方上酷虐武断而杀之人命,都会算在我等当事宰辅头上啊!"这话里的意思就是告诫王淮,辛弃疾或许固然是个人才,但他路子野,不好管,若是在地方上弄出了大动静,杀了些豪绅细民,清流文官就会把责任算在我们这儿了。王淮一听,还是自己乌纱帽要紧,也便闷声不语了。

因此可说,叶衡自淳熙二年之罢相,和周必大自淳熙五年之久居中枢,对辛弃疾一生的仕途,其影响是较大的。

淳熙十五年(1188年),辛弃疾的学生范开编刊《稼轩词甲集》完毕,稼轩之词名于此后更是传之四海。

这一年冬,此前相约会面而未果的挚友陈亮终于来到信州稼轩居所,二人相会甚欢,诗酒酬唱,极论朝野天下之事。陈亮当时是绍兴一布衣,曾于淳熙五年伏阙上书,虽未得孝宗接见,但皇帝本考虑赐官于他。没想到陈亮非常有个性,慨然曰:"岂有欲开社稷数百年之基,乃用以博一官乎?"他的这种言行绝非沽名钓誉,反说明陈同甫是个真正的以天下为己任,不以个人荣辱为意的读书人。

需说明的是,陈亮此人极为狂傲,可谓眼高于顶。他于乾道年间上孝宗皇帝书中曾言:"盖尝数至行都,而人物如林,其论皆不足以起人意。臣以是知陛下大有为之志孤矣。"这就是说,他把乾道年间临安朝廷中的朱紫大员们都贬称为无能成事之徒,而这样一个人偏能以辛弃疾为足以克复中原的英雄,可见稼轩确实是有过人之处,方能折服心雄万夫的陈亮。

不过关于二人何时初见,是颇难考知的。陈亮曾在信中明确说过与稼轩在临安曾得聚会,但不能据此就断定必是临安乃初见。关于二人初识,甚至有一个文人笔记留下的生动故事。据南宋人赵溍之《养疴漫笔》云:

> 陈同甫,名亮,号龙川。始闻辛稼轩名,访之。将至门,遇小桥,三跃而马三却。同甫怒拔剑挥马首,推马仆地,徒步而进。稼轩适倚楼,望见之,大惊异。遣人询之,则已及门,遂定交。稼轩帅淮时,同甫与时落落,家甚贫。访稼轩于治所,相与谈天下事。酒酣,稼轩言南北之利害,南之可以并北者,如此。北之可以并南者,如此。且言钱塘非帝王居,断牛头之山,天下无援兵;决西湖

之水,满城皆鱼鳖。饮罢,宿同甫于斋中。同甫夜思稼轩沉重寡言,醒必思其误,将杀我以灭口,遂盗其骏马而逃。月余,同甫致书稼轩,假十万缗以济贫,稼轩如数与之。

这是说,陈亮起初听闻辛弃疾之大名,便想拜会他,好结识这样的豪杰。快到辛弃疾居所门前时遇上一座小桥,哪知道胯下的马匹几次三番不肯过桥,陈亮气得拿剑在马头边吓唬它,把马牵至一边,自己徒步而行。辛弃疾正好在楼上看到,也大为惊奇。他派人询问,而陈亮已到门前,于是两人便成了好友。到这里我们还是不知道二人初识于何处。后文又说"稼轩帅淮时",帅淮当是"淮南东路安抚使、马步军都总管、知扬州"之谓,但实际上辛弃疾从来没担任过淮南东路之帅臣,他为官淮南时仅仅只是此路治下滁州的地方长官——滁州知州而已。则大约是说在滁州二人又有相会。据《养疴漫笔》,说陈亮当时怀才不遇,孤独家贫,到滁州府衙与辛弃疾相会后共论天下之事。二人都好酒,酒酣之后,稼轩就开始管不住嘴巴高谈阔论起来。说南北形势的优势劣势之处,南方如何能够吞并北方;北方如何能够吞并南方。更进一步说临安不是古来帝王定都的好地方,因为倘若扼守住了牛头山入临安的通道,天下勤王之援军也就进不来了;决开西湖之水倒灌入城,临安就满城尽数被淹。醉后陈亮被安排在辛弃疾的书斋住宿。陈亮大概是酒量好,还能思量刚才二人海侃的细节。他想辛弃疾平时沉着稳重,寡言少语,今日却说了这么多犯忌讳的话,等他醒过来肯定想到其中关节,恐怕要杀了我灭口吧?于是陈亮就偷了辛弃疾的骏马连夜而逃了。过了个把月,陈亮又厚脸皮地写信给稼轩,问他借十万贯救济贫困百姓,辛弃疾不计前嫌,如数借了给他。

不论这则文人笔记所载之事是否属实,但我们也可作为一件逸事奇闻来体会稼轩性格的刚猛霸道,这大约是给当时人留下深刻印象的。但所谓十万贯如何能轻易拿出?故我以为此借钱之数目,设有此事,亦必是后人讹误。

言归正传,此番辛幼安和陈同甫同游鹅湖,瓢泉共酌,转眼便是十天,其中言谈之欢,长歌之乐,更是难以尽说。陈亮离开后,辛弃疾又心生不舍,打算把他留下再多盘桓几日,畅饮美酒,好共论古今兴废、贤愚进退。然而追至鹭鹚林,恰大雪封路,无法向前。怀着这种不能如愿的心情,辛弃疾写下著名的《贺新郎》。其自序曰:陈同父自东阳来过余,留十日。与之同游鹅湖,且会朱晦庵于紫溪,不至,飘然东归。既别之明日,余意中殊恋恋,复欲追路。至鹭鸶林,则雪深泥滑,不得前矣。独饮方村,怅然久之,颇恨挽留之不遂也。夜半投宿吴氏泉湖四望楼,闻邻笛悲甚,为赋《乳燕飞》以见意。又五日,同父书来索词,心所同然者如此,可发千里一笑。(《乳燕飞》乃《贺新郎》之别名)

词如下:

把酒长亭说。看渊明、风流酷似,卧龙诸葛。何处飞来林间鹊,蹙踏松梢微雪。要破帽多添华发。剩水残山无态度,被疏梅料理成风月。两三雁,也萧瑟。

佳人重约还轻别。怅清江、天寒不渡,水深冰合。路断车轮生四角,此地行人销骨。问谁使、君来愁绝?铸就而今相思错,料当初、费尽人间铁。长夜笛,莫吹裂。

稼轩回忆长亭送别之景,他称赞好友如同隐逸乡野的陶渊明,又如躬耕南阳的诸葛孔明。当时飞来林间鹊鸟,踩踏松树树梢之雪,落在你我破帽之上,好似要我俩更添银丝白发。想来确实是岁月催人老,这一年辛弃疾已经四十九岁,快到了知天命的岁数,陈亮也四十有六。看着眼前银装素裹、冰雪覆盖,只余下残山剩水的江河风景,不正如朝廷之偏安,中原半壁之沦陷嘛?几株梅花,两三鸿雁,俱是难掩你我离别之萧瑟,难掩神州分裂之不堪啊!

下阕里辛弃疾谓与陈亮此别之后,他欲追而不得。江水冻结不渡,道路雪封,凄寒彻骨。人间总是这般行路难,譬如舟舸难渡,车轮生四角。你我相知甚深,共南北分裂之痛,日夜不能忘怀,如今你东归而去,我留而未遂,铸就如此相思之错,好似费尽人间之铁。想来靖康、绍兴、隆兴之事,岂非亦是耗尽人间之铁方铸成的大错?

稼轩最后写道,不知何处的笛声正悲凉之甚,愿他悲则悲已,且莫如《太平广记》中的独孤丈一声吹裂吧!或许,他不愿破裂的,不只是笛声,更是他与陈亮共同的恢复中原的最终理想。壮心虽悲,人死虽可,愿死杀虏阵中,愿见王师克捷而仆!

当陈亮收到辛弃疾的词后,又回信并附词一首酬和于他。稼轩读后乃又作一千古雄词,仍以《贺新郎》答之。

词如下:

老大那堪说。似而今、元龙臭(xiù)味,孟公瓜葛。我病君来高歌饮,惊散楼头飞雪。笑富贵千钧如发。硬语盘空谁来听?记当时、只有西窗月。重进酒,换鸣瑟。

事无两样人心别。问渠侬:神州毕竟,几番离合?汗血盐车无人顾,千里空收骏骨。正目断关河路绝。我最怜君中宵舞,道

"男儿到死心如铁"。看试手,补天裂。

这首词尤令人动容。开篇辛弃疾连用两位姓陈的古人之典故,表自己与陈亮性格之契合,友谊之深厚。元龙指东汉末年为刘备称赞的陈登,孟公是西汉末年人物陈遵之字。陈登豪杰之士,知兵而可抚民,曾助曹操剿灭吕布;陈遵则好结友人,嗜酒如命,家中每有宴会,则将宾客车马投于井中,务尽兴而后可。陈亮到访的时候,稼轩恰抱微恙,二人诗酒酬唱,共论天下,高谈阔论甚至惊散了屋檐瓦片上的积雪。可叹这世间庸俗人物,追名逐利,把身家富贵、权位利禄看得重若千钧,你我二人却是浑不在意,把个人得失看得轻如鸿毛发丝。然而稼轩又说,此刻二人刚劲锋锐、针砭时弊的言论盘空绕梁,却有谁来聆听?毕竟酒过三巡,杯盘狼藉,换了鸣瑟乐曲,当时能伴我二人的,只有西窗孤月,清冷照影啊!

下阕里稼轩议论之言大开大阖。南渡以来,已过一甲子,然而朝野之事,积弊甚多,难可为之,堂堂大宋仍然是不得不与北房屈辱地划淮而治。分裂之局面未改,恢复之人心却已丧。且问庙堂诸公,神州大地,还要经历多少虏人膻腥之蹂躏,还要忍耐多少衣冠沦丧的惨剧?现而今,人才如汗血宝马屈拉盐车一般埋没于尘埃,无人问津;朝廷所谓的举拔人才之策不过是在徒买马骨,又有何用!想到乾道以来,多少虚言恢复,愚弄君父的人骤登两府,辛弃疾乃有如此愤慨悲叹。远眺着北方,关塞河道尽是金人扼守之处,通中原之路已绝六十年!可怜如你我英雄志士,只能满怀激愤,效东晋南北朝之祖逖、刘琨,闻鸡起舞,夙夜忧国,无补于事!然而稼轩与同父终于仍要发出声撼五岳的呐喊:"男儿到死心如铁。看试手,补天裂。"

初次读到这句时,实令人几潸然泪下。他英武非凡的形象随这声呼喊而耸立在眼前,其至死不渝的抗金信念、北伐雄心都跃然纸上,文字之间甚至仿佛有了强劲刚毅的生命!他要补天之裂的自许更是让人血脉偾(fèn)张,亢奋激昂。天崩地坼,不知多少中原遗民南望翠葆霓旌;圣言贤教,正赖此等不屈豪士薪传今人来者。正是有着像辛弃疾这样不忘民族大义的人之存在,我们的文化才能相传至今,民族才在一次次危难中涅槃再起,未罹甚多古国文化灭亡之惨剧。

若要补得天裂,须是内得天子信任,掌朝野枢机之权,革弊政,措粮饷,练强军,进退贤愚文武之大臣,明赏罚黜陟之恩威;外则须雄兵十万,不为遥制,定先后之策,不以胜败而骄馁,伺北虏之衅,痛击其弊,定山东而檄河北,出川陕而下关中……

辛弃疾补天之裂的愿望,还能否有转机呢?

欲说还休

却道天凉好个秋

十二
倚天万里须长剑,帅闽二度惹风月

淳熙十六年(1189年),南宋朝廷之中又发生一大事。孝宗赵昚于二月禅位于太子赵惇,赵惇登极称帝,即是光宗。时周必大为左丞相,留正为右丞相,王蔺参知政事。周必大与王蔺乃是对辛弃疾观感极差的人,当此新帝即位之时,辛弃疾似乎仍看不到任何希望。

在送别友人的一首词中,他再次表达了对于朝廷因循苟且的强烈不满。词为《贺新郎·用前韵赠金华杜叔高》,一说为送别杜叔高而作,亦有说为送别杜仲高而作。

> 细把君诗说。恍余音、钧天浩荡,洞庭胶葛(深远广大貌)。千丈阴崖尘不到,惟有层冰积雪。乍一见、寒生毛发。自昔佳人多薄命,对古来、一片伤心月。金屋冷,夜调瑟。
>
> 去天尺五君家别。看乘空、鱼龙惨淡,风云开合。起望衣冠神州路,白日消残战骨。叹夷甫诸人清绝。夜半狂歌悲风起,听铮铮、阵马檐间铁。南共北,正分裂!

上阕赞友人诗词才高,譬如仙乐浩荡自昊天而下,又如黄帝张

《咸池》于洞庭;读来使人感觉如背阳的北山之崖千丈尽净,冰清玉洁,初见耸人俗心。稼轩又谓古来才士佳人命运多舛,以是悲月伤怀,纵有金舍雅居,也只能徒生寒意,中夜鼓瑟,慨叹长息。

下阕说友人家在浙江金华,离行在临安甚近。于是顺势开起议论:想朝野臣工,偏安江左,有如鱼龙之游于浅滩,惨淡难堪,而风起云涌,光阴迁移,何曾等候?北望昔年靖康烽烟时,中原之公卿巨室衣冠南渡,大宋之禁兵厢军狼豕奔突,金人铁蹄践踏蹂躏于后,一路不知留下多少尸骸曝露于外,无人收埋。可悲可叹,建炎以来六十载,衮衮诸公还和亡了西晋的王衍沉溺清谈玄学一样碌碌无为!此刻深夜狂歌,长风悲号,我辈志士不能于中原金戈铁马,却只能听着屋檐下挂着的铁风铃铮铮作响,淮河南北,神州正分裂啊!

到了这一年五月,周必大被弹劾而罢相,王蔺在七月间进枢密使,十二月被罢,留正成为执掌朝政的左丞相。

改元绍熙之后,转机在绍熙二年(1191年)出现了。据《宋史》卷三十六《光宗本纪》云,绍熙二年,"甲申,福建安抚使赵汝愚等以盗发所部,与守臣、监司各降秩一等,县令追停"。这是说,当时的福建路安抚使赵汝愚和地方守臣及其他监司官员都受到降级处分,涉事县令被罢官。波及面如此之广,一定不是细小之事。按《宋会要辑稿·职官》七三之五:二月十二日,诏福建提刑丰谊、知建宁府陈倚并差主管建宁府武夷山冲佑观,知建宁府浦城县赵师违追一官勒停,巡检耿怀忠降一官放罢,县尉方赞特降一资放罢。并坐浦城县盗发,不即收捕故也。则据以上史料可推测,恐怕福建路浦城县之盗寇绝非小股流寇偶然作祟,而是已经形成了一定规模的黑恶势力,屡屡劫杀作恶,造成恶劣的社会影响。否则何以自一路安抚使到地方上县尉都要受到不同程度的严厉处分呢?

大约在这种情况下,光宗便在九月"诏侍从于尝任卿、监、郎官内,选堪断刑长贰一二人以闻"(《宋史》卷三十六《光宗本纪》)。这是说,在绍熙二年九月,光宗赵惇诏令两制以上高官"廷推",从曾经担任过列卿、监司、六部诸司郎中等职的官员中简选一二精通刑狱,能够担任方面宪臣佐贰的人来。(所谓"侍从"者,宋代有如翰林学士、给事中、六尚书等之侍从;有如中书舍人、起居舍人等之小侍从;又有观文殿学士以下诸阁学士、直学士、待制等之外侍从。通常侍从即指四品以上之重臣,即翰林学士之内制和中书舍人之外制合称的"两制"以上,包含两制,是谓侍从。所谓"卿""监"者,宋有所谓九寺五监和九寺三监,九寺之长官曰卿。然南宋绍兴后则只有太常寺、宗正寺、大理寺、太府寺、司农寺五寺。三监为秘书省监、军器监、将作监。又疑此"监"或谓"监司"也。即路之监司官,如转运使、提刑、安抚使等。所谓"郎官",应即指尚书省六部诸司郎中、员外郎。)

于是大约在这一年冬,辛弃疾被起复为福建路提点刑狱公事,这一年稼轩已 52 岁。南宋朝廷每在地方上遇到难以解决的问题的时候,往往又想到了稼轩的才干。

至次年春,辛弃疾从瓢泉居所启程,赶赴福建,并赋词一首。《浣溪沙·壬子春,赴闽宪,别瓢泉》:

细听春山杜宇啼。一声声是送行诗。朝来白鸟背人飞。
对郑子真岩石卧,趁陶元亮菊花期。而今堪诵北山移。

稼轩在这首小令中颇有眷恋泉林的意思,说是启程时杜鹃啼鸣于春色里,声声叫唤都像是送行的诗句。披着朝霞而来的白鸟也背对着人飞,似乎是不忍睹见别离。他又自嘲,本来已作了效仿郑子真躬耕

十二、倚天万里须长剑,帅闽二度惹风月

岩下、陶渊明东篱采菊的想法,如今又要出山赴任,当是得吟诵几句孔稚圭讥讽周颙假意隐居、真心求官的《北山移文》了啊!

然而想必辛弃疾并没有放弃心中至高的理想,克复中原的雄心他从未敢忘,此时流露些许不舍带湖瓢泉的心思,不过是在此地生活了十年所必然的情感罢了。

福建路大约在当时是盗贼频发,黑恶势力猖獗的,否则也不至于如上文所说将路一级乃至以下地方官吏都不同程度地降职、罢官加以严重处罚。鉴于此,辛弃疾在到达治所之后首先务求取信于民。

要做到取信于民,按实情断案裁决,息讼平刑无疑是很重要的一个环节。稼轩不暇修整,翻查福建路上报提刑司的案卷。他发现汀州有一疑难案件,久不能裁断。早在进入福建路之后,他就注意打听地方官吏在百姓心中的口碑高下,他听闻上杭县令鲍粹然断案如神,遇事颇有巧妙处理之能,便将此案迅速交由其处理,最终蒙冤的百姓也得以被无罪开释,免于横死。

以上据《真西山集》卷四十六《朝散大夫知常德府鲍公墓志铭》:"州有疑狱,久不决,枭使辛公弃疾语其属曰:'自入境唯闻上杭令解事,盍以委诸?'公一阅,具得其情,囚以不冤横死。"

大约在此基础上辛弃疾又做了许多争取百姓信任支持的工作,建立了铲除贼寇、黑恶势力的群众基础,可惜现在都已经没有史料可具体告之。当时任福建安抚使的林枅(jī)忽然病逝于任上后,朝廷令稼轩兼任安抚使,治理好地方民政。

当考察了福建路的各方面情况后,辛弃疾又不惧得罪巨室豪右之家,上奏提出两点建议,一为"经界";一为"钞盐"。所谓经界者,是清查土地田亩,确定赋税划分之轻重多寡的意思。在古代土地兼并的问题往往导致不断有自耕农失去田亩,被迫成为富绅豪右的佃户,反过来向兼并他们田亩的大地主们租地耕种;又或是不得不背井离乡,成为流民,辗转乞食,苦不堪言。曾任职福建安抚使的赵汝愚就曾上奏说:"有税者未必有田,而有田者未必有税。……其间却有豪猾之家,不纳租赋。一强者为之倡首,则群弱者从而附之。至有一乡一村公然不肯纳常赋者。"由于豪门大户往往是官僚士绅之家,因而功名在身,可以免于赋税、徭役等,享有小民仰望不及的特权。于是依附于他们的百姓成为了佃户,只需要向他们缴纳租钱,却不再向朝廷交税和承担徭役;而另一方面兼并了百姓田地的士绅之家又不需承担赋税义务,既严重损害到朝廷的财政收入,又伤害到自耕农户的积极性。大约此情况在福建路尤为严重,辛弃疾在考察之后上奏请求展开"经界"的行动,打击豪强兼并,缓解百姓赋税之重,增加福建路税收。

所谓"钞盐"指的是盐钞法。南宋除在福建路外,于其他诸路基本都实行盐钞法。这是一种与茶引制度相似的政策。也就是由盐商先支付若干钱款,然后就可以领取到若干运销食盐的凭证,即所谓盐钞。

而福建路尤其是上四州(建宁府、南剑州、汀州、邵武军)却仍然实行官办官卖的专营榷卖制度,老百姓苦不堪言。何以如此呢?原来福建路财政状况不佳,上四州下辖诸县缺少购盐的本钱,官吏们也务于因循苟且,导致上四州所运盐纲的数额不及最初规定的额度。这样老百姓自然首先是出现食盐短缺了,而运盐的船户又多做手脚,用灰土等掺杂进食盐里,导致官盐恶薄不堪。另一方面又有奸猾豪右人家就近私贩广盐入界,由于广盐本身就不像官盐那样掺了乱七八糟的东西,品质上就胜出一筹,价格也较官盐而更便宜,于是老百姓都争相买入私贩的广盐,导致官盐难以销售。然而地方官吏却只会头痛医头脚痛医脚,就采取按人口强制派销的"配抑"政策,逼迫老百姓认购恶薄价高的官盐。而豪门大户多能拒而不受,贫弱百姓却只能沦为三天两头配抑的最大受害者。

因此辛弃疾为了缓解百姓的困苦,上奏提出要在福建路上四州内从汀州开始实行盐钞法。然而不论是"经界"还是"钞盐",在福建路此二者都早已有大臣提议过,却始终没有得到贯彻落实。究其原因,恐怕就在于地方上官府和豪门大户勾结成了既得利益团体,官府配抑恶薄的官盐获得财政收入,豪右之家私贩广盐牟取暴利,受苦的始终是贫民百姓。而这些人往往又在朝廷里有靠山,因此辛弃疾的建议并没有得到实施。实际上这天下之事,何止是经界、盐钞二者?既得利益团体对任何触动到他们蛋糕的政策都是百般阻挠、诋毁的,而朝廷中代表着这些地方利益团体的大官僚又多不顾积弊日深的危害,只管着眼前的富贵利益,于是南宋乃至历史上许多大事便做之不得,难以功成了。

绍熙三年(1192年)十二月岁末,朝廷诏令下达,辛弃疾由福建安抚使和提刑任上调离,召赴行在临安。在友人为其送行的酒宴上辛弃疾又赋词一首《水调歌头·壬子三山被召陈端仁给事饮饯席上作》:

> 长恨复长恨,裁作短歌行。何人为我楚舞,听我楚狂声?余既滋兰九畹(古三十亩为一畹),又树蕙之百亩,秋菊更餐英。门外沧浪水,可以濯吾缨。
>
> 一杯酒,问何似,身后名?人间万事,毫发常重泰山轻。悲莫悲生离别,乐莫乐新相识,儿女古今情。富贵非吾事,归与白鸥盟。

陈端仁是罢居闽地的官员陈岘(xiàn),辛弃疾在《论经界钞盐札子》里提及,陈岘曾担任福建提举市舶,提议在福建路施行盐钞法。此人任给事中时曾缴还张说复官之诏,颇有气节。大约因稼轩任闽宪而结识为友。陈岘于淳熙九年被罢四川安抚制置使,至绍熙三年也已废居在家十年左右。

因此二人大约是颇有一些共同语言,能够感同身受的。稼轩在词中说,大抵人间遗恨之事,多是一言难尽,只能剪裁愁心,试作一曲《短歌行》了。想那魏武挥鞭,虽是汉室衰颓,却仍然能破乌桓,服匈奴,而如今却与北虏划淮而治!因此辛弃疾说《短歌行》,必然绝不只是想到了"对酒当歌,人生几何"的感慨,更是想到了"明明如月,何时可掇?忧从中来,不可断绝"的这一层,即统一天下,再造乾坤的大事业。然而稼轩毕竟已到知天命的岁数,他如何看不清朝廷里的暗流涌动呢?故而他又说,强梁如汉高祖,也要对戚夫人承认,立赵王如意是办不了了,奈何盈儿(汉惠帝刘盈)有商山四皓辅佐啊!刘邦请戚夫人跳楚舞,而自为楚歌,此又如何?辛弃疾是认识到自己的狂傲的,他以凤歌笑孔丘的楚狂接舆自比,然而意欲恢复中原,拯救斯民的伟大理想说出来却要被人讥笑为自不量力,这究竟是谁的悲哀呢?

甚至辛弃疾又把自己和友人都比作屈原,用《离骚》里的话说自己养了九畹兰花,种了百亩蕙草,要以秋菊落英为餐食,以代人间醒醍!想来十年的罢职闲居,稼轩心里如何能全无怨言?他对古来隐逸之士,特别是如陶渊明的崇拜,自然可以从这一层理解了。因此他又说,沧浪水清,可以濯洗吾之帽缨。

下阕又承上意,用莼羹鲈鲙归乡里的张翰之事。(《世说新语·任诞》云:张季鹰纵任不拘,时人号为江东步兵。或谓之曰:"卿乃可纵适一时,独不为身后名邪?"答曰:"使我有身后名,不如即时一杯酒!")他也自嘲杯酒平生,胜过身后虚名!这里并非是说稼轩放弃了克复中原的终极梦想,而是他把那些衮衮诸公、庸俗官僚看中的所谓"死后哀荣""青史美名"都弃如敝屣了。他想到自己和友人陈岘罢居十年,不禁感慨,这人间万事,如今竟然都是不分轻重大小,专以或虚或妄的小节黜废才子贤士!当此离别,怎能不让人想起《楚辞·九歌·少司命》之"悲莫悲兮生别离,乐莫乐兮新相知"的诗句呢?这或许是古今难免之悲喜,富贵功名,不如畅游泉林,与鸥为盟。

在赴临安的途中,经过南剑州,辛弃疾又写下一首名篇。

《水龙吟·过南剑双溪楼》:

举头西北浮云,倚天万里须长剑。人言此地,夜深长见,斗牛光焰。我觉山高,潭空水冷,月明星淡。待燃犀下看,凭栏却怕,风雷怒,鱼龙惨。

峡束苍江对起,过危楼,欲飞还敛。元龙老矣!不妨高卧,冰壶凉簟。千古兴亡,百年悲笑,一时登览。问何人又卸,片帆沙岸,系斜阳缆?

即将要被新皇召见,然而稼轩已不再是乾道六年三十一岁的那个年轻人。他仍然心怀着北伐中原的梦想,但他知道,要在一次短短的召对中取得皇帝的信任是几无可能的,他不再有那种以一言而登卿相的幻想了。

他遥望西北浮云,中原关河不通已逾一甲子。神州陆沉,遗民哭嚎,他知道要改变这一切就必须有震彻霄壤、雷霆万钧的力量。稼轩多么渴望自己能够长剑耿耿倚天外,鞭笞四夷,恢复万里河山。想起昔年西晋之张华得豫章雷焕所寻两柄宝剑,一为龙泉,一为太阿,此二剑当年于此地常光焰万丈,直冲斗牛。而如今他却觉得,此地山势高耸,潭深水冷,月华虽明而星宿黯淡。好友陈亮曾赋词曰:"尧之都,舜之壤,禹之封。于中应有,一个半个耻臣戎。万里腥膻如许,千古英灵安在,磅礴几时通。胡运何须问,赫日自当中。"然而虽如此,恢复事业却还远不能实现,朝廷到地方上积弊日深,因循苟安之风盛行,想到这些辛弃疾才觉得月明星稀,山风寒彻啊!他说若自己如东晋温峤点燃犀牛之角下照潭水,恐怕凭栏俯瞰,便能看到幽冥丑怪、赤衣水族覆火作祟。这不正是恢复事业,阻力甚大的象征吗?

江水奔腾在嵢(cāng)峡两岸峭壁之间,这双溪高楼可攀星辰,但稼轩却是欲高飞而恐低徊。年过天命,如陈登一般老矣,不如高卧北窗之下,凉簟之上,守一身之冰清玉洁。自双溪楼远眺,想千古兴废,人生百年,多少悲喜,此时都涌上心头?稼轩是愿以身许国,马革裹尸的,然而不禁要问,是谁人卸下了船帆,系于斜阳昏晦之时?

这正是辛弃疾内心的写照。他想克复中原,却自知恐怕还要终老泉林;他想为难可为之事,却知道别人压根不给他这机会。对于时局的认识,辛弃疾确乎可以说知天命了。

绍熙四年(1193年)正月,辛弃疾抵达临安后被光宗皇帝于便殿(别殿。古时皇帝休息宴饮的宫殿)召见。

拜后起身,光宗皇帝便说:"辛卿久任藩阃,文章盖世,今朕纂承祖宗之业,荷万民生死,卿可有所教朕?"

稼轩早听闻这位光宗皇帝龙体多病,今观其颜,已知此非是能中兴之雄主,比寿皇赵昚尚差之远矣。以如今宋金形势和敌我力量之对比,辛弃疾也不认为适合仓促北伐,因此已有所腹稿的他徐徐从容而言:"蒙陛下谬赞,臣以为方今南北之间,我皇宋宜修守备,蓄粮帑,内革积弊,外窥房衅,待天下有变,则可北定中原。虽然,当先务我之江淮为金汤,使敌不敢生觊觎之心。兵法有云,先为不可胜,以待敌之可胜。臣昏聩不明,思惟国朝淮河、长江之防线,或有所未臻无虞之处,愿渎冒万死,呈刍荛之见,烦扰圣听。"

光宗道:"辛卿何必过谦,朕愿闻其详。"

稼轩说:"自来人皆言:未有无淮而能守江者,故国朝之备北房,首重两淮,以为淮河固则江左安,淮兵众则房人怯。实则大有不然。臣窃观自古南北之分,北兵南下,由两淮而绝江,不败则死。此譬如汉末三分之时,曹魏屡越淮窥吴而阻于江;晋时苻坚投鞭断流,竟败淝水;元嘉拓跋南下,终不能克;绍兴逆亮之寇,有采石之跌而殒命瓜洲,皆此之类也。由上流而下江,其事必成。此譬如司马氏咸宁五年,自益州顺流而下,其明年即灭东吴;隋开皇八年,大军出川蜀而水陆下荆襄,三月间陈氏覆亡;我艺祖(赵匡胤)龙兴,开宝七年王师出征,亦循荆南而东下南唐,遂望风披靡,后主束手。此俱上流下江而大事之成者也。"

光宗轻咳了一声:"若如卿所言,则江重而淮轻,此论似乎保守,处置之恐伤前线士气。或卿尚未尽言?"

稼轩一听,又已知光宗资质如何了,心中不禁叹息,但他脸色上自然不能表露对皇帝的失望,而是凛然道:"陛下睿明,容臣分说一二。荆襄上流为东南重地,荆襄合而为一,则上流重;分而为二,则上流轻。上流轻重,此南北之所以为成败也。假设北房以万骑由襄阳南下,冲突上流,吾军仓促不支,陛下将责之谁耶? 襄阳步兵不过七千,驻鄂大军日趋百里,行于半路而不能及,荆南守臣未得宣抚之权,以地方之军,赴远郡之难,其敢为乎?故臣思惟,陛下可自江以北,取襄阳诸郡,合荆南为一路,置一大帅以居之。使壤地相接,形势不分,首尾相应,专任荆襄之责。自江以南,取辰、沅(yuán)、靖、澧(lǐ)、常德(皆宋时州名,俱属荆湖北路。辰即今湖北沅陵、沅即今湖北南沅江,靖即今湖南靖县,澧即今湖南澧县。),合鄂州为一路,置一大帅以居之,使上属江陵,下连江州,楼舰相望,东西连亘,可前可后,专任鄂渚之责。如此则长江上流之重成矣。臣敢以私忧过计之切,愿陛下居安虑危,任贤使能,修车马、备器械,使国家屹然有金汤万里之固,天下幸甚,社稷幸甚!"

光宗多病,这会听得辛弃疾如此黄钟大吕的长篇大论,已是有些疲倦,竟颇有些不能得要领,便抚慰了几句场面话,见此,辛弃疾便呈上了具体说明自己意见的《论荆襄上流为东南重地疏》便告退了。

稼轩内心在思考长江上流之守备问题时,未尝没有寄希望于万一,即或许皇帝能听取他的意见,甚至将荆襄或鄂渚的方面大权交付予他,使他为帅藩阃,许以便宜行事,得久任而练出一支强军来,他日有变,则即军中拜宣抚使,就可以提兵北上,杀虏建功。然而辛弃疾知道,这种万事顺遂的可能性极低。

或许是考虑到辛弃疾过去在解决会子问题上表现的干才,不久之后,朝廷下达诏令,任命其为"太府卿"。

所谓太府卿即是"太府寺卿",南宋建炎三年曾罢此官职,绍兴四年后又恢复。太府卿掌管国家财货之政令,总领库藏出纳、贸易、平准、店宅等事。元丰改制后为从四品。位列七寺卿之末。但是绍熙年间,往往太府卿可兼任户部侍郎或淮南、湖广等总领,多可跻身侍从之列,然而辛弃疾却没有带侍郎衔。

值得注意的是,从制词中我们可以推测辛弃疾在福建的施政效果。南宋时人楼钥之《攻媿集》记载了这份《福建提刑辛弃疾除太府卿制》:

> 敕具官某:尔蚤以才智,受知慈宸(yǐ),盘根错节,不劳余刃。中更闲退,以老其才。养迈往之气,日趋于平;晦精察之明,务归于恕;朕则得今日之用焉。召从闽部,长我外府。夫气愈养则全,明愈晦则光,于以见之事功,孰能御之哉。

制词大意是说,辛弃疾早年就聪慧过人,得家室之传,南归后对各种困难的地方事务游刃有余。中间闲退之时,又更成熟了才力。在福建路为官时,收敛卓尔不群的锐气,日趋平和宽雅;稍藏精辨细察的严明,多能恩恕下民,很得圣心。又说辛弃疾养敛锐气则反而更具完备之美,严明稍抑则反而光洁不耀,说以此态度为朝廷做事,恐怕很难有人能超过他,比他做得好。

从中我们可以推测,辛弃疾帅宪福建时,应该是恩威并用,大约采取了许多诛除首恶而安抚地方的工作,这表明他多少是听从了朱熹等友人的劝告,找到了治理地方和不得罪所谓清议风评的那个平衡点。

然而辛弃疾虽任太府卿,却终究不能兼任户部侍郎或地方总领,此后不久他又被授予集英殿修撰知福州、福建安抚使。集英殿修撰于南宋时多用于宠六部权侍郎外补地方官者,属于贴职之最高等,为正六品,位于待制之下。也就是说,两次机会,稼轩仍是没有成为待制、侍从这一级别,殊为可叹!

辛弃疾再次出为福建帅臣后,立刻熟门熟路地展开了多方的兴建工作。

绍熙五年(1194年),他通盘分析了福建路的诸多复杂情况,如毗邻大海,贼寇迭出;上四郡民,顽犷易乱;宗室盘踞,耗扰甚繁等,作出了创设"备安库"以应缓急之需和宗室、军人请给(薪给;俸禄)之用的决定。

同时,辛弃疾又按察刑名,开释地方郡县冤狱之人,进一步获取百姓信任支持;修建福州郡学,推广文教,严明学院纪律,务使福建路学子可以学有所得。

为了筹措备安库所需的资金,辛弃疾决定安排官吏,出售"犒赏库回易盐"。当时确实是允许地方政府以一定的专项物资进行商业贸易的,因此稼轩的举措不能说违制。不到一年时间里,辛弃疾多方筹措,备安库便积蓄了50万贯钱,面对前来请给的宗室等便都能妥善应付了。他甚至想造万件铠甲,招募强丁,补充军队缺额,严加训练,以备缓急之时可应对贼寇侵犯。

然而鬻售回易盐的事情又引起了朝廷中官员的非议。《宋会要辑稿·食货》二八之三九记载:(光宗绍熙五年)三月一日,臣僚言:"访闻福建安抚司措置出卖犒赏回易盐,约束甚严,榷贩甚广,多差官吏至坊场(官设专卖的市场)。事体骤新,民旅非便。乞命福建帅司日下住罢所置官吏坊场,今后置铺,不得出门。"从之。

这是说,有官员论说福建路安抚司出售犒赏回易盐,定了许多扰民的严厉规定,专买专卖的范围弄得很大,派了许多官吏至坊场。此种创设骤然而又较新,对百姓商旅都很不方便。于是命福建安抚司接到指令后就停止一应鬻售回易盐的坊场,且今后设铺榷卖,不得派吏员出外兜售等。福建安抚司只得从命。

因此辛弃疾想要强军整武的念头可能没有办法继续实施下去了，每次在地方上稍有灵活的处置，想要有所惠及地方，便常引来恶意聒噪，稼轩的心情自然是无奈的。

大约在此时期，他写下一首《行香子·三山作》：

> 好雨当春。要趁归耕。况而今、已是清明。小窗坐地，侧听檐声。恨夜来风，夜来月，夜来云。
> 花絮飘零。莺燕丁宁。怕妨侬、湖上闲行。天心肯后，费甚心情。放霎时阴，霎时雨，霎时晴。

词意可谓甚明。稼轩稍于地方上有所兴建谋划，就遭到种种掣肘，他的为政牧民的心自然是冷了。因而他看着眼前春雨，不禁又生归耕林下的念头。当此清明节气，小窗之前，坐听屋檐声声。这夜来疾风，黯月当空，乌云遮蔽，不正是恰如讥谗毁谤之不绝于耳嘛？

看落英狼藉，莺燕亦要嘱咐叮咛，怕误了湖上闲行的佳期。若是天恩一许，又何必如此愁情？然而君威难测，天意难寻，恐怕时阴时雨时情啊！

诚如梁任公《稼轩年谱》所说："先生虽功名之士，然其所惓惓者，在雪大耻，复大仇，既不得所藉手，则区区专阃虚荣，殊非所愿。"

稼轩所梦寐以求的是鞭笞北虏，收复河山这样的大事业，而倘若退一步连牧守地方都不能令其尽心为百姓多方营造，那与其尸位素餐，懒政不作为，不如回归乡里，悠游林泉！

这一年，又一噩耗传来。挚友陈亮在去年刚刚被光宗亲擢为状元,授建康通判,居然因病而卒!辛弃疾悲恸已甚,作《祭陈同父文》,其中有云:"而今之后,欲与同父憩鹅湖之清阴,酌瓢泉而共饮,长歌相答,极论世事,可复得耶?"

这一年,陈亮五十二岁,辛弃疾五十五岁。

十三
绍熙内禅赵韩斗法,稼轩殃及山水纵酒

绍熙五年(1194年)七月,南宋朝廷发生了一件惊天大事。

这事仍要从光宗即位之初说起。光宗赵惇登极之时已经过了不惑之年,为四十三岁,漫长的等待让他对父亲孝宗赵昚已是暗生不满。而光宗的皇后李凤娘又是武臣之女,好妒凶悍,心狠手辣。

《宋史》卷二百四十三《后妃传下》载:

> 帝尝宫中浣手,睹宫人手白,悦之。他日,后遣人送食合于帝,启之,则宫人两手也。又黄妃有宠,因帝亲郊,宿斋宫,后杀之,以暴卒闻。是夕风雨大作,黄坛烛尽灭,不能成礼。帝疾由是益增剧,不视朝,政事多决于后矣。

这是说光宗有一次在宫中洗手时发现一位宫女柔黄莹月华、皓腕凝霜雪,白得十分漂亮,心里很喜欢。没过几天,皇后李氏派人送食盒给光宗,光宗打开一看,居然是这位宫女的两只被剁下的手!光宗自然是大惊失色了。当时有位妃子黄氏得宠,李皇后就又趁着皇帝赵惇去太庙的机会,把黄妃杀害了,让人以猝死告之赵惇。当夜狂风骤雨,

黄坛上蜡烛尽皆吹灭,不能完成祭礼。赵惇听闻这噩耗后,心里就病得更重了,从此多不视朝,政事多由李皇后决定。

从以上史料不难想见,这是一位如何凶残的悍妇,且光宗之懦弱颟顸又可见一斑。并且,李凤娘不独独对其丈夫光宗如此专横,甚至对高宗和孝宗也敢出言不逊,讲话夹枪带棒,讥讽非常。

《宋史》同卷又载:

> 性妒悍,尝诉太子左右于高、孝二宫,高宗不怿(yì)(欢喜、高兴),谓吴后曰:"是妇将种,吾为皇甫坦所误。"孝宗亦屡训后:"宜以皇太后为法,不然,行当废汝。"后疑其说出于太后。

这是说,在光宗还未即位,李凤娘仍然是太子妃的时候,她就十分好妒凶悍。一次,她曾跑到高宗、孝宗那里,小题大做地将太子左右可能较宠爱的妃嫔之所谓过错,添油加醋、一股脑儿控诉给二帝听。高宗赵构自然不高兴了,对他的吴皇后说:"这女人是将门之后(庆远军节度使李道之中女),粗鲁无礼,我被皇甫坦这道士所误啊!"皇甫坦是当时一个著名的道士,曾为高宗皇帝的母亲韦太后看过病,颇得高宗信重。当初便是他告诉高宗,这李凤娘将来要母仪天下,于是高宗才把她聘为恭王妃,让她成了当时还是恭王的赵惇之妻。孝宗也屡次训斥李凤娘,说:"你最好老老实实以皇太后的言行举止、仪容风度为榜样,做不到的话,很快就可以废了你!"李凤娘又疑心这是高宗的吴皇后之意思。

据以上史料可知,光宗之李皇后完全是有理由仇恨高宗和孝宗的。高宗早已于淳熙十四年驾崩,而此时孝宗却仍然是太上皇"寿皇"。赵惇和李凤娘所生的乃是嘉王赵扩,李凤娘一心想要孝宗同意让丈夫光宗立儿子赵扩为太子,然而孝宗始终不松口。

于是在种种原因之下,李皇后更加想方设法、变本加厉地离间孝宗、光宗父子的感情。

据《宋史》同卷载:

> 内宴,后请立嘉王为太子,孝宗不许。后曰:"妾六礼(纳采、问名、纳吉、纳征、请期、亲迎。)所聘,嘉王,妾亲生也,何为不可?"孝宗大怒。后退,持嘉王泣诉于帝,谓寿皇有废立意。帝惑之,遂不朝太上。

这是说在皇室宴会上,李皇后请求册立嘉王为太子,孝宗不肯。李皇后就正色质问孝宗说:"妾身是以六礼明媒正娶所聘,嘉王是妾身亲生之子,为什么不能立为太子?"孝宗顿时勃然大怒。因为太皇太后吴氏和他自己的寿成皇后谢氏都是庶贱出身,而孝宗又并非高宗赵构亲生之子,乃太祖一脉,故而这李皇后的话听起来就完全是在讽刺孝宗和他的妻子以及太皇太后了。李凤娘回去后,带着嘉王赵扩在光宗面前哭哭啼啼,说寿皇有废立的意思。光宗此后更加被皇后李氏迷惑,竟不去重华宫朝见太上皇。

在孝宗禅位给光宗之初,光宗通常每月4次去重华宫朝见父亲,经由李氏这么三番五次地折腾,便渐渐不怎么去了,父子俩的情感也就愈加淡薄猜忌起来。绍熙五年,寿皇大病不起,按制按礼光宗都应该去重华宫问疾,亲侍药石于左右,结果他根本不肯去。光宗和太上皇不和的传闻从宫中不胫而走,这无疑使朝野掀起了混乱的风浪。

十三、绍熙内禅赵韩斗法,稼轩殃及山水纵酒 | 193

绍熙五年六月初九,太上皇赵昚驾崩,宰相留正和知枢密院事赵汝愚于第二天奏请光宗皇帝往重华宫主持丧礼,没想到光宗又一次拒绝了!重臣们面面相觑,又请立嘉王赵扩为太子以定国本,光宗又不许。

这样耗了几天,宰执们都觉得不是办法,于是阴谋开始酝酿于临安上空。起初知枢密院事余端礼提出请吴太皇太后垂帘,并册嘉王为太子而监国执丧,但吴氏大约不愿意干政,遂不同意此议。此后群臣只得屡次再请册立太子,结果数日后居然传出了光宗的御笔答复,说是"甚好",同意了。甚至有手诏御批传出,说:"朕历事岁久,念欲退闲。"留正自然不信这是光宗的御笔,他想请求入内召对,没有得到允许,便借口伤了脚,以年老为由,上表请求致仕,实则是出逃避难了。

可见这所谓的手诏很可能是赵汝愚等人伪造。此后,他们又通过知阁门事韩侂胄终于说服了吴太皇太后。韩侂胄为北宋名臣韩琦曾孙,父亲妻吴太皇太后之姊妹,韩侂胄又妻吴太皇太后之侄女,而嘉王赵扩又妻韩之侄女,故乃是一关系亲近的外戚武臣。其知阁门事的官职正如孝宗朝之近习所任之职,方便其出入大内,沟通皇帝和群臣,有着十分重要的作用。

于是在绍熙五年七月初四,吴太皇太后垂帘,宰相执政们以光宗手诏奏进,太皇太后便下诏,令嘉王赵扩即位,尊光宗赵惇为太上皇,李氏为皇太后。赵扩登极,这也就是宁宗,史称"绍熙内禅"。

此番宫廷政变,主角实际有3人。一者留正;二者赵汝愚;三者韩侂胄。留正本是左相,位次群臣第一,本可在危难之时,定国是、安社稷,但是当他发现赵汝愚他们潜在的政变企图时,他选择了退出游戏舞台,从主角变成了旁观者。赵汝愚是宗室出身,乃太宗一脉,因崇尚道学而与朱熹、辛弃疾较友善亲近。按宋祖宗家法,宗室自然是不能担任侍从以上的最高层官职的,但光宗仍然因为在藩邸时就与任太子侍讲的他相识,竟超升他为知枢密院事的执政长官。赵汝愚利用自己在朝中道学官员中的深厚威望和支持,以及自己宗室和执政的双重身份,凭借"力主建储"的政治正确,将多方势力统合在一起,不断地向光宗逼宫,甚至最后弄出了疑窦重重的所谓"朕历事岁久,念欲退闲"的手诏。他这向前的关键一步,表明自己对权力的追求。韩侂胄则是沟通宫府的关键桥梁,如果没有他博取吴太皇太后的信任,并加以说服,则无论赵汝愚等宰执拿出的所谓手诏再如何以假乱真,也无法合法、不流血地完成逼迫光宗禅位、新帝登极的这种大换牌操作。而赵汝愚和韩侂胄,又将对辛弃疾的仕途产生重大影响。

宁宗即位后,以赵汝愚为参知政事,不久又拜为枢密使,成为枢密院最高长官,真正的执政官;召秘阁修撰知潭州朱熹赴行在。赵汝愚开始培养自己的势力了。而辛弃疾作为与赵汝愚、朱熹亲近的方面帅臣,应当说在此时也是有机会回到朝廷中,甚至成为侍从高官的,然而,偏偏天不遂人愿。

绍熙五年七月,左司谏黄艾上章弹劾辛弃疾,说他"残酷贪饕(tāo),奸脏狼藉",以及"旦夕望端坐闽王殿"。这两条所谓的罪名都完全经不起推敲。辛弃疾此前任福建提刑和兼任安抚使时期就完美解决了贼寇问题,又安抚了民生,因此后来除授太府卿和集英殿修撰的制词都大加褒奖稼轩宽和爱民的施政。此后再任福建路帅臣时,虽然为修建备安库而鬻售回易盐,积攒了50万贯,但这并没有流入辛弃疾的私囊,且稼轩对下约束甚严,想必账目甚明,也不闻百姓不满,有何可疑?

所谓"旦夕望端坐闽王殿"更是无聊而弱智的诬蔑。闽王殿是五代王审知称闽王时所建宫殿。后来为吴越钱氏所吞并,最后钱氏又为赵宋所并,因此所谓闽王殿大多被拆除了。留下的一部分也成了福州守臣的官府之一部分了,难道是说辛弃疾竟然有割据地方的谋反之意抑或是说他懒政不作为吗?

既然弹章中两项主要的罪名都根本不能成立,南宋朝廷是如何处理辛弃疾被弹劾一事的呢?

当其时,赵汝愚大权在握,威望正隆,故朱熹抵临安之后立刻被提拔为焕章阁待制,兼侍讲,成为侍从级别高官。而以辛弃疾和朱熹的深厚交情,且又与赵汝愚相善,再加上稼轩亦是对道学持支持友好态度的,按说赵汝愚只要坚决保护辛弃疾,则黄艾的弹章决不能对他有所不利。

而当时韩侂胄亦在暗中谋划夺取更多权力,若说黄艾因为有韩侂胄支持而要拔除辛弃疾在福建路的帅臣职位,则辛弃疾并非赵汝愚道学党派之核心,甚至不能归为赵汝愚一党,只是与朱熹交厚而私交上颇善赵汝愚罢了。且观后来之发展,韩侂胄真正对赵汝愚之党发难,要等到此年十一月,则于此之前,韩侂胄会如此打草惊蛇,只为了拿掉一个并不在中央,亦不在边境重镇的福建路帅臣,且此人甚至不是赵汝愚的党羽,亦对赵汝愚无甚损失?

那么我们仍然要从黄艾身上寻找原因。黄艾深通经学,曾任嘉王赞读,这是十分重要的一点,亦即是说,他属于宁宗皇帝的潜邸旧臣,这一身份是不容忽视的。当赵汝愚以定策功勋秉国之际,黄艾显然也是想依靠自己潜邸之臣的身份得到进用的,那么当他看到朱熹被召后迅速升迁,会否想到与朱熹友善的辛弃疾也很可能因此擢升回中央呢?黄艾是福建莆田人,大约辛弃疾在福建路任帅宪大臣时提过的

"经界""钞盐"等建议都极大地威胁、侵害到地方士绅豪右之家的利益,因而或许一方面黄艾担心辛弃疾会被召回行在,和朱熹一样聚拢在赵汝愚身边,从而对他自己向赵汝愚靠近获取升迁造成一定的阻碍;另一方面可能是应地方上巨室之请求,通过构陷帅臣,将辛弃疾这样一位敢作敢当,始终要为百姓谋利的地方一把手弄走,好不妨碍他们兼并土地、私贩广盐而害民牟利。

黄艾的弹章上奏之后,竟然仍是不容辛弃疾分辩,就被罢免福建安抚使之职务,令其主管建宁府武夷山冲佑观。那么何以赵汝愚不保护辛弃疾呢?恐怕这是因为当时赵汝愚也已有所感受到韩侂胄的威胁,希冀通过买黄艾这样一位宁宗潜邸旧臣的面子,来更接近、取宠于宁宗皇帝。因此赵汝愚很可能是出于这种深结宫中以固权势的目的,把辛弃疾作为一个棋子给牺牲了。

辛弃疾只好又打点行囊,再一次回到信州。他写下一首《柳梢青·三山归途,代白鸥见嘲》,其中说:"而今岂是高怀。为千里莼羹计哉。好把移文,从今日日,读取千回。"他此番回乡,不是因为如张翰那般为了莼羹鲈鲙啊,他岂会不知自己被罢职背后的文章,因此他只能自嘲,为什么仍然如此看不穿,看不透,从今日起要把《北山移文》读个千回,好好反省自己的"功名之心"啊!

到信州后,辛弃疾又准备举家从带湖搬迁到期思。期思亦在江西,约在淳熙十二年,辛弃疾曾在铅(yán)山县"访泉于奇狮村,得周氏泉",淳熙十四年稼轩将周氏泉命名为瓢泉,约在绍熙三年又改奇狮为期思。

于是辛弃疾在期思再建新居,并写了一首《沁园春·再到期思卜筑》:

一水西来,千丈晴虹,十里翠屏。喜草堂经岁,重来杜老,斜川好景,不负渊明。老鹤高飞,一枝投宿,长笑蜗牛戴屋行。平章了,待十分佳处,著个茅亭。

　　青山意气峥嵘。似为我归来妩媚生。解频教花鸟,前歌后舞,更催云水,暮送朝迎。酒圣诗豪,可能无势,我乃而今驾驭卿。清溪上,被山灵却笑,白发归耕。

　　稼轩到得期思的心情似乎是很不错的。所谓卜筑,是选择吉地动土建宅的意思。他见得铅山之河自西而来,于期思成溪,这紫溪水蜿蜒曲折犹如千丈彩虹挂于晴空,此地又有山峦起伏,连绵十里,天地之间,如张翠绿屏风。想来自己此番回到信州,莫不似重回草堂的杜甫、游览斜川的陶潜?看着世间万物,各有差别,譬如老鹤高飞于云天,鹪鹩筑巢于一枝,本无高下之分,而这人间碌碌,又偏有人效仿那蜗牛要负屋而行,贪名逐利,岂不可笑?待得期思居所建好,更寻一风景佳处,盖个茅亭怡然自得。

　　看青山峥嵘高峻,意气灵秀,似是为我归来而生妩媚之态啊。我此后且在朝露晚霞之陪伴下,日日教导花鸟,令得她们载歌载舞吧!我便从今做个酒圣诗豪,如今虽然无官无势,但我却偏能驾驭天地万物、高山流水,把四时胜景、百千物华尽写入词赋之中!不过此番归来,清溪潺潺,倒要被山灵笑话,我渴慕泉林,却是白发方才归耕,可不叹欤?

　　而与此同时,南宋朝廷最高层的权力斗争正在逐渐白热化,也甚至又波及已经罢免帅位的辛弃疾。

　　绍熙五年七月,宁宗即位后又召回了左丞相留正,但是很快被赵汝愚之党弹劾而去位。赵汝愚则在八月末自枢府长官而宣麻拜相,成为右丞相。赵汝愚成为了当时的独相,一时威势煊赫,朝野侧目。他大举提拔道学一派的官员,通过除授侍御史、监察御史等官职逐步掌控台谏系统;又通过除陈傅良、彭龟年等人为中书舍人而控制诏令等,并升迁了一大批人入京为官。

然而在绍熙内禅中立下大功的韩侂胄、赵彦逾二人却未得到赵汝愚"安排",对此二人自然是咬牙切齿。韩侂胄之居中沟通宫府的作用前已叙述,赵彦逾则作为宗室和当时的工部尚书级别大员,又利用自己与殿前都指挥使郭杲(gǎo)之私交,使得他同意以禁军来保证内禅的顺利进行,防备万一出现的动乱局面。因此两人都是绍熙内禅里的定策元勋,想要分一块大蛋糕也是可以理解的。赵彦逾看着赵汝愚一步步青云直上,成为独相,他自然也是想做一做宰执高位的,然而赵汝愚却把他赶到了四川成都府;韩侂胄想拜节度使,却只捞着了一个宜州观察使(正五品)——这导致二人便对赵汝愚同仇敌忾起来,恨不能啖其肉,挫其骨。

当时实际上赵汝愚应当完全是可以掌握主动权控制住韩侂胄的,他是贵为独相的右丞相,又是宗室身份,以定策大功而居百官之首,占据了一切大义,然而赵汝愚却走错了路,低估了韩侂胄。朱熹曾提醒赵汝愚,不如给予韩侂胄虚名厚禄,暗中把他排斥在决策层外,反正官阶再高,不过是一个武臣,大宋何时轮得到武臣来指点江山?纵然给了节度使又如何?但是赵汝愚不能听从,也以为对韩侂胄不必畏惧,不过是一武官外戚,佞幸小臣而已。赵汝愚此时已经忘记了韩侂胄外戚的这层身份,他并非一般的外戚,而是与宫中太皇太后、宁宗皇帝等都关系亲近的得宠信之外戚,虽然官职较低,但能利用自己自由出入宫禁的优势，暗中操纵许多事情，这一层影响力和权力，是他的官职不能体现的，赵汝愚居然不能正视，可谓迂腐低能。

感受到赵汝愚对自己的态度后，韩侂胄岂能坐以待毙，等着哪天被流放岭外？他通过宁宗皇帝的内批，也就是所谓内廷的中旨，直接任命了一批鹰犬爪牙为御史台官员，与赵汝愚抢夺起台谏的阵地。内批除官从制度上来说当然是不对的，按制应当是经由中书门下的政事堂和吏部来除授官职，但是赵汝愚竟不能有所动作，听之任之，已属不智。

韩侂胄在政治斗争中的小聪明还是要远高于赵汝愚，他用历朝屡试不爽的伎俩使党羽先对赵汝愚周边的势力进行打击。大约由于辛弃疾亲近朱熹、赵汝愚之故，因而竟以闲居之身，仍被波及！

绍熙五年九月末，此前八月时被韩侂胄以内批除授为御史台长官的御史中丞谢深甫弹劾辛弃疾和马大同二人。

《宋会要辑稿·职官》七三之五九：

> 绍熙五年九月二十七日，朝散大夫集英殿修撰辛弃疾降充秘阁修撰；朝议大夫焕章阁待制提举江州兴国宫马大同降充集英殿修撰，罢祠。以御史中丞谢深甫言："二人交结时相，敢为贪酷，虽已黜责，未快公论。"

从此段史料可知，关键在于这一句"二人交结时相"。这个"时相"即是当时的宰相之谓，邓广铭认为应当就是指赵汝愚，此论殊是。实际上辛弃疾和马大同当时都已经属于闲居之官，身上都没有差遣。辛弃疾是带着本官和贴职闲居在家，马大同是带着本官和阁职提举宫观,都是失去了实际权力的边缘人物,那么谢深甫作为韩侂胄用来控制台谏的朝中大员,为何要向他们发起攻击呢?原因就在于这个交结时相。实际上这又完全是荒谬的指责,辛弃疾如果肯折节阿附赵汝愚,投其门下,而不是仅仅以交情相善,那么凭着辛弃疾的才干,黄艾论劾稼轩时,赵汝愚就多可能为其维护,而不是听任辛弃疾被罢免闽帅。因此弹劾辛弃疾与马大同的真正目的,是要对所谓的"时相",也就是赵汝愚动手,先剪除边缘枝条,慢慢地就除及枝干,最后就是对赵汝愚动手了。因此辛弃疾的贴职被降为了秘阁修撰,这自然是权力斗争里的无妄之灾了。

十一月,韩侂胄成功利用宁宗皇帝对侍讲朱熹说教得不耐烦,罢免了其侍讲的差遣。此前朱熹曾上疏说:"陛下即位未能旬月,而进退宰臣,移易台谏,皆出陛下之独断,中外咸谓左右或窃其柄。臣恐主威下移,求治反乱矣。"(《宋史纪事本末·道学崇黜》)朱熹的意思是说,陛下您即位还不到十个月,但是进退宰相执政,更换台谏官员这种大事,都不和大臣们商议,完全乾纲独断,朝廷内外都担心陛下身边有人窃夺权柄,自专威福。臣恐怕陛下权威被窃于臣子之手,求天下之大治而反招祸乱!这里面的左右,自然是影射韩侂胄了。大约朱熹看到赵汝愚既不以高官厚禄哄骗控制住韩侂胄,又不对其展开行动,便以为自己可以凭借天子侍讲的"半师"身份,指教起皇帝怎么做天子了。然而这毕竟又暴露了道学一党斗争上的幼稚。所谓疏不间亲,宁宗本就对朱熹讲书时的唠叨和严肃十分不喜,又如何能喜欢他对自己的亲戚,并且有拥立定策大功的韩侂胄说三道四呢?因此朱熹被罢侍讲,也就在情理之中,可以说是韩侂胄利用了宁宗情感上的好恶,把他掌控于股掌之中。

十二月,谢深甫又弹劾赵汝愚一党的重要成员,中书舍人陈傅良。陈傅良是个颇有气节、正义感的文人。据南宋叶绍翁《四朝闻见录》甲集"光皇命驾北内"条:

> 上为动,降旨翌日过宫……止斋陈氏傅良,时为中书舍人……上已出御屏,慈懿挽上入,曰:"天色冷,官家且进一杯酒。"却上辇,百僚暨侍卫俱失色。傅良引上裾,请毋入,已至御屏后,慈懿叱之曰:"这里甚去处?你秀才们要斫了驴头!"傅良遂大恸于殿下。慈懿遣人问之曰:"此何理也?"傅良对以"子谏父不听,则号泣而随之"。

这说的是在绍熙三年九月时,本来光宗已经被说动要去重华宫朝拜太上皇孝宗,且下旨次日就去,结果到了第二天,光宗本来已经出了御屏,李皇后却拉住光宗衣袖,说:"天色冷,官家不如再多喝一杯酒。"看到这种阻止天子去朝见寿皇的行为,大臣和侍卫们都震惊失色。陈傅良拉住光宗的龙袍,请求皇帝不要回去,而是应该去重华宫朝见寿皇。他一路追至御屏后面,李皇后声色俱厉地呵斥:"这里是什么地方!你们这些秀才都不要命了吗!"陈傅良只得在殿下恸哭。李皇后差人问他缘由,陈傅良说,臣子谏君父,而君父不听,则臣子只能号哭随之。

据此可知陈傅良之忠贞胆识,亦可叹李凤娘之泼辣凶悍。当黄艾弹劾辛弃疾时,陈傅良也为辛弃疾说过好话,大约认为以这些不实之词罢免稼轩实在太过荒谬冤枉。而辛弃疾也在此次弹劾中被波及,《宋会要辑稿·职官》七三之五九又云:

> 绍熙五年十二月九日,中书舍人陈傅良与宫观,以御史中丞谢深甫言其庇护辛弃疾,依托朱熹。

亦即是说,十二月九日有诏令下达,陈傅良被罢免了中书舍人的官职,给了个宫观,理由是他袒护辛弃疾,依附朱熹。实际潜台词就是这以上3人都是赵汝愚之党,谢深甫就是如此意思。

随着赵汝愚党羽被陆续贬谪罢免,韩侂胄终于要图穷匕见对付赵汝愚。当时的签书枢密院事京镗曾为此出谋,说:"彼宗姓,诬以谋危社稷可也。"(《宋史》卷四七四《韩侂胄传》)这就是说,京镗出了一条毒计,告诉韩侂胄,可以从赵汝愚宗室的身份上做文章,毕竟大宋制度,宗室不可官居侍从以上,如今贵为独相,自然可以诬陷其广结党羽,倾谋江山社稷了。

第二年,宁宗改元"庆元"。庆元元年二月,经过详细布置,韩侂胄之党右正言李沐便上疏弹劾赵汝愚,发动了致命攻击。

据南宋周密所撰《齐东野语》卷三《绍熙内禅》条:

> 先是,汝愚尝云:"梦孝宗授以汤鼎,背负白龙升天。"……于是右正言李沐首疏其事,劾汝愚以"同姓居相位,非祖宗典故。方太上圣体不康之时,欲行周公故事。倚虚声,植私党,以定策自居,专功自恣"等事。遂罢汝愚相位,出知福州。

这是说孝宗不豫的时候,赵汝愚曾对人言,说梦到孝宗皇帝把成汤所铸的象征君权的大鼎授予自己,自己背在身上后御白龙而飞天。首先这大约完全是不实之词,就算赵汝愚果然有这种天大的野心,但这种灭门反谋的话语,他会对绝对亲信之外的人说?以至于传得满朝皆知?所以这必然是韩侂胄一党的诬蔑。当时右正言李沐就首先弹劾赵汝愚,说他以同姓宗室却高居宰相之位,这违背祖宗成法和典故。当太上皇光宗抱恙的时候,赵汝愚妄图行周公之事,要摄政专权。他仰仗道学虚名,广布私党,以定策大功自居,专功自傲,放肆恣意等。于是赵汝愚被罢相,出判福州。

这标志着赵汝愚一党已经溃败,韩侂胄在夺取最高权力的路上取得了胜利。他如愿以偿,得擢升保宁军节度使,其党羽都陆续官拜宰执,此后不久,韩侂胄甚至加开府仪同三司,地位犹尊于宰相。韩党专权的局面在庆元年间终于形成,这对理解稼轩晚年仕途的浮沉是必须说明和尤为重要的一大事。

韩侂胄在掌权之后,对自己的党羽之官职进行了一番升迁调整,咬人的谢深甫由御史中丞擢升签书枢密院事,成为执政佐贰;献策的京镗由签书枢密院事擢升知枢密院事的执政长官;又将何澹擢为御史中丞,继续控制台谏。赵汝愚则继续贬谪,左迁宁远军节度副使,永州安置。

这一年十月,御史中丞何澹又弹劾辛弃疾。

《宋会要辑稿·职官》七三之六三:

> 庆元元年十月二十六日,……降授秘阁修撰知福州辛弃疾与落职……弃疾酷虐裒(póu)敛(聚敛财物。),掩帑藏(指公家之财产)为私家之物,席卷福州,为之一室(空)。

这是说,辛弃疾在何澹的弹劾下,秘阁修撰的贴职被褫夺了,其罪名已是老生常谈,说稼轩酷虐贪婪,把公家财富都当成自己的私人财产,在福州为帅臣时席卷一方,致使地方上苦不堪言,民众为之穷困潦倒。这自然完全是胡说了。何澹此人,性格睚眦必报。

《宋史》卷三百九十四《何澹传》载:

> 澹本周必大所厚,始为学官,二年不迁,留正奏迁之。澹憾必大,及长谏垣,即劾必大,必大遂策免。澹尝与所善刘光祖言之,光祖曰:"周丞相岂无可论,第其门多佳士,不可并及其所荐者。"澹不听。
>
> 宁宗即位,朱熹、彭龟年以论韩侂胄俱绌,澹还为中丞,怨赵汝愚不援引。汝愚时已免相,复诋其废坏寿皇良法美意,汝愚落职罢祠。又言:"专门之学,流而为伪。愿风厉(鼓励;劝勉)学者,专师孔、孟,不得自相标榜。"除同知枢密院事、参知政事,迁知枢密院。
>
> 吴曦贿通时宰,规图帅蜀,未及贿澹,韩侂胄已许之,澹持不可。侂胄怒曰:"始以君肯相就,黜伪学,汲引(引水,比喻举荐提拔。)至此,今顾立异耶?"以资政殿大学士提举洞霄宫。起知福州。澹居外,常怏怏失意,以书祈侂胄,有曰:"迹虽东冶,心在南园。"南园,侂胄家圃也。侂胄怜之。进观文殿学士,寻移知隆兴府。

这是说,何澹本来被周必大所厚待,但是自其为学官时,两年未获上司提前安排升迁,倒是留正奏报使他升官了。何澹因此就憎恨起周必大来,等到他入台谏之后,就上疏弹劾过去的老上司,导致周必大被罢免。何澹曾经和自己交好的刘光祖谈起此事,刘光祖就劝他:"周丞相难道无可指摘？只是他门下有很多人才，不可以牵连他举荐的有用之人啊。"然而这种颇为中肯的劝诫，何澹并不听从。

宁宗即位后，朱熹、彭龟年因为论劾韩侂胄被罢黜，何澹拜御史中丞，又怨恨此前赵汝愚不提拔自己，当时赵汝愚已经政争失败被罢相，他又诋毁赵汝愚，说他废坏寿皇孝宗过去的良法美意，导致赵汝愚被罢去馆阁职名和宫观之任。他又迎合韩侂胄禁止道学的政策，说："道学专研之说，流传而为伪学。愿朝廷劝勉天下学子文人，要专学孔孟，不可以自相标榜为宗师，妄论圣贤经典！"此后官运亨通，在韩侂胄提拔下，一路由同知枢密院事、参知政事，又升知枢密院事。

后来四川将门定江军节度使吴挺之子吴曦贿赂当时的宰辅，想要谋得一个四川帅臣的肥差，但是偏偏漏了何澹，没给他好处。当时韩侂胄已经授意宰辅可以答应吴曦，只有何澹持反对意见。韩侂胄大怒说："起初以为你肯与我一条心，罢黜伪学，这才提拔你到了如今的显赫官位！现在反而敢和我标新立异，提不同意见？"于是何澹被以资政殿大学士提举洞霄宫，给靠边站了。之后不久起复知福州，然而在中央决策层做惯了宰执大官，何澹在外面就常常怏怏不乐，失意惆怅，他便恬不知耻地写信求韩侂胄，说："我现在虽然在东边为官，但是我的心还是始终在南园这儿的。"南园是韩侂胄府邸里的豪华花园，这就是卑躬屈膝表忠心了。韩侂胄还真吃这一套，居然又可怜起何澹，将他进为观文殿学士，改知隆兴府。

据以上材料不难判断，何澹之人品可谓极其低劣不堪，唯以阿附权贵，牟取升迁作为为官的目的，对于不能及时帮助自己的老上司，他下起手来毫不留情，而且要祸及门生；对于势力滔天的权臣，他不惜文人傲骨，自降身份，几乎以家奴自处，摇尾乞怜。则这样的人以毫无新意的借口弹劾辛弃疾,其弹劾之真假,也就不足为论了。

但我们仍要弄明白,为什么何澹要弹劾已经罢官闲居的辛弃疾?实际上原因亦是十分简单的,因为当时赵汝愚被罢,朝中许多支持和同情道学的官员纷纷上疏为其说情,甚至认为朝廷应该追回前命,不应罢黜赵汝愚之相位。这就必然引起韩侂胄的警惕,认为必须将赵汝愚的各种潜在党羽一网打尽。辛弃疾作为与朱熹交情极为深厚又与赵汝愚私交相善的前藩阃大员,自然是要被牵连其中,再受殃及,好让其他观望冥顽的政敌都认清形势。因此辛弃疾的罪名可以说完全是一个借口,他也又一次成了权力斗争的牺牲品。

在这种情况下,稼轩在信州多借酒消愁,写下一系列饮酒词,且表现出一定程度的虚无主义思想和释门道教的生活态度,值得留意。

如《卜算子·饮酒成病》:

> 一个去学仙,一个去学佛。仙饮千杯醉似泥,皮骨如金石。
> 不饮便康强,佛寿须千百。八十余年入涅盘,且进杯中物。

又《卜算子·饮酒败德》:

> 盗跖傥名丘,孔子还名跖。跖圣丘愚直至今,美恶无真实。
> 简册写虚名,蝼蚁侵枯骨。千古光阴一霎时,且进杯中物。

第一首是说学仙学佛都好像虚无缥缈,俱不可得。他反过来想,说如不嗜酒就能健康,那么佛陀寿元应该有千百万亿乃至阿僧祇劫也不为过,怎么八十多岁就入涅槃了呢? 干脆还是喝酒吧!

实际上以辛弃疾之博学，他自然不会未读过《涅槃经》，他必定知晓释迦牟尼世尊入涅槃，乃是因为娑婆世界众生福报浅薄，阿难屡次错过乞请佛陀住世一劫，其后天魔之主波旬请佛入涅槃之事。然而稼轩在词中如此之说，只是为了表达愁情难纾，世事难为的怅惘啊！背负中原的壮志遥遥无期，朝廷里诸公忙于尔虞我诈，你争我夺；地方上官吏贪渎颠顶，欺上瞒下；军队里久不操练，将不知兵，兵不知勇，而辛弃疾却处于无可作为的闲居状态，如何不愁？

第二首则是说盗跖和孔子。盗跖据传为鲁国柳下惠之弟，乃一放荡不羁、叛逆自我的江洋大盗，他甚至标榜自己"盗亦有道"。稼轩说假如盗跖叫丘，孔子名跖，那盗跖成圣和孔丘凶愚就一直到今天了，美丑善恶的真正标准存在吗？古来青史留名又如何？英雄不过冢中枯骨，蝼蚁侵蚀。千古光阴也是弹指一挥间，不如喝酒！

才堪平章，气吞万里的辛弃疾，只能遁入酒泉之中，做个刘伶醉酒的狂态，此不独为他一人之悲哀，亦是时代之悲哀，大宋之惆怅耳。

十四
秋水观中山月夜,期思十年风雨声

约在庆元二年(1196年),辛弃疾带湖的雪楼遭大火焚毁,辛弃疾铅山县期思的新居也已建筑完毕,便举家搬迁到了期思。其续弦的夫人范氏大约在不久前已经辞世。

在此一时期,他又写下一首千古名篇。即《沁园春·灵山齐庵赋,时筑偃湖未成》:

叠嶂西驰,万马回旋,众山欲东。正惊湍直下,跳珠倒溅;小桥横截,缺月初弓。老合投闲,天教多事,检校长身十万松。吾庐小,在龙蛇影外,风雨声中。

争先见面重重,看爽气朝来三数峰。似谢家子弟,衣冠磊落;相如庭户,车骑雍容。我觉其间,雄深雅健,如对文章太史公。新堤路,问偃湖何日,烟水蒙蒙?

稼轩大约原打算在灵山齐庵的茅舍附近建造一条湖堤,但是不知出于何因,未能达成,大约是因为罢官闲居,没有了藩阃大员和贴职的诸多入项,经济上不再如往昔那般宽裕。

词中说,灵山俊秀,重峦叠嶂如万马奔腾回旋,向东西而驰。惊湍巨瀑直落九天,溅起水珠无数;小桥横截其上,缺月如弓挂夜空。我本该老后闲居安宁,苍天偏是多事,要我检校十万长松!读到此,实令人于其豪迈之外潸然泪下。稼轩本负翻云覆雨手,要整顿乾坤,挽银河仙浪洗尽胡沙,成克复中原之伟大事业,他或当宣抚两淮、川蜀,指挥十万虎贲,或当高坐密院、东府,运筹帷幄之中……然而如今,这些俱都成了空幻,他年近花甲耳顺,只能空对山林,把这十万长松当成了赳赳武夫,当成了自己统领的北伐雄师,如果给予辛弃疾便宜行事的斧钺之权,给他长久的器重,专以恢复事业任之,那么是否会有所不同?稼轩感叹,茅庐虽小,在长松龙蛇影外,风雨声中!此一句,尤为杀气毕露,狂傲自信,说庐小,反衬出稼轩如天地间一擎托日月之巨人,他驾驭龙蛇风雨,化木成兵,宛若天神重定九州山河,此等豪迈壮丽,于他人词中,何能见之?此真词中之龙耳!

下阕谓灵山诸峰争见英雄之容,他们映带朝霞,神清气爽,似东晋匡扶汉室的谢家子弟,衣冠楚楚,坦荡磊落;又似司马相如之庭院门户之外,车骑相拥,华贵非凡。而稼轩偏觉,这灵山万松之间,雄深雅健,乃似有太史公马迁之如椽巨笔,鬼斧神工。《史记》所记,乃诸侯兴亡事,稼轩仍然是不能或忘鼎定中原的大事业,他仍然想若能得成青史难传之伟业,该当如何!但是新堤尚且不能建成,偃湖烟雨,何日可见?这世间之事,若如此小者,尚有不能如愿,何况九州气运,中原浮沉,华夷之辨!

词是好词,人为佳士,然而流年偷换了衰鬓,宝剑已成了手杖,当年气吞万里,而今诗酒解烦,帝王换了4个,南北却还是天崩地坼!念及此,稼轩如何不悲从中来,愤慨难抑!

豪气干云天只能为一时之宣泄,诗赋泣于鬼神,终仍须问田舍之琐事,窥铜镜之悲苍颜。这是稼轩留给世人伟词的幸事,然于其人而论,则是莫大之哀。悲夫!

辛弃疾不得不过着这种"自叹年来,看花索句,老不如人意"的生活,他更时不时要学仙风道骨,问一声"怎得身似庄周,梦中蝴蝶,花底人间世"(《念奴娇·和赵国兴知录韵》)。庄子是要泯灭物我之别,天人合一的,他不仅要追求逍遥,亦是要齐天地万物之不同,在这种境界思想里,是非功过,荣辱得失,都不能成其为一种执念了。稼轩是借此排遣无可为之苦闷,聊作自慰啊。

庆元二年九月,辛弃疾又遭到了弹劾。

《宋会要辑稿·职官》七五之六六:

> 庆元二年九月十九日,朝散大夫主管建宁府武夷山冲佑观辛弃疾罢宫观。以臣僚言弃疾脏汙(wū)恣横,唯嗜杀戮,累遭白简(弹章),恬不少悛(quān)(悔改)。今俾奉祠,使他时得刺一州,持一节,帅一路,必肆故态,为国家军民之害。

据此材料来看,弹劾的措辞是十分耸人听闻的。说辛弃疾贪赃恣狂,毫无法纪,又特好杀人,屡次遭到弹劾,却恬不知耻地不知道痛改前非。如果让这种人还能奉祠,给他宫观的荣养优待,使得他以后还能时不时任地方监司、州府的帅宪漕臣,必定丑态复萌,成为国家军民的大祸害啊!

史料中已经不能知晓这次弹劾是谁上的弹章,但是看庆元二年的政治氛围,则此次弹劾的目的、原因又是不言自明的。此年,为了进一步打击赵汝愚的道学势力,巩固自己的权威,韩侂胄实施了所谓"庆元党禁"的政治高压手段。二月,就由宁宗下诏禁止在省试中取"伪学"之士;八月就几乎正式把道学定义为"伪学"。因此辛弃疾又是被韩侂胄一党的人当成了赵汝愚的同情支持者,也就免不了要拿他来弹劾一二了。

庆元三年(1197年)春,辛弃疾又写下一首酬和友人的诗词,即《蓦山溪·赵昌父赋一丘一壑,格律高古,因效其体》:

饭蔬饮水,客莫嘲吾拙。高处看浮云,一丘壑中间甚乐。功名妙手,壮也不如人,今老矣,尚何堪,堪钓前溪月。

病来止酒,辜负鸬鹚杓。岁晚念平生,待都与邻翁细说。人间万事,先觉者贤乎? 深雪里,一枝开,春事梅先觉。

赵昌父是辛弃疾之友人,昌父是其字,蕃为其名。赵蕃住于信州之玉山,也算是稼轩的邻居了。赵昌父亦是出身官宦之家,大约颇有文采,否则稼轩也不会谓其格律高古。

稼轩开篇就以《论语·述而》中孔子之语来表达自己富贵不挂心的潇洒旨趣和生活态度。孔子曾说:"饭疏食,饮水,曲肱而枕之,乐亦在其中矣。不义而富且贵,于我如浮云"。辛弃疾也正是不愿意阿附权贵,而宁愿老于泉林的。他仰观高云,俯视丘壑,乐在其中。他不由自嘲,功名之事,壮年时尚且比不过那些惯于溜须钻营之辈,现在垂垂老矣,还能做什么呢? 只能于前溪钓一钓镜花水月了。他因病而停止了嗜酒,说是辜负了鸬鹚杓这样精美的酒器。他说要将自己平生得失,都细说与赵昌父听。若这人间万事,先觉者便是贤明吧? 他又夸赵昌父淳熙末便辞官,而自己却屡屡不通北山之讽。三番五次的打击,让辛弃疾只能生出如此的念想了。

此后稼轩又写下一首《满庭芳·和章泉赵昌父》:

> 西崦(yān)斜阳,东江流水,物华不为人留。铮然一叶,天下已知秋。屈指人间得意,问谁是骑鹤扬州。君知我,从来雅兴,未老已沧州。
>
> 无穷身外事,百年能几,一醉都休。恨儿曹抵死,谓我心忧。况有溪山杖屦,阮籍辈须我来游。还堪笑,机心早觉,海上有惊鸥。

西山落日,东江流水,森罗万象美好之物,何时能为人停留?世间阴阳衰杀,一叶可知秋。若是屈指细算人间得意富贵事,不知谁可腰缠十万贯,骑鹤上扬州,把这红尘俗世里的仕途顺畅、钱财富足,甚至出世间的神仙逍遥都占齐了?稼轩谓赵昌父是自己的知己,晓得他一直是心存泉林,不肯阿附于人,未老已隐居山水之间。

身外之事,烦恼无穷,然而百年之中,何必挂怀?不如一醉方休!倒是你们终究要说我心忧桃花源外之事。然而我可竹杖芒鞋,高山流水,与大人先生阮籍那般的挚友逍遥同游,还是要笑话我不能早作归计,毕竟海上有与我辈盟约的海鸥啊。

到了庆元三年十二月,知绵州王沇(yǎn)上奏,提议编籍"伪学逆党籍",于是有凡五十九人被打入伪学逆党之名册,宰执中就有赵汝愚、留正、周必大、王蔺;待制以上又有朱熹、彭龟年、陈傅良、楼钥等人。伪学逆党籍的确立不得不让人联想到北宋末年蔡京捣鼓出的元祐党人碑,这标志着党争已经到了最激烈的程度。伪学逆党籍一确立,则名单之上的大臣,基本不再能担任在京重职或地方监司要职,也就是判了这些人的政治生命以死刑。然而另一方面,又有许多趋炎附势之辈,争相拜入韩侂胄门下,成为其鹰犬爪牙,庸才无能而窃居高位,看到这些情况,辛弃疾遂写下一首《踏莎行·和赵国兴知录韵》:

> 吾道悠悠,忧心悄悄。最无聊处秋光到。西风林外有啼鸦,斜阳山下多衰草。
> 长忆商山,当年四老。尘埃也走咸阳道。为谁书到便幡然,至今此意无人晓。

杜甫曾说:"大哉乾坤内,吾道长悠悠"(《发秦州》)。稼轩虽人在庙堂之外,但却仍关心着天下之事。转眼又是秋风萧瑟,他忧心着朝廷里愈演愈烈的党争倾轧之势,《诗经·邶(bèi)风·柏舟》里说"忧心悄悄,愠于群小",则稼轩怒于小人以阿附而进用的意思也就甚明了,以至于悲观之下,他要用西风啼鸦、斜阳衰草这样悲凉的意象。

所谓商山四皓,乃是秦末汉初之四位隐士,即东园公唐秉、夏黄公崔广、绮里季吴实、甪(lù)里先生周术。昔时高祖刘邦爱戚夫人及其子赵王如意,屡次想要易太子之位,令如意承继大统。吕后便迫使张良为其出谋划策,请来了刘邦想要征辟却始终不得的这四位秦末博士,以至于刘邦最后放弃了易吕后之子刘盈的念头。故而商山四皓此后成为隐居高士的一种指称,然而稼轩在这里却反用其意,将那些奴颜婢膝,拜入韩侂胄门下的幸进无能之辈比作了故作姿态的当世之"商山四皓"。这些惯于阿谀权贵之人,为了官爵利禄,奔走仕途之中,他们何曾有气节、原则,何曾真正关心恢复中原的大事业?不过是谁煊赫于上,他们便奉承于下,幡然应招,如此而已!

唯可值得庆幸的是,辛弃疾并未被录进伪学逆党籍。大约在逐渐掌握了朝中大权之后,韩侂胄对于一些并非真正赵汝愚党羽而又素有名望的人士,他不愿过分得罪,以免打击面过广。

在这种情况下,到了庆元四年(1198年),辛弃疾的集英殿修撰贴职又被恢复了,主管建宁府武夷山冲佑观的宫观之职也重新授予他了。然而对于这种韩侂胄拉拢示好的举动,辛弃疾并不为之所动。

他写下一首《鹧鸪天·戊午拜复职奉祠之命》:

老退何曾说着官。今朝放罪上恩宽。便支香火真祠俸,更缀文书旧殿班。

扶病脚,洗衰颜。快从老病借衣冠。此身忘世浑容易,使世相忘却自难。

五十九岁的稼轩此时完全以一种戏谑的口吻来记述自己被复职和奉祠的心情。他说自己老来退闲,从来不在意有无官身,已经全然不挂念于心了。实际上他自然不是因为年齿问题而正常致仕,因此他又说上恩浩荡,今朝放罪赦免了我的"罪过",让我奉祠有着宫观荣养的待遇,也不知道能拿几个香火钱呢?又让我得以编编文书重新带上殿阁修撰的清贵之职。于是我赶紧要扶着老病不便的腿脚,洗一洗尘垢的苍颜,只是家里连像样的衣服帽子都找不到了,得去借了才好恢复官身啊!然而真正流露出厌烦此类无谓仕宦的正是最后这句,稼轩自己忘却世情仿佛在他看来并不难,然而要让俗世忘了他稼轩,却真是全无可能啊。

但恢复贴职和奉祠并不代表着朝廷重新起用了稼轩,他仍然是闲居在铅山期思,过着吟咏风月、诗词歌赋的生活。此时期他又写下一首《水调歌头》,并自序:赵昌父七月望日用东坡韵叙太白、东坡事见寄,过相褒借,且有秋水之约。八月十四日,余卧病博山寺中,因用韵为谢,兼寄吴子似。

> 我志在寥阔,畴昔梦登天。摩挲素月,人世俯仰已千年。有客骖(cān)鸾并凤,云遇青山赤壁(李白墓在青山;赤壁指苏轼),相约上高寒。酌酒援北斗,我亦虱其间。
>
> 少歌曰:神甚放,形则眠。鸿鹄一再高举,天地睹方圆。欲重歌兮梦觉,推枕惘然独念:人事底亏全?有美人可语,秋水隔婵娟。

吴子似即吴绍古,时任铅山尉,乃陆九渊弟子,亦与稼轩善而成了朋友。

稼轩追思李白、苏轼的诗情词意,作下此首水调歌头。他说自己志在浩瀚无垠的夜空宇宙,往日总是在梦中飞升天际。稼轩抚摩、把玩着白色之月,竟不觉人世间已经千年光阴转瞬即逝。在梦中赵昌父以凤、鸾为座驾,遇李白、苏轼于九霄云端,一同共上广寒之宫。他以北斗为杓铛觥筹交错,而稼轩亦忝颜列席其间。

小歌曰:心神放逸奔流于外,形体如同睡眠。昔年贾谊《惜誓》曾说"黄鹄之一举兮,知山川之纡(yū)曲。再举兮,睹天地之圜(yuán)方"。稼轩也想如鸿鹄高飞一般,至无穷高处,看一看这天地的方圆。然而再待重歌一曲,却已经梦醒而觉。推开枕衾,他不由得怅惘独念:人间之世,何以如此难圆?譬如虽有佳人友朋如吴子似者,仍要被一泓秋水相隔,只能共赏一轮明月!

人到老年,势必愈加生寂寞之感,唯愿有二三知己能常在身边,说以平生细事。稼轩的这一梦,大约正是这种情绪的流露。

庆元六年(1200年),曾赞许辛弃疾"卓荦奇才股肱王室"的朱熹逝世了。当时尽管韩侂胄一党已经获得了党争的全面胜利,但是他仍然要防止道学党人或者同情道学的官员士绅们集会在一起,有所图谋。

《宋史纪事本末·道学崇黜》:

> 六年三月,朱熹卒。将葬,右正言施康年言:"四方伪徒聚于信上,欲送伪师之葬。会聚之间,非妄谈时人短长,则谬议时政得失。乞下守臣约束。"从之。

这是说,当朱熹卒于武夷山,将要下葬之时,言官施康年便进奏说:"四方伪学信徒聚集在信州,想要给他们的伪学师父送葬。会聚之时,他们不是妄论朝中大臣短长,就是谬议朝廷施政得失。乞请地方帅守大臣约束。"朝廷遂听从了这一建议。也就是说,在韩侂胄的授意和主导下,南宋朝廷甚至禁止朱熹的学生和信奉道学的人士前往参加他的葬礼,在这种恐怖政治之下,果然许多朱熹的门生故旧都明哲保身,不敢前往吊唁了。

辛弃疾在期思家中正读着《庄子》,听闻好友朱熹辞世的消息后,他立刻赋词一首《感皇恩·读庄子,闻朱晦庵即世》:

> 案上数编书,非庄即老。会说忘言始知道。万言千句,不自能忘堪笑。今朝梅雨霁,青天好。

十四、秋水观中山月夜,期思十年风雨声

> 一壑一丘,轻衫短帽。白发多时故人少。子云何在,应有玄经遗草。江河流日夜,何时了!

稼轩说自己书桌上无非是老庄之书,他亦明白老庄所说的超越言荃之束缚,懂得由忘言而忘物我,天人合一的体道之过程。然而念及南北之裂,政事之不堪,友人的猝然辞世,心中真是有千言万语郁积于胸,世情难忘,或许真是可堪一笑吧!今朝梅雨已停,青天万里放晴,或是这天也知晓晦庵的博大吧?

如今我闲居丘壑山野之中,脱去了沉重的官袍,一身轻衫短帽做个田舍翁。白发渐多,而故人渐少,都一一离我而去。晦庵通圣人之道,譬如扬雄辞世,留有《太玄》解易经,《法言》说论语,你也必会留下伟大著述,以飨后人。只是不禁想到,昔时杜甫言"尔曹身与名俱灭,不废江河万古流",那些诋毁你的无耻之辈,虽如今窃居高位,终是要销声匿迹在历史的长河里,而晦庵你却将永垂不朽!

《宋史》卷四百一《辛弃疾传》云:

> 熹殁,伪学禁方严,门生故旧至无送葬者。弃疾为文往哭之曰:"所不朽者,垂万世名。孰谓公死,凛凛犹生!"

在当时朱熹的门生故旧多不敢前往武夷山送葬吊唁的情况下,辛弃疾全然不顾此前韩侂胄恢复他贴职和宫观的"橄榄枝",毅然写了悼文往武夷山送老友最后一程。他在悼文中说,朱熹虽卒,但垂万世之名,必将不朽而永在天地人心之间。在他看来,一生追求圣人之学的朱熹,虽死而犹生!

讽刺的是,这一年十月,韩侂胄又加官为太傅。

在庆元年间,辛弃疾过去的许多好友先后离开人世,而自己也已经过耳顺之年,他想到过往弱冠之时的壮勇无匹,对着自己而今的白发,想到功业未立,恢复之事不能成,不禁悲从中来,愤慨难当!他写下一首《鹧鸪天·有客慨然谈功名,因追念少年时事,戏作》:

壮岁旌旗拥万夫,锦襜(chān)(短便衣)突骑渡江初。燕兵夜娖(chuò)(整理)银胡䩮(lù)(装箭的袋子),汉箭朝飞金仆姑(箭)。

追往事,叹今吾,春风不染白髭须。却将万字平戎策,换得东家种树书!

说戏作,是无奈,更是哀己身之老迈。以看似戏说的话语,言大悲愤之事,这正是在人生的暮年,看破与执着之间的一种矛盾。稼轩想到自己在绍兴三十二年,自己年方23岁之际,曾也统率万马千军,更是以五十骑闯入金营生擒叛徒张安国,彼时之风华绝代,如何不令人追思!稼轩一路南下,与女真的追兵互射追逐,由黑夜而至于白昼,其间惊心动魄之处,如今想来都已经恍如隔世。

已过花甲的辛弃疾不禁感慨,春风十里可染尽万紫千红,却不能令他的须发由白而黑,大好的时光就这样过去了。乾道年间,自己曾先后上《美芹十论》给孝宗皇帝;上《九议》于丞相虞允文,然而这些洋洋万言的平戎之策,竟最后换来的是带湖十年闲居和如今无可作为,求田问舍的结局!

约在嘉泰元年(1201年)春,辛弃疾为自己在期思宅邸的停云堂赋词一首,其中情感十分值得玩味。词为《贺新郎》,并有自序云:邑中园亭,仆皆为赋此词。一日,独坐停云,水声山色,竟来相娱。意溪山欲援例者,遂作数语,庶几仿佛渊明思亲友之意云。

词如下:

> 甚矣吾衰矣。怅平生、交游零落,只今余几!白发空垂三千丈,一笑人间万事。问何物、能令公喜?我见青山多妩媚,料青山见我应如是。情与貌,略相似。
> 一尊搔首东窗里。想渊明《停云》诗就,此时风味。江左沉酣求名者,岂识浊醪(láo)妙理?回首叫、云飞风起。不恨古人吾不见,恨古人不见吾狂耳。知我者,二三子。

自序里意思分说得十分明白。稼轩曾为信州友人的园林亭榭填《贺新郎》数首。而一日他自己独坐家中停云堂,只感到周遭山水亲近,便想溪山之美,或亦欲我作数语相赠?于是稼轩为自己的停云堂也写下一首《贺新郎》,并借此了表如渊明《停云》之诗思念亲友之意。

《停云》是陶渊明所作的四首组诗之名,可参其中一首而观大意。如其一:

> 霭霭停云,蒙蒙时雨。
> 八表同昏,平路伊阻。
> 静寄东轩,春醪独抚。
> 良朋悠邈,搔首延伫。

前四句谓云雨弥漫,天地间路途难通。后四句描摹自己闲居家中,独饮春酒而抓耳挠腮地思念友人之意。

这一年辛弃疾已经62岁,因此他说自己真是老了。但老来的怅惘未必是自己身体的衰颓,深谙佛藏、道藏的稼轩大约对此早已不挂于心。他惆怅的是平生交游的至交好友们如今大多都已先后辞世,没剩下几个了！而自己白发绵长,对人间狗苟蝇营、丑恶不堪之事只能一笑了之。若问这天地间,何物能令自己欣喜,或许便是青山绿水吧！青山多妩媚,料想青山见到他也是觉得一样潇洒倜傥吧！毕竟他与巍巍青山神形相仿,如何不似呢？

一尊浊酒,搔首无事,闲饮东窗,想来往昔渊明挥就《停云》之诗,或许也是如此时之风味一般无二吧？江东小朝廷里那些沉醉功名利禄的衮衮诸公,哪里能懂得渊明浊酒人生的妙处呢？稼轩没有写在诗歌中的是更深更无力的沉痛和时局的悲哀,因为绍兴和议以来,南北分裂之势已经60年！而朝中大员们却仍然在党争不休,买田置产,过着妻妾成群,金玉满堂的奢侈生活。念及此,辛弃疾不禁要呐喊:"我还可以变作天地间令日升月落的巨人,我还可以叫云飞风起！说我稼轩狂妄,是的,我稼轩就是要狂！我不遗憾没有见过古往的英雄圣贤,我遗憾的是古人不能见到我的狂傲,不能见到我要逆天地气运的狂劲！"

然而这种宣泄只是酒后的真言,他最后依然明白,了解自己的,或许不过屈指可数的几个人罢了。

这首《贺新郎》亦是读来令人止不住想要落泪。联想到稼轩弱冠之年,仿佛常山赵子龙一样的勇武英猛,便说这是武侠小说里讲述一个有着绝世武功的大侠,亦毫无违和之感。"我见青山多妩媚,料青山见我应如是"——这仿佛是说那天人合一,物我两忘的至高心法;"回首叫云飞风起"——似乎是说他那技惊四座的绝顶功夫;"不恨古人吾不见,恨古人、不见吾狂耳"——则又像是在说他败尽天下英雄,寂寞孤独,一览众山小的境界。然而稼轩之不幸,恰在于他不是处身于一个江湖的世界。江湖里可以快意恩仇,大侠们可以以武犯禁,可以用自己心中的正义天平颠覆世间的法则……

稼轩活在一个远比江湖更复杂和真实的可怕世界里。他本想筹划恢复大业,定百年之功,领万马千军,将中原胡虏之臭恶膻腥尽皆洗净,然而这些壮志最后都只能在诗词中陶写,只能故作狂态,纾解心中难酬雄心抱负的苦闷。稼轩虽则读佛老之书,但是到了耳顺之年,他实际上仍然不能忘记毕生追求的梦想。

嘉泰年间,辛弃疾送别其弟之际又赋雄词一首,词牌亦是《贺新郎》,下题:别茂嘉十二弟。鹈鴂、杜鹃实两种,见《离骚补注》。

词为:

> 绿树听鹈鴂(tí jué)。更那堪鹧鸪声住,杜鹃声切。啼到春归无寻处,苦恨芳菲都歇。算未抵人间离别。马上琵琶关塞黑,更长门翠辇辞金阙。看燕燕,送归妾。
>
> 将军百战身名裂。向河梁回头万里,故人长绝。易水萧萧西风冷,满座衣冠似雪。正壮士悲歌未彻。啼鸟还知如许恨,料不啼清泪长啼血。谁共我,醉明月。

茂嘉一般认为是辛弃疾之堂弟,有说或为辛次膺之孙辛勣(jì)。稼轩词作中提到茂嘉的,只有此首《贺新郎》与另一首《永遇乐·戏赋辛字送茂嘉十二弟赴调》。至于鹈鴂者,《尔雅》谓之鵙(jú),《左传》谓之伯赵。鵙为伯劳之别称,伯赵亦伯劳也。辛弃疾以为鹈鴂、杜鹃为两种鸟。总而言之,子规(杜鹃)与鹧鸪均是夏至而鸣,故古人有以为二鸟为一类之说。

此词本为送别之作,但详看字句,却并未直抒任何送别之语,而是几乎句句用典。词之开头即以鹧鸪、鹈鴂、杜鹃并举,《离骚》中有"恐鹈鴂之先鸣兮,使夫百草为之不芳";鹧鸪、杜鹃亦是声悲催人断肠之鸟。稼轩送别茂嘉之时,大约有绿树如林,值此春夏之交,三鸟次第而鸣,直到人间芳菲凋零,寻春无觅,春恨难销!然而或许人间之离别更有愁怨。想当年,西汉元帝时明妃昭君出塞,琵琶声悲,待她魂归之日,恐怕斗转星移、关塞已黑。又如武帝皇后陈阿娇失宠,被迫坐着翠辇永别黄金宫阙,就此幽居长门冷宫。又如《诗经·邶风·燕燕》所云之事,一说为卫庄姜无子,而以陈女戴妫(guī)之子完为子,庄公之薨,完继位而又为州吁所杀,于是戴妫不得不归于陈。庄姜远送其于郊野,作《燕燕》之诗,其情深意切,动人肺腑。又说所送者乃庄姜之公子妇,及公子娶而死,以其无子而归,作诗云:"燕燕于飞,差池其羽。之子于归,远送于野。瞻望弗及,泣涕如雨。"

下阕里稼轩接着提到了李陵苏武之别。"将军百战身名裂"!这真是多么振聋发聩、沉痛之极的呐喊?李陵深践戎马之地,足历王庭,与匈奴转战千里至矢尽道穷仍不放弃,锋镝金戈之声遮天蔽日,勇士们滚烫而殷红的鲜血溅洒在荒漠里,以五千之众,战十余倍之敌,到最后方才被迫投降。相信稼轩亦是认为李陵只是假意降敌,必欲伺机逃归大汉,并非是贪生怕死。然而武帝终是族诛李陵全家,母弟妻子无一能幸免。苏武离开匈奴之时,二人辞别,万里长诀!

而荆轲之将刺秦,燕太子及众宾客皆白衣冠送于易水之畔。当其时,高渐离击筑,荆轲高歌:"风萧萧兮易水寒,壮士一去兮不复还!"

满座尽皆垂泪啼泣,发冲冠而目瞋视。荆轲之慷慨悲歌响彻易水两岸。这些人间离别的悲剧仿佛此刻林间的啼鸟尚能明白一二,或许她们所啼鸣的也不是清泪,而是在泣血长歌!

由上阕女子之典到下阕李陵、荆轲的悲壮,辛弃疾必然也想到了自己。他何尝不是在各种构陷中身败名裂呢?他何尝不是如荆轲一般怀壮志而不能成呢?因而最后他要慨叹一声:"谁共我,醉明月。"

十五
忽然起冠东诸侯,岂厌帅守南京口

嘉泰二年(1202年)起,朝中的政局风向又逐渐开始发生了相当的变化。韩侂胄在掌握了朝政大权之后,为了久固权势,他便想要建立不世之功勋,为此他便准备拉拢那些一贯对金主战的各方官吏,包括过去因为庆元党禁而被打入伪学逆党籍的官员。大约在这一年年底,历时七年的庆元党禁不再执行了,这就使得韩侂胄得到了更广泛的支持。

到嘉泰三年(1203年)之夏,辛弃疾也被因此起复了,诏令其知绍兴府兼浙东安抚使。这一年他64岁。据《会稽续志》卷二《安抚题名》:"辛弃疾,以朝请大夫集英殿修撰知,嘉泰三年六月十一日到任。"可知,辛弃疾抵达绍兴府为六月十一日。

辛弃疾写下一首《汉宫春·会稽秋风亭观雨》,于中可见其此次起复后的心志,词如下:

亭上秋风,记去年蝎蝎(同"袅"),曾到吾庐。山河举目虽异,风景非殊。功成者去,觉团扇便与人疏。吹不断斜阳依旧,茫茫禹迹都无。

千古茂陵(汉武帝之陵)犹在,甚风流章句,解拟相如?只今木落江冷,眇眇愁余。故人书报:莫因循,忘却莼鲈。谁念我新凉灯火,一编太史公书。

稼轩说自己于铅山期思的家中,亦曾吹拂这亭上之秋风,袅袅而至,不异而今。望江北山河,譬如晋室南渡,新亭之会,以为山河有主人之别,风景却与昔时无二,而致座中大臣尽皆泣下。稼轩反用其意,正是如王导所言:"当共戮力王室,克复神州,何至作楚囚相对!"他心中想的,仍然是要恢复中原,因此他说"功成者去"。他要立重铸九鼎之功,但却并不贪恋权位爵禄的封赏,他想象的场景里,待中原得复,他就要御秋风而归故里,舍团扇而思莼鲈。然而这毕竟是美好的梦想,辛弃疾于秋风亭上看斜阳晚霞之景,便知这万古秋风,能杀草木花卉,却难吹断这日薄西山之愁。古传大禹会诸侯于江南,计功而崩,葬于此而名之曰会稽,尤会计也。或曰禹冢在山阴县会稽山之上。则想当初大禹制九鼎,画九州,定中国,如今安在哉?禹迹难寻,中原未复,可恨可叹!

武帝刘彻曾北击匈奴,塑民族之风骨,其陵千年来尚在人间,他作《秋风辞》感慨"少壮几时兮奈老何",想我亦老矣,学相如之风写诗词歌赋又有何用?而今草木凋零,江水凛冽,望中原而不得,如何不使人忧从中来,不可断绝!故人书信,谓我莫因循拖延,误了故里莼鲈之思,林下美意,何必再蹚世事浑水?然而谁知我,秋意新凉,夤夜灯下,我且要立百年勋业,成青史之名!

"谁念我新凉灯火,一编太史公书"最能明稼轩此时之心迹。太史公书即是《史记》。《史记》者,百年兴废,诸侯成败,记河山之浮沉,评人物之功过,所谓"一编太史公书",即是要成恢复中原之大事业,要定历史之走向,这是何等豪迈的话语!舍我其谁,真稼轩之雄豪也。然而"谁念"二字,又透露这一雄心背后的孤独,此一点尤为值得注意。因为韩侂胄所进用之人,多颟顸无能、贪腐聚敛之辈,许多元老之臣,对其并不看好,因此稼轩的朋友中必多有劝其不如置身事外的,然而稼轩毕竟想抓住自己人生中这最后的机遇,因此他不能以渴慕林泉来阻止自己再次为国效力。

此首词一出,亦得许多好友酬和。如名将张俊之曾孙张镃(zī)于和章中说:"江南久无豪气,看规恢意概,当代谁如?乾坤尽归妙用,何处非予?骑鲸浪海,更那须采菊思鲈?应会得文章事业,从来不在诗书!"此可谓知辛弃疾心意的话语了。

辛弃疾到了知绍兴府兼浙东安抚使任上,立即开始雷厉风行的处理政务。他是决不肯做一个尸位素餐,与地方上"一片和谐"的所谓老成圆滑之封疆大吏的。孟子曾说:"为政不难,不得罪于巨室。"所谓巨室,就是世臣大家。若是如孟子之所言,不敢去侵犯士绅豪右之家的利益,则损害到的必然是贫民百姓的利益。

《文献通考》卷五《田赋考》"支移折变"条载:

> 嘉泰三年,知绍兴府辛弃疾奏:"州县害农之甚者六事,如输纳岁计有余,又为折变,高估趣纳,其一也。往时有大吏,为郡四年,多取斗面米六十万斛及钱百余万缗,别贮之仓库,以欺朝廷曰:'用此钱籴此米',还盗其钱而去。愿明诏内外台察劾无赦。"从之。

这是说,嘉泰三年,知绍兴府辛弃疾上奏朝廷,说治下州县严重损害农民之事有六件之多,如缴纳之岁赋尚有余数应缴,则随意违反朝廷规定,折变成钱帛,且高估其价值,催促百姓缴纳,这是其一。往昔有郡守为官四年,居然胆敢多征收百姓六十万斛斗面米及钱百余万缗,另贮藏于仓库,而欺骗朝廷说,"是用这百万贯钱买得的这六十万斛米"。最终又监守自盗,把巨款中饱私囊。希望朝廷明下诏令,使内外台谏纠察弹劾,决不宽赦。朝廷听从了辛弃疾这一建议。

由辛弃疾对贪腐的嫉恶如仇来看,过往弹劾他如何聚敛剖克,亦不难知,大约全是不实之词。

辛弃疾不仅仅敢于得罪同僚和地方豪右之家,对于百姓的细琐之事,他作为一名路一级别的帅守大臣,也丝毫不肯懈怠,而是做了不少亲力亲为,关心民间疾苦的事情。

《宋会要辑稿·职官》四八之八三:

> 嘉泰四年正月二十三日,诏绍兴府诸暨县添置县尉一员。以守臣辛弃疾奏:枫桥镇浙东一路冲要之地,乾道间尝升为义安县,至淳熙初复罢为镇,止有镇、税官各一员,无事力可以弹压,奸民无忌惮,乞增置县尉一员,以武举初任人注授。故有是诏。

《宋会要辑稿·职官》四八之一四二又载:

> 嘉泰四年正月二十三日诏省罢绍兴府诸暨县枫桥镇税官,令镇官兼领。从守臣辛弃疾之请也。

以上两条是说,辛弃疾按察所部郡县之后,发现枫桥镇乃是浙东路形势要冲之地,乾道年间曾升格为义安县,淳熙初年又被罢废为镇,只有镇、税官员各一名,没有能够弹压地方不法之徒的力量,致使奸猾之民肆无忌惮。因此辛弃疾乞请增设县尉一名,好让他把枫桥镇的治安给管理好,并提议可以用武举初任人来除授这一官职。辛弃疾大约看到枫桥镇赋税上的一些问题,或是认为镇小而无须叠床架屋的另设税官,又提议省罢税官,由镇官兼任。这两项建议都被朝廷批准了。

大凡地方上有奸猾之民,不只是底层赤贫之无赖地痞,亦多有豪右之家居其间,阻挠州郡政令达于闾里乡野,并借此鱼肉贫苦老实的地方百姓。辛弃疾不仅仅有恢复中原的大视野,更有关爱黎民的父母官之心,因此他甚至为这些细小之事上疏朝廷,于中可见他为官之良心。

据宋人卫泾《后乐集》卷一中记载再命稼轩为知绍兴府兼两浙东路安抚使的制词云:

> 夫才固有其所长,政亦贵于相济。往者盐鬻为害,赖卿销弥居多。

则我们又可知,辛弃疾自嘉泰三年帅浙东之后,还曾经解决了此路盐法害民的诸多弊端,可惜没有更多史料记载,我们完全无法得知其中细节,不能知晓两浙东路盐法之弊至于何种程度,稼轩面临怎样的困境,又如何巧妙地破局利民。只能由此制词来想见,大约当时稼轩妥善地处理了这一问题。

稼轩在绍兴府时又与多位著名的诗人有所往来交谊。后世耳熟能详的,一者为刘过;一者为陆游。

刘过曾写过一首《唐多令》,其词曰:

十五、忽然起冠东诸侯,岂厌帅守南京口

> 芦叶满汀洲,寒沙带浅流。二十年重过南楼。柳下系船犹未稳,能几日,又中秋。
> 黄鹤断矶头,故人今在否？旧江山浑是新愁。欲买桂花同载酒,终不似,少年游。

其词情才艺已可见一斑。其中"欲买桂花同载酒,终不似,少年游"一句,真是写尽韶华易逝,良辰难在的愁情怅绪。刘过在此时期被稼轩招入自己安抚使的幕府中。他以布衣之身,喜论南北古今,很得当时一些文学名士的赞许。

陆游长辛弃疾15岁,亦是一生志在恢复,然而仕途坎坷。早年因为在锁厅试里位于秦桧孙秦埙之上,于礼部试时被秦桧使人黜落。中年曾于川陕幕府中有过军旅生涯,嘉泰年间入临安编修国史,于稼轩绍兴相见时已年老致仕。

其诗如《关山月》:

> 和戎诏下十五年,将军不战空临边。朱门沉沉按歌舞,厩马肥死弓断弦。戍楼刁斗催落月,三十从军今白发。笛里谁知壮士心,沙头空照征人骨。中原干戈古亦闻,岂有逆胡传子孙！遗民忍死望恢复,几处今宵垂泪痕。

《金错刀行》:

> 黄金错刀白玉装,夜穿窗扉出光芒。
> 丈夫五十功未立,提刀独立顾八荒。京华结交尽奇士,意气相

期共生死。千年史册耻无名,一片丹心报天子。尔来从军天汉滨,南山晓雪玉嶙峋。呜呼!楚虽三户能亡秦,岂有堂堂中国空无人!

多为慷慨悲凉感愤伤时之作,亦有文字纤巧,意境甚美的诗词。

嘉泰三年(1203年)末,辛弃疾被召赴行在临安(一说嘉泰四年初)。临行前,辛弃疾于山阴镜湖拜会了大诗人陆游。

稼轩曾见陆游屋舍简陋,想要为其修筑亭宇,却被放翁谢绝了。如今二人坐谈于镜湖陆游家中,却是畅叙此番朝廷有意恢复中原的大事。

陆游为稼轩倒上一杯茶水,矍铄的眼睛望着辛弃疾说:"幼安,你带湖十年,期思又是十年,可已倦了入世之心?"

"吾慕渊明久矣,林泉之志,看鸟倦知还,白云出岫,人生一快事耳。虽然,若朝廷果用我,必单车就道,要为鞭笞四夷之事!复我中国旧疆,正我辈之当戮力者也!"稼轩也不说任何场面话,而是直抒胸臆。

"幼安看如今北虏之气运,我大宋可有图谋之余地?"

辛弃疾道:"放翁岂是不知者?北虏衰败之态已露,吾闻女真后方,蒙古、鞑靼诸族日以强横,北虏不能制,且屡战而屡败。想昔日完颜起而耶律衰,辽亡而我大宋有靖康之难,余思忖今日事亦是如此,女真必亡,而俟其亡,吾大宋之忧方不可胜计。"

陆游捋须:"幼安绸缪甚深,老夫自愧不如。天下事,强梁者不得其死。所谓反者动之道,弱者道之用。观北虏兴衰,确是如此。则幼安以为,我大宋要该如何定数百年之基业,安中原百姓之炊烟?"

辛弃疾虎目霎时放光,说:"当招募敢战之士,结中原聚义之民,先取山东中原,收关中,复大宋江山;后当效武帝之威,秣马厉兵,出于北房之后,痛击蒙古、鞑靼诸部,复汉唐旧疆!夷狄者,皆畏威而不怀德,非斧钺膺惩焉能服之?"

"好!好!好!"陆游拍案而起,激动之下竟然咳嗽起来:"稼轩,若果能有人成如此事业,吾纵是泉下有知,如何不感怀喜泣!"

辛弃疾起身搀扶着陆游,说:"奈何仆亦是老迈,愿此番事业,后继有人,我自是当奠定此大事业之根基!"

二人高谈南北之势,情谊甚款。此后陆游写下一首《送辛幼安殿撰造朝》以记当时之事:

稼轩落笔凌鲍谢,退避声名称学稼。
十年高卧不出门,参透南宗牧牛话。
功名固是券内事,且茸园庐了婚嫁。
千篇昌谷(指李贺)诗满囊,万卷邺侯(中唐名相李泌)书插架。
忽然起冠东诸侯,黄旗皂纛(dào)从天下。
圣朝仄席(不正坐。谓侧坐以待贤良。古时形容帝王礼贤下士。)意未快,尺一东来烦促驾。
大材小用古所叹,管仲萧何实流亚。
天山挂旆或少须,先挽银河洗嵩华。
中原麟凤争自奋,残房犬羊何足吓。
但令小试出绪余,青史英豪可雄跨。
古来立事戒轻发,往往谗夫出乘衅(xià)(利用机会;钻空子)。
深仇积愤在逆胡,不用追思灞亭夜。

陆游盛赞辛弃疾文章诗词超迈鲍照、谢灵运,说他十年谪居屈学稼穑,实际已参透禅宗牧牛法奥。说他功名之事,本不在话下,诗词丰富如李贺,藏书万卷若邺侯。"忽然起冠东诸侯"四句是说此次朝廷起复他为两浙东路安抚使,可惜过去大宋没能早点重用他。随后陆游认为稼轩之大才足以与管仲、萧何相媲美,要先洗中原膻腥,后于天山挂帅。后四句谓稼轩他日指挥王师北伐,团结中原起义之民,则鞭笞驱逐北虏不在话下,超越古来英雄的功业也可建立。最后则是劝勉稼轩,不要再怨愤过去的构陷攻讦,毕竟家国君父之深仇大恨在逆胡蹂躏中土,不必再想起己身长期不被重用,如汉之李广所谓"灞亭不重李将军,汉爵犹轻苏属国"。

嘉泰四年(1204年)正月,到得临安之后,辛弃疾受到了宁宗皇帝的召见。

辛弃疾首言盐法:

"臣尝于福建、浙东时,多见盐鬻之为害。请为陛下言之。福建路盐产常年不过三四十万石,两浙路常在 200 万石上下。观我皇宋如今所行盐法,率皆徽庙时蔡京为相所制者。淳熙年间,臣忝为仓部郎官,知乾道年间,淮浙盐息即达 2 000 万贯。故人言:国家利源,醝(cuó)(盐)茗居半。臣看详祖宗往年盐钞,则徽庙政和年间,东南盐钞盐一囊(300 斤)在 10 贯、11 贯间,至于乾道年间,淮浙盐钞已 21 贯。"

宁宗听得如此多的数字,已是有些心不在焉,半天不见辛弃疾说出句结论,更是有些走神起来。

辛弃疾察其颜色,只得尽量长话短说:"今钞贵而朝廷所以酬买于亭户(盐户)者,其价甚薄,盐商尚可以加饶(免费增添,如盐商买盐时朝廷给予每 10 袋加饶一袋的优惠政策),又贵售其于百姓,加之抑配,民实不堪命矣！故亭户之总辖、甲头、统催(均负盐户中监管之职)等，勾结地方官军、巡检、弓手，同贩私盐。百姓乐私盐价廉物美，则谁尚欲贵买官盐耶？此风若长，听之则国家社稷有财用之忧；处之弗当则生民黔首财货耗竭。故臣愿陛下与宰辅大臣、户部官员讲求方法，少贵收买而贱盐钞之价；明发诏令，严敕地方监司、守臣，不可贪墨奸猾而害民；且严私盐之查禁，则庶几可减弭盐鬻之害。"

宁宗听了半天完全不得要领，竟是未能回复此番盐法的问题，便终于开口问及南北形势。皇帝说："辛卿，方今南北之间，可有以大有为之机？"

辛弃疾道："回陛下，北虏之势，殆不可久也。昔时粘罕、兀术(zhú)之横，已一去不返。绍熙五年，逆胡大通节度使、爱王完颜大辨反于五国城，前后十年，北虏师旅大丧。此其自乱于内耳。蒙古、鞑靼崛起于其后，臣闻蒙古乞颜部铁木真胡酋已渐次统合诸部，屡南侵逆胡而北虏莫之奈何。此其腹背受患于外也。自乱于内者，无暇于外，故北虏气运，已由盛而衰。"

宁宗亦是多病不慧之辈，与其父光宗才堪仿佛。这会便说："如卿所言，我王师北伐，当势如破竹耶？"

辛弃疾知道韩侂胄必然画了一个大大的愿景给眼前的这位才或不如中人的年轻皇帝，他只能斟酌用词，说："陛下，御前诸军承平日久，操习怠惰，隆兴年间即有符离不战而溃之事。臣恐仓促之间，未乘逆胡之隙，而徒使圣朝威名有所损益。臣请陛下简选知兵善战之将，于两淮之地广募悍勇边民，彼久受北虏骚扰之苦，无畏惧之心，常与逆胡周旋，知边境形势虚实，若加以调练，必可成北伐之雄师，克复中原！"

宁宗心想,这与太师韩侂胄所说的北虏已不堪一击,王师之北伐,当是中原父老箪食壶浆,起义之民望风景从的情形大有不同,他性格软弱,便又耐心问道:"则卿之见,规恢之事,究竟可以行乎?"

稼轩是何等人,到得如此岁数,只言片语他都能明白背后的曲折艰辛。他便知晓皇帝已经给韩侂胄说动,只知道恢复中原的功业唾手可得,全然不知道大宋自己的弊病在哪里。

辛弃疾说:"陛下,隆兴之时,军械粮草所备甚精,臣不知今日之事,两淮、川蜀所备军需几何?出师之日,转运辎重,用民夫多少,兵卒护卫又多少?凡克复州郡,犒赏之银,朝廷所备几何?故北伐不出师则已,若必出师,则须准备充分,选练强军,谍知敌情,伺机而出。臣以为,夷狄必乱必亡,愿付之元老大臣,务为仓猝可以应变之计!"

宁宗竟只听得稼轩最后这句话,心想,南北形势果然如太师所言,韩太师真是神机妙算。皇帝便微笑说:"卿其留行在耳,大事当须卿从中擘画赞襄。"

(因此次召对具体情况史籍无存,故以上召对内容据南宋李心传《建炎以来朝野杂记》乙集卷十八《丙寅淮汉蜀口用兵事目》:会辛殿撰弃疾除绍兴府,过阙入见,言金国必乱必亡,愿付之元老大臣,务为仓猝可以应变之计。侂胄大喜,时四年正月也。和《宋史》卷四百七十四《奸臣四》:会辛弃疾入见,言敌国必乱必亡,愿属元老大臣,预为应变计。郑挺、邓友龙等又附和其言。《宋史》卷四百一《辛弃疾传》:四年,宁宗召见,言盐法。所设计。)

辛弃疾对这次召对的失望是可想而知的,宁宗皇帝毫无才具,竟然如父亲光宗一般甚至不能抓住与大臣召对时的谈话要领,他只能听天由命,希望朝廷可以让他参与到即将开始的北伐之中。

不久,朝廷诏令下达,加辛弃疾为宝谟(mó)阁待制,提举佑神观,

十五、忽然起冠东诸侯,岂厌帅守南京口 | 235

奉朝请。

所谓阁待制，乃是侍从官之标志，本为侍从、献纳之臣，但在宋代实际上并无职守，只是作为文臣的差遣贴职。诸阁待制为从四品，位次于知制诰，高于诸直阁。辛弃疾所任的宝谟阁待制，位次于龙图、天章、宝文、显谟、徽猷、敷文、焕章、华文，设立于嘉泰二年八月，是光宗皇帝的御书阁。辛弃疾成为侍从级别高官之后，就标志着他可以参与国家的大政之讨论，且提举在京宫观，亦属荣宠了。而所谓"奉朝请"，乃是赴朝立班的意思，这里指的是辛弃疾以提举在京宫观带奉朝请，赴六参，即每月逢一、五日赴朝会立班，共6次，同时可以方便他参与军国机密的筹划讨论。

但是大约可以想见，当权的韩侂胄并没有想要真正信任和重用辛弃疾，而是以为不世功名可立取，北伐必将无比顺利。因此这一时期辛弃疾留下一首诗作，可见其愤恨不平和深沉之失望。诗名为《感怀示儿辈》：

> 穷处幽人乐，徂年(流年)烈士悲。
> 归田曾有志，责子且无诗。
> 旧恨王夷甫，新交蔡克儿。
> 渊明去我久，此意有谁知？

其中再度归隐的念头竟然又跃然纸上，更关键的是第三句"旧恨王夷甫，新交蔡克儿"。

"蔡克儿"用的是《晋书·列传三十五·王导传》中之典故：

> 是岁,妻曹氏卒,赠金章紫绶。初,曹氏性妒,导甚惮之,乃密营别馆,以处众妾。曹氏知,将往焉。导恐妾被辱,遽令命驾,犹恐迟之,以所执麈尾柄驱牛而进。司徒蔡谟闻之,戏导曰:"朝廷欲加公九锡。"导弗之觉,但谦退而已。谟曰:"不闻余物,惟有短辕犊车,长柄麈尾。"导大怒,谓人曰:"吾往与群贤共游洛中,何曾闻有蔡克儿也。"

这则材料是说了王导与蔡谟交恶的一个片段。王导妻子曹氏善妒,他颇有些"妻管严",就暗中安排了外宅,用来安置众多妾侍。曹氏知道后,就准备去大闹一番。王导担心自己的小妾们被羞辱,立刻命令仆人驾车赶去通风报信,他尚且担心去得迟了,用自己手上清谈时的麈尾之柄驱着牛前进。后来这事传到了司徒蔡谟耳朵里,就戏弄王导说:"朝廷想要加相公九锡啊!"九锡是九种类似天子所用之礼仪,历来都是权臣所受,甚至是篡位的前奏,如王莽、曹操都受过九锡。因此王导自然是表示不能接受的,根本没察觉这是蔡谟在戏弄自己。蔡谟就说:"相公除了怕老婆,大概什么都听闻不到了,只有眼前的短辕牛车,长柄麈尾。"王导大怒,对他人说起这事情时道:"我过去曾和群贤共游洛阳,哪里曾听说有蔡克儿子这样的混蛋!"

因此"旧恨王夷甫"是谓过去奸佞误国、靖康之变;"新交蔡克儿"是辛弃疾对现在朝廷中韩侂胄所擢用的那些无能贪腐之辈的讽刺,此意是十分明了的。他对于这些人窃居高位,纸上谈兵,内心十分焦虑而无奈。

韩侂胄所进用之人,如陈自强、苏师旦等皆是邀宠幸进之徒。如陈自强,庆元二年(1196年)时仍然不过是选人之官阶,低微之极,居然因为曾为韩侂胄之老师,四年后就签书枢密院事!由选人而从二品西府执政佐贰,其速度之快,令人无不侧目。嘉泰三年(1203年),陈自强又在韩侂胄帮助下拜右相。而此人一旦为国家之宰执,即公然贪污受贿,毫无士大夫之风骨。又如苏师旦,本仅为平江府一书佐,靠着早年跟过韩侂胄,居然就被授予枢密都承旨乃至安远军节度使这样的要职显爵!苏师旦是韩侂胄在军事战略上的主要谋臣,其权柄令人争附门下。

辛弃疾在提举佑神观,奉朝请的两个多月里,尽管也参与了一些韩侂胄主持的军事会议,但是他的诸多深谋远虑、切中要害的建言和意见,并没有得到韩侂胄真正的重视。稼轩在与宁宗召对时所说的那种"愿付之元老大臣,务为仓猝可以应变之计"的情况并没有实现,宋廷并没有重用他这样一位历经高宗、孝宗、光宗、今上宁宗四朝的老臣。辛弃疾在年龄上长韩侂胄12岁,且声名久著,已为当时朝野许多官员名士所交口称赞。大约韩侂胄是不愿意把"轻易"可建的盖世功勋,分润给这样一位可能抢他风头的元老之臣吧!

不久,嘉泰四年(1204年)三月,朝廷改任辛弃疾为知镇江府,赐金带。这就说明,韩侂胄只是想利用辛弃疾抗金主战的老臣威望,从而为他自己拟定的北伐计划壮扩声威,对于辛弃疾他只想加以虚荣示好,并不曾想过让他留在枢密院里运筹帷幄,或者宣抚宋金边境,统兵征战。

辛弃疾到得京口重镇镇江府之后,按捺下心中之愤,仍然决心要为克复中原的事业做一番力所能及之事。

据南宋时人程珌所撰《洺水集》卷二《丙子轮对札子》其二:

> 甲子之夏,辛弃疾尝为臣言:"中国之兵,不战自溃者,盖自李显忠符离之役始。……至若渡淮迎敌,左右应援,则非沿边土

丁断不可用。目今镇江所造红衲万领,且欲先招万人,正为是也。盖沿边之人,幼则走马臂弓,长则骑河为盗,其视虏人,素所狎易。……招之得其地矣,又当各分其屯,无杂官军。盖一与之杂,则日渐月染,尽成弃甲之人,不幸有警,则彼此相持,莫肯先进;一有微功,则彼此交夺,反戈自戕,岂暇向敌哉?……淮之东西分为二屯,每屯必得二万人乃能成军。"……又与臣言:"谍者,师之耳目,兵之胜负与夫国之安危悉系焉。而比年来有司以银数两、布数匹给之,而欲使之捐躯深入,刺取虏之动息,岂理也哉!"于是出方尺之锦以示臣,其上皆虏人兵骑之数,屯戍之地,与夫将帅之姓名。且指其锦而言曰:"此已废四千缗矣。"又言:"弃疾之遣谍也,必钩之以旁证,使不得而欺。……"又指其锦而言曰:"虏之士马尚若是,其可易乎?"

这是说,辛弃疾曾经对程珌谈过南北用兵之事。辛弃疾认为,中国之兵,不战自溃就是从隆兴年间李显忠符离之溃开始的。如果要渡过淮河北伐迎敌,左右相互支援,就一定非要用两淮沿边的土生土长之悍民不可。稼轩到镇江后,造万件红色军袍,并且准备招募万名土丁,正是为此。为什么呢?因为沿边之人,年幼时就熟悉弓马,年长则涉水为盗,他们看待北虏,是向来轻视不惧的。但辛弃疾认为一旦招募完毕,必须让这些新军单独屯驻,不能和官军杂处一处。因为一旦屯戍在一起,就会渐渐沾染官军的种种恶习,最后全变成丢盔卸甲的逃兵。如果不幸到了紧要关头,他们就会彼此观望等候,没有人肯先冲锋于阵前;一旦有了尺寸功劳,就要彼此争夺,甚至反戈相向,自相殴斗残杀起来,哪里还有工夫去对敌呢?辛弃疾进一步认为至少应在淮之东西各屯2万人,方能成军。

稼轩还曾向程珌透露,自己十分重视间谍、细作的作用,认为是军队的耳目,是战争胜负和国家安危的牵系所在。反观朝廷主管谍报的部门,不过用数两银钱、数匹布帛来犒劳从事情报工作的人员,以区区酬赏就想让他们冒着为国捐躯的风险而深入敌人腹心要害,刺探北虏动静,岂有这样的道理?稼轩拿出方尺的锦布给程珌看,上面密密麻麻所写皆是北虏步军、骑兵之数量,屯戍所在,以及统军将领姓名。辛弃疾又指着这块锦布说,这就花了4 000贯啊!并且,他遣派间谍入金人境内,一定要多方旁证,使做事之人不能欺骗他。他甚至指出,北虏的军旅尚且还有像这样的实力,北伐真的能像朝廷诸公想得那么容易吗?

从以上材料我们可知两件主要事情。一是辛弃疾已经完全认识到地方上御前驻扎诸军不堪大用的残酷现实,因此认为必须要用两淮边民来编练新军,应对以后的北伐大业。故而他虽然在镇江府上没有宣抚制置的便宜权力,却仍然要尽可能选练土丁成军,以备国家之所需。二是他必然长期有遣派间谍入女真境内的举措,为的就是查探金人虚实,做到知己知彼。然而纵观历史,要编练具备真正战斗力的新军,没有三五年之期,百战之绩,如何可成?

当时的人,对辛弃疾毕竟是有很大的期待的。辛弃疾此前要知镇江府,刘宰即书信一封《贺辛待制弃疾知镇江启》,其中说:

> 奉上密旨,守国要冲。三辅不见汉官仪,今百年矣;诸公第效楚囚泣,谁一洗之?敢因画戟之来,遂贺舆图(地图也,谓疆域)之复。岂比儿童之拍手,谩夸师帅之得人。

> 某官卷怀盖世之气,如圮(pǐ)下子房;剂量济时之策,若隆重诸葛。

说辛弃疾握有密旨,可便宜行事自然是夸张恭维之话。但说到大宋河南京畿之地,百年不见汉官威仪,而朝中衮衮诸公只知效楚囚相泣时,"谁一洗之"确乎是对辛弃疾的赞许。后面说他帅守镇江,民众即贺中原之将复,儿童拍手,人皆夸赞,虽是恭维之词,也可略见当时稼轩的声望。故而刘宰把稼轩又比作张良、诸葛亮,认为可以把恢复中原的事业交付给他。

因此辛弃疾仍然是带着要做一番实事的心情在镇江府为官的。他写下一首《生查子·题京口郡治尘表亭》:

> 悠悠万世功,矻矻(kū)当年苦。鱼自入深渊,人自居平土。
> 红日又西沉,白浪长东去。不是望金山,我自思量禹。

又有《南乡子·登京口北固亭有怀》:

> 何处望神州?满眼风光北固楼。千古兴亡多少事?悠悠。不尽长江滚滚流。
> 年少万兜鍪(móu),坐断东南战未休。天下英雄谁敌手?曹刘。生子当如孙仲谋!

第一首词上阕是追思大禹治水的丰功伟绩,令鱼入于渊海,人安居平土。下阕红日西沉与白浪长东俱是说明光阴易老之意,而让辛弃疾放不下的,是大禹划分九州,制九鼎的赫赫功业。他也想效仿禹,再令九州一统!

第二首词意甚明,借三国之事,思古今形势,抒北定中原之雄心。

然而辛弃疾想要编练新军的举动,必然是不会得到朝廷之好感的。当年辛弃疾在知潭州兼湖南安抚使任上时,创建飞虎军,就被枢密院中的一些官员多方阻挠,甚至降下御前金字牌,要勒令稼轩停止创建新军的举措。如今他在镇江任上,无便宜之权,却要编练新军,这必然会被韩侂胄党羽所忌惮,认为是要抢夺他们唾手可得的泼天大功,故而我们不难想到,稼轩的这番想法又受到了许多的阻碍而未能顺遂。

这种每要做一番事业,却受到多方掣肘的失望之情,于此一时期的几首词中多有体现。

如《瑞鹧鸪·京口有怀山中故人》:

> 暮年不赋短长词,和得渊明数首诗。君自不归归甚易,今犹未足足何时。
>
> 偷闲定向山中老,此意须教鹤辈知。闻道只今秋水上,故人曾榜北山移。

又一首《瑞鹧鸪》:

> 胶胶扰扰几时休,一出山来不自由。秋水观中山月夜,停云堂下菊花秋。
>
> 随缘道理应须会,过分功名莫强求。先(去声,本来)自一身愁

不了,那堪愁上更添愁?

　　第一首是表明了自己又厌倦仕宦,心生归隐的念头。归于泉林或许很容易吧?只是为何自己不及早脱下官服,戏水沧洲呢?人生须是知足,否则还要等到何时呢?稼轩满腔报国的热忱,以身许国的气节,最后只能把心思安放在山水鹤猿之上了。

　　第二首有两句值得注意。"胶胶扰扰几时休,一出山来不自由"将世事纷乱,朝廷乖张,自己每有营建就要受到干预、阻挠的无奈尽抒纸上。"随缘道理应须会,过分功名莫强求"则是劝慰自己,要领会得万事随缘,顺其自然的道理,功名事业,且莫强求。然而稼轩这样一位确有大才的人物,到了六十有五,却仍只能如此这般自我排遣,而不能致力于毕生追求的恢复事业,如何不可叹可恨?

　　大约稼轩已经预料到,自己在镇江府的任期,不会太久了。

天下英雄谁敌手
曹刘
生子当如孙仲谋

十六
仙人矶下多风雨,好卸征帆留不住

时间很快到了开禧元年(1205年)。韩侂胄不顾南宋御前诸军的战斗力是否堪用,将帅是否得人,即已经密令荆襄地方军队要主动越过边境,对金人统治地区进行试探性的挑衅。开禧元年的正月,宁宗皇帝也拿出封桩库金1万两作为他日功赏之用。然而这些举动势必反而引起女真人的警觉,使得宋军北伐就失去了出其不意、攻其不备的可能了。

辛弃疾在这一年二月,春社日(春季祭祀土地神的日子。春社祈谷,祈求社神赐福、五谷丰登。)于镇江写下了一首具有预言性质的雄词,即《永遇乐·京口北固亭怀古》:

> 千古江山,英雄无觅,孙仲谋处。舞榭歌台,风流总被,雨打风吹去。斜阳草树,寻常巷陌,人道寄奴(刘裕小名)曾住。想当年金戈铁马,气吞万里如虎。
>
> 元嘉草草,封狼居胥,赢得仓皇北顾。四十三年,望中犹记,烽火扬州路。可堪回首,佛(bì)狸(北魏太武帝拓跋焘小名)祠下,一片神鸦社鼓。凭谁问廉颇老矣,尚能饭否?

稼轩登临北固亭,想到过去与曹操争锋的孙权如今安在哉？吴宫亭台楼榭,歌舞风流,英雄事业,都消泯在历史的风吹雨打之中。又譬如昔时东晋末年,谁能想到寻常闾里巷尾,斜阳草树之下,居然曾住着贫贱之时的宋武帝刘裕！遥想义熙五年,刘裕以车骑将军、扬州刺史北伐南燕,攻入山东,灭燕而生擒鲜卑皇帝慕容超；十二年,以中外大都督、北雍州刺史北伐后秦,克复洛阳、长安,执其皇帝姚泓,攻灭后秦。如此功业,端的是气吞万里如虎！

而武帝之子宋文帝刘义隆元嘉年间,其事则大有不同！文帝想要效仿霍去病击败匈奴左贤王而封狼居胥山之事,立盖世武功。然而元嘉七年(430年),征南将军檀道济北伐不克；元嘉二十七年(450年),宁朔将军王玄谟北伐北魏,又不克而归。两次北伐都仓皇败北。稼轩不由得想到,四十三年前,金主完颜亮大举南侵,江淮震动,扬州烽火。不堪回首的是,元嘉二十八年(451年),魏太武帝拓跋焘渡黄河而南下伐宋,淮南一时望风而降,于是陈兵长江瓜步之山,甚至建设行宫,要饮马渡江,文帝刘义隆狼狈求和。此座行宫,即是如今所谓佛狸祠。而南宋之百姓们,全不知这是异族皇帝昔年南侵停留之处,以为是祭祀神祇的庙宇,如今只听得到鸦鸣鼓喧。历史居然就这样被遗忘了。从下阕来看,辛弃疾对韩侂胄即将要展开的北伐是持极度不乐观的态度的,但是他仍想为恢复事业尽自己最后之力,故而他要说,是否尚有人来询问自己,廉颇老后还能不能为国效力？且此典故,还蕴含着稼轩讥刺小人用事,阻碍自己得用的意思。廉颇晚年为将于魏,久后魏不能信用。赵国因为屡困于秦,赵王就想重新聘用廉颇。考虑到廉颇毕竟年龄很大了,赵王便派使者去看看廉颇究竟是不是老得不能带兵打仗了。廉颇有个仇人唤作郭开的,便重金贿赂了使者,让他多方诋毁。赵国使者见到廉颇后,廉颇一顿饭吃一斗米,十斤肉,披甲上马,显得老当益壮。结果使者回去后却骗赵王,说:"廉将军虽然老了,还能吃很多。但和臣坐在一起,一会工夫就要出恭三次。"赵王以为廉颇老了,就改了主意。则稼轩用此典,不也正是说明他深知朝廷里用事之臣对自己的好恶吗?

若以元嘉七年之事比于隆兴北伐,以二十七年之事比于韩侂胄将进行之北伐,则稼轩对于朝廷仓促进行的恢复事业,已经做了极度忧虑的预测,他担心规恢中原之事,又要虎头蛇尾,仓皇北顾!北伐之难,稼轩是心知肚明的。以刘裕如此雄才伟略,灭南燕,平后秦,却因为执掌朝政、统筹后方的刘穆之猝然而薨,被迫南归,导致最终关中得而复失。稼轩无刘裕称帝之心,但必然也想如刘裕一般无所掣肘地行克复中原之事,然而六十有六,却仍然未能入得两府,根本看不到战时宣抚一方的可能。

据《宋会要辑稿·职官》七四之一八:

> 开禧元年三月二日,宝谟阁待制知镇江府辛弃疾降两官,以通直郎张瑛不法,弃疾坐缪举之责也。

《宋史》卷四百一《辛弃疾传》:

> 坐缪举,降朝散大夫。

则我们可知,在此年三月,辛弃疾此前所举荐之官员张瑛有所不法,辛弃疾以举荐不当的罪责,本官被降两级。

十六、仙人矶下多风雨,好卸征帆留不住

这一年五月,金人派遣其平章政事仆散揆为河南宣抚使,驻扎于开封,并且开始布置防御事宜,这说明,韩侂胄一党想要北伐的意图早已令金人窥得,并且着手做了许多准备。军事上突然打击的可能性已经荡然无存了。

《建炎以来朝野杂录》乙集卷十八《丙寅淮汉蜀口用兵事目》:

> (五月)是月二十七日甲申,镇江都统戚拱遣忠义人朱裕结涟水县弓手李全,焚涟水县。六月五日辛卯,诏内外诸军密为行军之计。

可知,五月末宋军已经开始挑衅金人。六月,南宋朝廷诏令各路军队秘密做好出师准备,此前嘉泰四年已追封岳飞为鄂王,北伐箭在弦上了。在这种情况下,辛弃疾却又一次被弹劾了。

辛弃疾本于此月间被改知隆兴府,然而未及赴任,寻即受到了弹劾。

《宋会要辑稿·职官》七五之三七:

> 开禧元年七月二日,新知隆兴府辛弃疾、太府卿陈景思并与宫观,理作自陈。以臣僚言弃疾好色贪财,淫刑聚敛。景思荐进驵(zǎng)(尤驵侩也,谓贪婪之官吏)吏,锻炼(罗织罪名,陷人于罪)平民。

这是说,有言官弹劾辛弃疾好色贪财,为官地方时滥用刑罚、横征暴敛——完全都是老掉牙的不值反驳之词。但辛弃疾仍然被改授宫观,解除了知隆兴府的差遣。从另一名官员太府卿陈景思被授予宫观的内幕来看,辛弃疾之受弹劾,大约也是因为对韩侂胄的北伐持有所保留意见。辛更儒援引南宋时人叶适的《水心集》卷十八《朝请大夫主管冲佑观焕章阁待制陈公墓志铭》:

> 思诚名景思,姓陈氏……又进直焕章阁迁太府卿兼夏官侍郎(即兵部侍郎),时开禧元年二月也。初,用事者专国久,规钓奇功,威服内外,术不素讲,而先事挑敌。一日集侍从官议房移文,变色叱咤曰:"国耻未报也,彼乃以近事责我,盍遂正名乎?"众相顾皇恐,对不坚决,思诚曰:"……今财窘兵穷,贪将朘(juān)(剥削)剥,外约难信,内心弗齐。……征伐重事也,后不可悔。悔而复和,耻益甚焉,何报之有!"用事者与思诚亲,冀其助己,至是大怒,亟命提举玉局观。

以上材料可知,陈景思于开禧元年二月为太府卿。用事者毫无疑问,当指掌握了朝廷大权的韩侂胄。然而韩侂胄虽然规划着要钓猎千古大功,以威服海内,但是平时不讲求强军富国之法,却先挑衅金人。一日他召集侍从及以上高官议论北房的外交文书,韩侂胄变色呵斥说:"国耻还没能得报,夷狄却以近来之事责备我皇宋,我们何不正名出师,大张挞伐,克复中原?"高官们都面面相觑,相顾惶恐,没有能坚决表达意见的。思诚说:"……现在财力困窘,兵卒不堪,将领贪污盘剥,对外与北房之约不可信,朝野内部则人心不齐……征伐敌国,收复中原是极重大之事,发动了之后就没法后悔了。后悔了再去求和,耻辱就更大了,还谈什么报仇雪恨!"韩侂胄本与思诚颇亲近,希望他支持自己的战略政策,到了这地步便勃然大怒起来,很快便在其操纵下,

十六、仙人矶下多风雨,好卸征帆留不住

命思诚提举玉局观。

这就是说,陈景思被授予宫观,其根本原因在于反对韩侂胄贸然仓促北伐,而不是所谓的举荐非人,滥刑百姓。则我们可以想见,与陈景思同时被授予宫观的辛弃疾,真正的原因恐怕也是对韩侂胄的北伐策略颇有微词,他必然是要主张须得做万全准备,不可贸然行事,这就势必要得罪以为功业唾手可得的韩侂胄。

于是辛弃疾只能奉祠归铅山,途中至于建康府西南之仙人矶,乃赋词一首。即《玉楼春·乙丑京口奉祠西归,将至仙人矶》:

> 江头一带斜阳树。总是六朝人住处。悠悠兴废不关心,惟有沙洲双白鹭。
>
> 仙人矶下多风雨。好卸征帆留不住。直须抖擞尽尘埃,却趁新凉秋水去。

稼轩此番奉祠而归的心情是可想而知的。韩侂胄的北伐态势已经日趋明朗,但在他看来,宋军无论在将帅兵卒之选任训练还是后勤辎重的准备安排,以及战略方针等方面,都存在着各种各样的问题。他真正忧愁的并不是自己仕宦途中的进退黜陟,而是北伐女真、克复中原的成败和家国民族的气运兴衰。

仙人矶在建康附近,故有长江之水东流而过。忧国之愁下,辛弃疾眼中自然是斜阳衰草的景象,这建康乃是六朝古都,过往不知多少贤愚人物。看那沙洲上一对白鹭游戏其上,这千古兴废,可有人知?

仙人矶下多风雨,稼轩这一生何尝不是坎坷无数,这南北之间又何尝不是风雨晦暝,中原望断!人间行路之难,至于此,或只能停航远帆。且便振作精神,令宦海愁情随尘埃而去,趁着秋意新凉,归去吧。

一路行至饶州余干江,辛弃疾又赋词一首,即《瑞鹧鸪·乙丑奉祠归,舟次余干赋》:

> 江头日日打头风,憔悴归来邴曼容。郑贾正应求死鼠,叶公岂是好真龙?
>
> 孰居无事陪犀首,未办求封遇万松。却笑千年曹孟德,梦中相对也龙钟。

稼轩舟行于余干,虽则奉祠而归之初说要"直须抖擞尽尘埃,却趁新凉秋水去",但此刻不由得又想起了朝野诸公和北伐之事。

所谓"打头风"者,是风之逆舟也。稼轩说"江头日日打头风",这恐怕就不只是说归乡的舟舸逆风而行之事了,而有谓自己南归以来四十余年,人生际遇之失意坎壈,大志之难成。邴曼容为西汉末年哀帝、王莽时之人,《汉书》卷七十二《两龚传》:"汉兄子曼容,亦养志自修,为官不肯过六百石,辄自免去。其名过出于汉。"稼轩在这里自比为官六百石,不慕富贵的邴曼容,也是自嘲己身四十余年仕宦,始终不能出入两府,成军国大事,复万里河山。郑贾死鼠用《战国策·秦策》之典:"郑人谓玉未理者璞,周人谓鼠未腊者朴。周人怀璞过郑贾曰:'欲买朴乎?'郑贾曰:'欲之。'出其朴视之,乃鼠也。因谢不取。"这是说周人与郑人语言习惯之不同,造成了一个笑话。郑国商人想要玉,于郑曰璞;周人卖死鼠,于周曰朴。于是二者同音不同物,就出现了歧义和矛盾。在这里,我们既可以认为稼轩是自比为郑贾,感叹自己居然还一度寄希望于韩侂胄能做一番北伐的事业,但到头来却是发现自

十六、仙人矶下多风雨,好卸征帆留不住 | 251

己所信非人;也可以理解为郑贾与叶公一样,指朝廷用事大臣韩侂胄等,既难成他们所幻想的唾手可得之功名,又并非真是以克复中原为本心,而是要立功勋以固爵禄官位,所以说"叶公岂是好真龙"。

下阕犀首、万松又是用典。犀首为战国时魏人,即公孙衍。他曾于商鞅之后为秦所重用,担任大良造为秦国从魏国手中夺取河西之地。后因张仪入秦而受到排挤,回到魏国为将,便开始主张合纵抗秦,以应对张仪之连横。后张仪用事于魏,魏王相之,犀首不乐,终日饮酒,他人问以原因,答曰:"无事也。"故稼轩是以犀首自比,谓自己此生多是无所事事,不能有贡献于恢复事业。"万松"者,松应当是指王莽时之张竦,其字伯松,此殊无疑问;唯"万"指何人,邓广铭先生亦未做疏解,以为不知何故作"万松"。辛更儒在《辛弃疾集编年笺注》中认为,"万"当是指宋闵公之臣长万。他援引刘向之《新序》卷八《义勇》:

宋闵公臣长万以勇力闻,万与鲁战,师败,为鲁所获,囚之宫中,数月归之宋。与闵公博,妇人皆在侧,公谓万曰:"鲁君孰与寡人美?"万曰:"鲁君美。天下诸侯,唯鲁君耳。宜其为君也。"闵公矜,妇人妒,因言曰:"尔鲁之囚虏尔,何知?"万怒,遂搏闵公颊,齿落于口,绝吭(háng)而死。仇牧闻君死,趋而至,遇万于门,携剑而叱之,万臂击仇牧而杀之,齿着于门阖。仇牧可谓不畏强御矣,趋君之难,顾不旋踵。

此长万即所谓南宫长万,以勇武无匹闻名诸侯。过去他曾因率军与鲁国打仗,战败被俘,囚于宫中几个月后才被放回宋国。一次与宋闵公下棋,宫妇左右侍候在一旁。宋君忽然问长万:"鲁国国君和寡人,依你看谁更英俊?"长万说:"鲁君帅得不得了,天下诸侯,谈得上英俊的只有鲁君。他贵为一国之君,真是理所应当,天经地义啊。"听着南宫长万这样的话,宋闵公本来就性子傲慢,加上左右的宫妇已生妒忌愤恨之色,便挖苦说:"你长万不过是被鲁国关起来的俘虏罢了,你知道个什么东西!"南宫长万可不肯吃亏的,顿时勃然大怒,铁拳往宋闵公脸颊上招呼过去,打得国君牙齿掉进嘴巴里,堵住喉咙就这么死了。大臣仇牧听说国君被弑杀,疾跑着赶到了,正和长万在宫门相遇。仇牧提着剑怒叱长万,长万大概想,反正国君都杀了,还怕你一个卿大夫吗?手臂给仇牧来了一下,仇牧就被杀了,牙齿还磕到了门上。刘向认为,仇牧是值得赞赏的,因为他不假思索,赴君之难,不顾己身安危,不畏强暴。

张伯松之事见《汉书》卷九十九《王莽传》。居摄元年正月,王莽祭祀上帝于南郊等一系列行为之后,此年四月,安众侯刘崇与其相张绍谋划推翻王莽,不料攻宛而不得入,顷刻即败。张绍之从弟张竦便与刘崇族父刘嘉诣阙自归,请求处罚,王莽为示大度,就赦免了他们。张竦立刻代表刘嘉和自己上奏,与刘崇、张绍划清界限,说:"安众侯崇乃独怀悖惑之心,操畔逆之虑,兴兵动众,欲危宗庙,恶不忍闻,罪不容诛,诚臣子之仇,宗室之雠(chóu),国家之贼,天下之害也。是故亲属震落而告其罪,民人溃畔而弃其兵,进不跬步,退伏其殃。"王莽一高兴,就对刘嘉和他子嗣以及张竦赏官赐爵。于是长安为之语曰:"欲求封,过张伯松;力战斗,不如巧为奏。"

若稼轩果是用南宫长万之典,即是说自己于光宗绍熙内禅时未能赴君父之难,坐看韩侂胄、赵汝愚等人欺弄皇帝。而用张伯松之典,其意甚明,即谓如今又不能谄媚阿附权臣而求己加官晋爵。至于曹孟德云云,或当时稼轩思及昔时魏武帝北服匈奴、乌桓,如今南宋,居然要与虏人划淮而治,自己再欲如魏武帝般鞭笞四夷,却已老态龙钟了。

值得注意的是,此首词中将韩侂胄比作叶公,甚至比作王莽,那么辛弃疾对他北伐的真实用心已经做了很露骨地批判了,而又对韩侂胄把持朝政,广布党羽,提携阿谀无能之辈的行为鄙夷不平。

开禧二年(1206年)三四月间,韩侂胄开始了北伐前的最后军事部署。他任命四川制置使程松为四川宣抚使,吴曦为宣抚副使;邓友龙为御史中丞、两淮宣抚使;吏部侍郎薛叔似为兵部尚书、湖北京西宣抚使;殿前副都指挥使郭倪兼山东、京东路招抚使;鄂州都统赵淳兼京西北路招抚使……安排部署了三路北伐的军事计划,并褫夺秦桧之王爵,改谥"谬丑"。开禧北伐遂正式发动。

在先期取得一定胜利之后,五月初,宋廷正式下诏讨伐金人,开禧北伐全面开始了。当时韩侂胄令直学士院李壁草诏,宣布对金开战。其中说:"天道好还,盖中国有必伸之理;人心助顺,虽匹夫无不报之仇。"

然而批判的武器虽然如此犀利,宋军的实际攻势却不能大张武器的挞伐,反而甚至上演了一出出丑剧和闹剧。东路主帅郭倪令其弟池州副都统郭倬(zhuō)、主管军马行司公事李汝翼、军马司统制田俊迈分别统兵渡过淮河,会师攻宿州。

据南宋时人岳珂之《桯(tīng)史》卷十四二"将失律"条:

> 王师始度淮,李汝翼以骑帅,郭倬以池,田俊迈以濠,分三军并趋符离,环而围之。虏守实欲迎降。忠义敢死已肉薄而登矣,

我军反嫉其功,自下射之,颠。陴(pí)(女墙)者曰:"是一家人犹尔,我辈何以脱于戮?"始复为备。符离一尉游徼(jiào)(巡视)于外,不得归,城外十里间有丛木,尉兵依焉。我之饷军者,辇过其下,招司不夙(早)计,征丁于市,人皆无卫,部运官吏多道匿,无与俱者。尉鸣鼓,饷者尽弃而奔,则出于木间,聚而焚之。已辄归,三将无觉者,但怪粮不时至。居数日,而士不爨(cuàn)(烧火煮饭)矣。……宿闻有我师,以其帅府命,先芟(shān)积清野待,炮械无所取办,敢死又已前却,乃坐而仰高,搏手莫知所施。汝翼之至也,舍于城南。有方井之地,夷坦不宿草,军吏喜其免于崇薙(tì)(除草)也,而营之。会夜暑雨大作,营乃故积水卑洼处,草以浸死,元非可顿兵也。平明,帐中水已数尺,军饥,遂先溃。二军不能支,皆扫营去,改涂自蕲(qí)县归。入城少憩,而虏人坐其南门,覆诸山下矣,兵出方半,县门发屋者,皆揭(通"揭",举)石以投人,我军几歼焉。大酋仆撒字董者,使谓汝翼曰:"田俊迈守濠,实诱我人而启衅端,执以归我,我全汝师。"……召俊迈计事,至则殴下马……虏既得俊迈,折箭为誓,启门以出二将,犹剿其后骑,免者不能半焉。

据以上材料可知,宋军包围宿州后,北虏本有投降之意。谁能想到忠义民兵作为敢死先登的勇士已经在城墙上和金军短兵相接,宋军的正规部队居然反而嫉妒其先登破城的大功,从下往上射击忠义民兵,致使民兵们纷纷跌落下来。女墙上的金人便相顾而言:"他们对待自己人尚且如此,我们就算投降了,凭什么能免于被杀啊?"于是金军又开始拼死守备抵抗。恰巧宿州金军有一尉所领的侦查队伍在外不得归于城中,便藏匿于城外10里的灌木丛中。宋军粮草辎重的转运队伍,车马相连,从其下经过。宋军的招讨司对粮草军饷之转运不早做打算,临战从市集里强征人丁,此时又疏于防备,督办转运的官吏又在路边休息,没有和民夫一起的。金人尉官鸣鼓虚张声势,结果民夫尽皆丢下辎重狂奔而溃,于是金人从树林间而出,将宋军粮草全部烧毁。结果这样重大的事情,郭倬、李汝翼、田俊迈居然都毫无察觉,只是怪军粮没有按时送达。几天后,宋军粮尽了。另一方面,宿州金军早就谍知宋军将至,按照其帅府的命令,把城外粮草树木等全都割走了,实行坚壁清野的策略,这就导致宋军攻城的各种器具没有办法取得原材料来制作。加上此前忠义民兵为敢死队的战术又因为自己人内讧而指望不上了,宋军将士只能仰望城墙,毫无办法。李汝翼军队抵达后,驻扎在城南。有一片地方平坦而无杂草,军中吏卒都以不用除草而高兴,于是就在此安营扎寨。结果恰逢夜来夏雨滂沱,军营便因在地势低洼处而严重积水,连地上仅有的一些野草都被浸泡而死,这里原本就不应是安营顿兵的处所。到了天亮的时候,营帐中积水已达数尺之深,军士们又饥饿不堪,于是李汝翼部率先溃散。另外两支军队也不能支撑下去了,都拔营而走,改道向蕲县撤退。宋军刚入县城准备稍事休息,金军就堵住南门,占住山脚,宋军溃逃才一半,县城内城门处金军拆木发屋,都举起木石用来砸向溃逃的宋兵,宋军几乎被歼灭大半。金人大将仆撒孛董派人对李汝翼说:"田俊迈守濠时,实则引诱我军在先,轻启战端,把他绑了送到我们这里,我就放你们宋军一条生路!"于是郭倬、李汝翼等在商量后竟然诱骗田俊迈来商议军机,到了后就把他打下马,绑缚至金人所在。金人得到田俊迈后,折箭为誓,打开城门而放出郭倬、李汝翼,却仍派兵追杀溃逃的后方宋军,活下来的连一半都不到。

《宋会要辑稿·兵》九之二〇亦载:

> 二十三日虏兵围蕲县,我师势不敌,虏乘胜登城,焚城北门县治、仓库等,倬等战不利,兵多死。是晚,倬、汝翼受虏伪书,使人执俊迈送虏军。……是役也,兵初渡淮,三帅所统合部骑民兵几三万人,倬、汝翼孱懦无谋,兵无斗志,又值连雨……军还,溃乱不整,士卒多奔散,至灵壁,两军所存才五千余人而已。

则我们可知,这种将自己将帅绑缚送至敌营而苟且偷生的丑剧并非杜撰,乃是确有其事。韩侂胄所用诸将的不堪和宋军主力部队的战斗力也就可见一斑了。

此外,建康都统李爽攻寿州,不克。京西北路招抚副使皇甫斌败绩于唐州。江州都统王大节攻蔡州,亦战败而溃。

川蜀方面,挂帅的四川宣抚使程松和宣抚副使吴曦以及兴元都统秦世辅分三路进攻金人领地,尽皆败北。

在这种情况下,韩侂胄任用丘崈(chóng)为两淮宣抚使,罢免了邓友龙;又令叶适知建康府兼沿江制置使,调集军队守御江、淮防线。丘崈与辛弃疾早在乾道年间即因为同在建康为官而结下了友谊,当时辛弃疾任建康通判,丘崈为建康府观察推官。

如今丘崈获得了在两淮处置军机,收编溃卒的大权,跟随在他身边的程珌曾在亲眼看见前线惨状之后说:"臣从丘崈至于淮甸,目击横溃,为之推寻其由,无一而非弃疾预言于二年之先者。"丘崈主张严惩苏师旦、李汝翼、郭倬等人,并且主张先固守两淮。不久,苏师旦被罢官,家产充公作犒赏军费用,本人被韶州安置;八月,郭倬斩于京口,李汝翼、王大节、李爽流放岭南。

韩侂胄此时又颇有些想到辛弃疾,便再起稼轩为知绍兴府兼浙东安抚使。制词中说:"其才任重有余,盖一旦缓急之可赖",似乎暗示韩侂胄颇有一些要用辛弃疾于北伐事业的意思,但是这种模棱两可的话并不能打动已经对北伐形势早有先机之见的稼轩,因此他辞免浙东帅职,不愿赴任。国事到了如此地步,恢复事业草率一至于斯,稼轩纵然出山,又有何用呢?

稼轩以为北伐之事要付诸元老重臣,而韩侂胄专用幸进小人;稼轩以为御前诸军早已不可用,当选练两淮悍勇边民,而韩侂胄用无能之将统骄惰之卒;稼轩以为北伐要于战略层面明先后主次,而韩侂胄令大军出川蜀、两淮、京西,好似北虏不堪一击,可摧枯拉朽。如此不一而足,犯尽兵家忌讳,稼轩纵然得出为一方宣抚大使或是入西府执政,又如何力挽狂澜呢?何况,韩侂胄或许还并没有这样重用稼轩的意思。

十月,金人开始反击。金平章政事仆散揆分兵九路南下。他自统兵三万,出颍、寿;完颜匡兵二万五千,出唐、邓;纥石烈子仁兵三万,出涡口;纥石烈胡沙兵二万,出清河口;完颜充兵一万,出陈仓;蒲察贞兵一万,出成纪;完颜纲兵一万,出临潭;石抹温兵五千,出盐川;完颜璘兵五千,出来远。

辛弃疾在听闻败军之将被下狱的消息后,写下一首七律《丙寅岁山间竟传诸将有下棘寺者》:

去年骑鹤上扬州,意气平吞万户侯。

> 谁使匈奴来塞上，却从廷尉望山头。
> 荣华大抵有时竭，祸福无非自己求。
> 记取山西千古恨，李陵门下至今羞。

词意甚明。稼轩谓北伐诸将去年尚且以为功业易如反掌，各个都要请缨封万户。结果现在落得个溃不成军的下场，就如汉代武帝时之王恢，被廷尉认定"逗桡"（因怯阵而避敌）而当斩。稼轩以为这些败军之将的荣华福报本就是有到头之时，祸福无非是自己因果罢了。而郭倬作为将门之后，无能颟顸，此譬如李陵门下至今羞愧啊。

不久，开禧二年九月，宋廷于明堂祭祀天地，辛弃疾进从四品宝文阁待制。

如同王安石晚年深入佛藏，辛弃疾此时也已经对世间事颇多绝望。他又写下一首七律《丙寅九月二十八日作明年将告老》：

> 渐识空虚不二门，扫除诸幻绝根尘。
> 此心自拟终成佛，许事从今只任真。
> 有我故应还起灭，无求何自别冤亲。
> 西山病叟支离甚，欲向君王乞此身。

不二门谓《维摩诘所说经·入不二法门品》：

> 如是诸菩萨各各说已，问文殊师利："何等是菩萨入不二法门？"
>
> 文殊师利曰："如我意者，于一切法，无言无说，无示无识，离

诸问答,是为入不二法门。"

于是文殊师利问维摩诘:"我等各自说已,仁者当说,何等是菩萨入不二法门?"时维摩诘默然无言。

文殊师利叹曰:"善哉!善哉!乃至无有文字语言,是真入不二法门。"

这便是说,辛弃疾已经渐觉世间诸事,实在是多说无益,他几十年来吟诗作赋,醉咏风月,又何曾能改变南北分裂、神州陆沉的现实?佛法里以眼耳鼻舌身意为根,以色声香味触法为尘,而万法皆空,诸相皆幻,稼轩便在这种壮志难酬的痛苦中要放下一切"虚幻"。他一面说自心终有还本来面目,得成佛果之时,又说要学老庄任真我婴儿之心。凡夫执取假我,故有生灭,冤亲债主,终须了却因果,但若无欲无求,一切分别则不生。西山病叟是稼轩自称,谓要向宁宗皇帝乞求告老致仕之意。对于北伐的情形,他已经是了然于胸,完全不抱幻想了。

十一月,丘崈签书枢密院事,继续在江、淮整顿军马,但是他也已经知道北伐不可为,获胜已经不可能。金人的进攻则势如破竹,安丰军(安徽寿县西南)、濠州(安徽凤阳)、滁州、和州(安徽和县)、真州(江苏仪征)、光化(湖北光化北)、枣阳(今属湖北)、江陵、信阳军(河南信阳)、随州(湖北随县)、西和州(甘肃西和西)、阶州(甘肃武都东)、大散关都先后失守沦陷。金军攻势下,几乎仅有毕再遇部屡屡挫败女真人的嚣张气焰,在这种情况下,金人便想主动诱迫宋廷议和,接受苛刻的和约。

在川蜀一线,吴氏将门之后的吴曦轻易架空朝廷派去压制他的上司宣抚使程松。程松本仅为一区区知县,仰仗着投靠韩侂胄而四年即为执政,对吴曦想要有所异图的心思全无察觉。吴曦在经过了几个月和金人秘密的互相试探后,终于在十二月派人奉表及川蜀地图等投降金人,僭称蜀王,史称丁卯之变。

在诸多不利的情况下,韩侂胄又一次想起辛弃疾,于是诏令启用辛弃疾知江陵府兼湖北安抚使,且进龙图阁待制,不许辞免,令赴行在议事。辛弃疾无奈之下只好拖着六十七岁的老迈之身,赶赴临安,然而我们如今已经不能知晓在临安时韩侂胄究竟向辛弃疾询问了哪些意见,他是否在召对中向宁宗提出任何战略方针,只能确认,他未被派往江陵府,而是又改任兵部侍郎,时开禧三年(1207年)。

所谓龙图阁待制,亦是从四品之职名,为诸阁待制之最高等职名。而兵部侍郎一职在北宋前期仅为文臣迁转寄禄官阶,属前行侍郎,元丰新制后成为职事官,定为从三品。

辛弃疾便两次上章辞免,大约韩侂胄仍然想要借助辛弃疾,便授予稼轩在京之宫观,让他可以留在临安,以备缓急之用。

此年二月,吴曦为部下所杀。三月,辛弃疾被叙复朝请大夫,旋又叙复朝议大夫。

但是这些韩侂胄的示好已经为时已晚了。辛弃疾的健康状况已经一再恶化,他多次请求免去在京宫观,最终大约在这年夏归于铅山。

至铅山之后,辛弃疾乃又写下几首七律,于中可见他内心之情绪。如《丁卯七月题鹤鸣亭三首》其二:

> 林下萧然一秃翁,斜阳扶杖对西风。
> 功名此去心如水,富贵由来色是空。
> 便好洗心依佛祖,不妨强笑伴儿童。
> 客来闲说那堪听?且喜近来耳渐聋。

于中一可见稼轩向佛之心日深,二可见其健康状况已十分不佳。

开禧三年四月起,韩侂胄命方信孺为国信所参议官,出使金军议和。

据《宋史》列传第一百五十四《方信孺传》:

> 信孺还,言:"敌所欲者五事:割两淮一,增岁币二,犒军三,索归正等人四,其五不敢言。"侂胄再三问,至厉声诘之,信孺徐曰:"欲得太师头耳。"侂胄大怒,夺三秩,临江军居住。

方信孺回到临安后说:"北房想要的是五件事,第一件事要割让两淮土地,第二件事须增加岁币,第三件事犒劳军费,第四件事索还归正人,第五件事就不敢说了。"韩侂胄再三追问,一直到厉声诘问。方信孺才缓缓地说出口:"他们想要太师的项上人头啊。"韩侂胄大怒,夺方信孺三官,着临江军居住。

并且,朝廷内部此时也暗流涌动,一些人正在伺机密谋,窥探着等待韩侂胄露出破绽。在这种内外交困的局面下,韩侂胄再次想到辛弃疾,便在其操纵下,下诏启用辛弃疾为枢密都承旨——这是枢密院属官之首,掌承接、传宣机要密命,通领枢密院事务。虽为从五品之官职,但十分重要,韩侂胄实际上就是要让他负责北伐事宜,继续对金人用兵,挽回自己岌岌可危的困境。诏令中又令辛弃疾速赴行在奏事。按宋廷重用超擢的惯例,辛弃疾将很可能极快地由枢密都承旨升迁为枢密院长官。

然而稼轩时年已六十有八,北伐之事已经败至于斯,韩侂胄击败赵汝愚道学一党之后始终不肯信任辛弃疾,将恢复事业交付予他,如今兵败如山倒,金人求其首级,反对他的人也窥探在暗侧,此时才想起要把军事指挥之权交付稼轩,岂非太迟了!

稼轩自然也不能受命,一方面已经知道难以回天;另一方面他的身体也不允许他再次出山,于是上章乞求致仕。

开禧三年九月十日,辛弃疾病逝在铅山家中,带着他未竟的雄心壮志和"男儿到死心如铁"的坚定意志,与世长辞了。回顾稼轩的一生,他自山东南归大宋,始终以恢复中原的功业自许,然而辗转地方,从未获得拜相或执政的机会,在北伐之时也没有得到及时的器重,他所能留给后人的,并非万世功勋,而只能是诗词歌赋里的英雄之气。英雄,未成伟业,而尤为可叹。历史的残酷和温情在这里对立统一起来,我们多么希望辛弃疾有机会去实现克复中原的壮志,但更为其在悲剧人生里的呐喊感怀泪流。

附录

参考文献

一、古籍

1. ［元］脱脱：《宋史》，中华书局1985年版。
2. ［宋］徐梦莘：《三朝北盟会编》，上海古籍出版社2008年版。
3. ［宋］洪迈：《野处类稿·稼轩记》，文渊阁《四库全书》本。
4. ［元］脱脱：《金史》，中华书局2016年版。
5. ［宋］黎靖德：《朱子语类》，中华书局1986年版。
6. ［宋］史浩：《峰真隐漫录》，文渊阁《四库全书》本。
7. ［宋］周密：《齐东野语》，上海古籍出版社2012年版。
8. ［宋］李心传：《建炎以来朝野杂记》，中华书局2016年版。
9. ［宋］崔敦礼：《宫教集》，文渊阁《四库全书》本。
10. ［唐］房玄龄：《晋书》，中华书局2015年版。
11. ［晋］陈寿：《三国志》，中华书局2012年版。
12. ［南朝宋］刘义庆：《世说新语》，上海古籍出版社2013年版。
13. ［宋］马端临：《文献通考》，中华书局2011年版。
14. ［宋］洪迈：《容斋三笔》，文渊阁《四库全书》本。
15. ［宋］曹彦约：《昌谷集》，文渊阁《四库全书》本。

16. ［宋］罗大经：《鹤林玉露》，上海古籍出版社2012年版。
17. ［清］徐松：《宋会要辑稿》，上海古籍出版社2014年版。
18. ［宋］刘时举：《续宋编年资治通鉴》，中华书局2014年版。
19. ［宋］佚名：《中兴两朝圣政》，北京图书馆出版社2007年版。
20. ［宋］张端义：《贵耳集》，文渊阁《四库全书》本。
21. ［宋］施宿：《嘉泰会稽志》，文渊阁《四库全书》本。
22. ［宋］王铚：《默记》，文渊阁《四库全书》本。
23. ［宋］陈傅良：《止斋集》，文渊阁《四库全书》本。
24. ［汉］赵岐：《三辅决录》，三秦出版社2006年版。
25. ［宋］崔敦诗：《西垣类稿》，中华书局1985年版。
26. ［宋］赵溍：《养疴漫笔》，文渊阁《四库全书》本。
27. ［宋］真德秀：《真西山集》，文渊阁《四库全书》本。
28. ［宋］楼钥：《攻媿集》，文渊阁《四库全书》本。
29. ［明］陈邦瞻：《宋史纪事本末》，中华书局2015年版。
30. ［宋］叶绍翁：《四朝闻见录》，中华书局2011年版。
31. ［宋］程珌：《洺水集》，文渊阁《四库全书》本。
32. ［汉］班固：《汉书》，中华书局2016年版。
33. ［汉］刘向：《战国策》，上海古籍出版社2015年版。
34. ［宋］岳珂：《桯史》，中华书局1981年版。
35. ［晋］法显：《大般涅槃经》，《乾隆大藏经·大乘涅槃部》第0114部，中国书店2009年版。
36. ［后秦］鸠摩罗什：《维摩诘所说经》，中华书局2010年版。

二、著作

1. 漆侠：《宋代经济史》，中华书局2009年版。

2. 何忠礼：《南宋全史》，上海古籍出版社2011年版。

3. 虞云国：《宋代台谏制度研究》，上海人民出版社2014年版。

4. 辛更儒：《辛弃疾资料汇编》，中华书局2005年版。

5. 邓广铭：《稼轩词编年笺注》，上海古籍出版社2007年版。

6. 邓广铭：《辛弃疾传·辛稼轩年谱》，生活·读书·新知，三联书店2017年版。

7. 辛更儒：《辛弃疾研究》，人民出版社2008年版。

8. 辛更儒：《辛弃疾集编年笺注》，中华书局2015年版。

9. 程继红：《带湖与瓢泉——辛弃疾在信州日常生活研究》，齐鲁书社2006年版。

10. 黄惠贤、陈锋：《中国俸禄制度史》，武汉大学出版社2005年版。

11. 龚延明：《宋代官制辞典》，中华书局2017年版。

12. 龚延明：《宋史职官志补正》，中华书局2009年版。

三、论文

1. 关锡耀：《辛弃疾与南宋君臣关系考论》，华中师范大学博士学位论文，2017年。

2. 崔英超：《南宋孝宗朝宰相群体研究》，暨南大学博士学位论文，2004年。

3. 刘学、叶烨：《试论辛弃疾的经济生活与词创作》，《上饶师范学院学报》2011年第1期。

图书在版编目(CIP)数据

辛弃疾的诗词人生 / 王晨著 .— 上海 : 上海社会科学院出版社,2021
ISBN 978-7-5520-3493-6

Ⅰ.①辛… Ⅱ.①王… Ⅲ.①辛弃疾(1140-1207)—生平事迹 Ⅳ.①K825.6

中国版本图书馆 CIP 数据核字(2021)第 023069 号

辛弃疾的诗词人生

著　　者：王　晨
责任编辑：张钦瑜
封面设计：璞茜设计
出版发行：上海社会科学院出版社
　　　　　上海顺昌路 622 号　邮编 200025
　　　　　电话总机 021－63315947　销售热线 021－53063735
　　　　　http://www.sassp.cn　E-mail:sassp@sassp.cn
排　　版：南京展望文化发展有限公司
印　　刷：上海新文印刷厂有限公司
开　　本：890 毫米×1240 毫米　1/32
印　　张：8.625
字　　数：189 千字
版　　次：2021 年 3 月第 1 版　2021 年 3 月第 1 次印刷

ISBN 978－7－5520－3493－6/K·592　　　定价:58.00 元

版权所有　翻印必究